密县 县署文化概览

高永森　李绍光　主编

郑州大学出版社

·郑州·

图书在版编目(CIP)数据

密县县署文化概览 / 高永森，李绍光主编. — 郑州 ：郑州大学出版社，2020. 12
ISBN 978-7-5645-7477-2

Ⅰ. ①密… Ⅱ. ①高…②李… Ⅲ. ①地方政府 - 密县 - 古代 Ⅳ. ①D691.2

中国版本图书馆 CIP 数据核字(2020)第 224084 号

密县县署文化概览
MIXIAN XIANSHU WENHUA GAILAN

策划编辑	王卫疆　孙理达	封面设计	苏永生
责任编辑	胡佩佩	版式设计	凌　青
责任校对	吴　静	责任监制	凌　青　李瑞卿

出版发行	郑州大学出版社有限公司	地　　址	郑州市大学路 40 号(450052)
出 版 人	孙保营	网　　址	http://www.zzup.cn
经　　销	全国新华书店	发行电话	0371-66966070
印　　刷	开封市精彩印务有限公司		
开　　本	787 mm×1 092 mm　1 / 16		
印　　张	19.75	字　　数	470 千字
版　　次	2020 年 12 月第 1 版	印　　次	2020 年 12 月第 1 次印刷

书　　号	ISBN 978-7-5645-7477-2	定　　价	69.00 元

编委名单

主　编　高永森　李绍光

副主编　刘金法　马洪涛　郑俊杰

编　委　马志强　樊秋海　于耀辉　杨建敏

　　　　王献涛　凌耀亮　黄　颖

策　划　新密市古城县衙保护中心

序一

县衙是封建社会基层政权机关，它的六个房对应中央的六个部，层级虽是基层，地域不过百里之内，官阶不过七品之位，但皇帝的意志通过它才能贯彻，法制通过它才能落实，财赋的收缴和施用通过它才可施行，社会秩序通过它才能得以维护。而它在政权的实际运转中所维护的价值和所形成的习惯、风气，正是一个社会的集中体现，县衙可以说是一个社会的橱窗。从这里可以看到一个国家国力的强弱，价值的是非，吏治的廉腐，文明的高下。

密县县衙在全国衙署中有它独有的特色，一是其历史之长虽说不能为最，也可列为前几名了。在近年来全国已开发并享有盛名的衙署中，它更可以名列前茅。它从作为县治始，基址未动，规制未易，可以说原汁原味地保留了衙署的原貌。二是因它具有全国范围内使用时间最长的监狱，从隋大业十二年(616 年)到 2003 年，共 1388 年。三是衙内建有莲池，这种建制在全国衙署之中也是独一无二的，它既增加了衙内清秀高雅的气氛，又起到了对官员警示的作用，这是中国封建制度和园林艺术的完美结合。四是它有应急安全设施的地道，遇到紧急情况从二堂或饭堂可立即躲避逃遁。五是县衙楹联是衙署文化的重要组成部分，从近年开发的衙署中看，大多陈陈相因、千篇一律、千衙一面。密县县衙的楹联除吸收了县衙传统楹联外，更多的是今人的创作，虽是今人的创作，但绝非生拉硬凑、以新代旧，而是既符合封建社会的风习和意识，又具有中国传统文章的文采和意境，堪称今日开发传统文化的创新之举。

县衙既是封建社会的橱窗，也是中国传统文化的组成部分，如从细处着手，它是一本浩瀚的大书，有待今人的发掘和展示。现在这本书只是一个良好的开端。期望密县县署文化的开发会百尺竿头再进新境，不断推出新的研究成果以飨读者。

河南省文史馆馆员

2020 年 7 月

序二

新密,为华夏文明发源地之一,因其特殊的地理位置,光辉灿烂的文化积淀,悠久的历史承载,得天独厚的地下宝藏,名载典籍,举世闻名。

分析新密的发展,要看新密不同时期的特色所在。这里既有数千年的文明历史,又有改革开放以来迅速发展的煤炭、造纸、建材、耐火材料等产业形成的经济支柱。但我们也必须看到,这些产业在给新密带来经济发展、创造出各种财富的同时,也给新密自然环境带来了巨大创伤:河流干涸,空气污染,地下水位下降等均给新密实现可持续发展和人民生活水平不断提高带来了严重的问题和挑战。近年来,针对这些问题,新密市委、市政府制定了“结构调整、经济转型”的发展战略,坚持科学发展观,找到了重塑新密形象、提升城市品位、打造宜居城市的出路。

历史城市是人类社会物质文明和精神文明的结晶,是一种延续不断的文化现象。城市既是历史文化的载体,又是社会经济的文化景观。保持城市景观的延续性,保存街巷空间的记忆,不但是人类现代文明的发展需要,也是可持续发展战略的具体行动。凝聚了数个朝代精华和气韵的新密古城,正处在城市产业急需转型的敏感时期,如何保护好、利用好古城的历史文化遗产,不仅是新密市委、市政府的一个战略课题,同时也为世代生活于此的古城居民所关注。我有幸受新密政府之邀,就新密古城保护和利用做了实地考察和思考,浅谈一些看法,仅供参考。

新密古城，位于新密市城区南3公里原密县老城。城址因隋大业十二年(616年)水患，城址由大隗镇西迁至古法桥堡城，清顺治版《密县志》记载："古密县城，汉太傅时治新密乃大隗镇也，患水复西徙矣。"《太平寰宇记》云："密县，今县东三十里有古密城，即汉理所……隋大业十二年又移于今理，即古法桥堡城。"《读史方舆纪要》指出："密城，在县东三十里，即春秋之新城，汉县置此。隋大业间始移治法桥堡。即今治。"据《密县志》记载：城周围7华里，为隋代始筑，历经唐、宋、元至明洪武、嘉靖、万历年间均为土城，万历三十七年(1609年)始筑砖城。明、清曾多次续修。抗日战争期间，为便于防空，1939年2月古城被拆后，又修复为土城，城垣北墙南移，城周面积缩小，现城墙遗址清晰可辨。东城墙原县医院东保留一段，南面城基已成公路，西城门以北现存城墙100多米，北面城壕南沿均为原城基出露地面。

新密古城，自隋大业十二年(616年)始，一直为密县县治所在，唐武德三年(620年)为密州州治，后仍为密县县治，20世纪70年代末至90年代初，县属各个机关陆续搬迁新城后，古城的公有建筑已作民用，老城、新城虽然相距不远，但被煤矿沉陷区和铁路隔断，才使古城格局依旧，成为目前国内保存较完整的古城之一。现存的古城在建城史中，虽经战火或自然因素重创，但其1400余年的城址延续至今未有大的变迁，虽经多次旧城街面改造，但古城内的传统街道布局和富有精美砖雕门楼四合院的旧城肌理均得到良好的保存。另外，在古城中还保存着不少珍贵的古代文物建筑群，它们留下的大量历史信息是一笔非常重要的历史财富，应当认真做好保护与管理工作，并有待不断发现和深入研究，其活态历史的原真生活方式正在延续，并传承着地域历史文化。

历史街区、文物古迹和传统民居是新密古城的重要组成部分。现存的密县县衙、城隍庙、法海寺、文庙、关帝庙、火神庙、桧阳书院以及具有明显地域特色的各式民居等历史建筑实物，对整个古城建城史的研究至关重要。至今保留的新密古城是在隋朝的原址上经过唐、宋、元、明、清各代不断的营建，凝聚着劳动人民的智慧和血汗。这些官署、庙宇及民居能够保存至今，实属不易，极为珍贵。

在文化遗产的保护和利用上，保护总是第一位的，因为它是不可再生的，更是利用的基础与前提。利用是科学和合理的利用。特别是随着城市发展，过去的风风雨雨，使旧城受到一些破坏，民居损失近半……但相当难得的是密县古城至今仍较完整地保持了清代街道的尺度和成片的旧城历史风貌。这在不少古城中是难以做到的，是密县古城的一大优势。历史的街区、民巷是古城的脉络，是它们编织了古城最鲜明、最基本的面貌与形象。古城的街道最容易遭到破坏，而又最难以恢复，一旦拓宽成现代化的大道，古城的风貌就毁掉了大半。所以，新密古城保存了原始的清代街道，就是保存了古城最重要的形象与面貌，一些历史名城甚至连古街的街名都要立法保护，以便传递存世越来越少的古城历史信息。前面提到的文物古迹，是古城丰富多彩的文化内涵的具体体现和生动展示，而且新密的许多文物古迹又具有地方特色，引人入胜，是古城的一颗颗明珠。

密县县衙，现中轴线主体建筑保存相当完整，大门、大堂、二堂、三堂、大仙楼、监狱等主要建筑均已修缮完好，而且其院落布局也有诸多特点，它的监狱从古代一直沿用到现代，在同类建筑中延续使用时间之长实属罕见。尤其在近年的院落清理中，从山门前到院内又发现了许多已经消失的建筑的基址和碑刻，为全面认识该县衙建筑布局及功能提供了非常重要的资料。有些发现还直接说明了县衙营造遗迹中的稀有品类，对研究衙署文化很有价值，如一方从灰皮下清理出来的民国十八年(1929 年)的溴阳谷振翔题记，便可能是大堂月台前、甬道两侧发现的双台遗存的具体注解，即谷氏题记所称:“后于院内用砖瓦砌东西两半球，陆以黄土，水以碧草，山以石缀，模型粗具。”这件造作，作者称为“舆图”，其七言诗称:“阶前营得舆图在，大地烟云一望收。”显然，谷振翔是在大堂阶下营建了东西两座半球状的有山岳、陆地和水面的模型式的舆图(舆地图)。这在县衙建筑中实属一种罕见的文化现象。除各类建筑之外，密县县衙还在大门之内仪门之前的道路两侧各筑有莲池一座，莲池的莲花不仅美化了院落环境，而且寓意着“出淤泥而不染”，官员当清廉自律的衙署文化。

古城中形态各异的传统民居具有明显的中原地区特色，既朴实大方又生动逼真的各式门楼上的砖雕艺术品、石雕门墩、屋顶花脊、檐下垂莲柱以及精致的门窗等等，无不展示着新密古城民间建筑艺术的精粹所在，点缀着古城历史环境中的原真景色。

寺庙建筑又是古城中一项引人注目的观光亮点。如始建于宋代、明清重修的法海寺，现存建筑有山门、大殿、后殿等。寺中原有建于宋咸平二年(999 年)至四年(1001 年)的九级楼阁式石塔一座,塔制极为精美,高 13.08 米。塔身镌刻有莲花经七卷,字体隽秀工整,颇具唐代书风;石塔上还刻有讲述佛经故事的精美线雕图画;塔刹、栏杆等部的结构做法也很有特色,具有很高的研究价值。该石塔曾毁于“文革”期间,现已修复,它的珍贵资料早已载入《中国营造学社汇刊》第六卷第四期中,在著名古建筑专家刘敦桢先生撰写的《河南省北部古建筑调查记》中,不但载有该塔毁前的完整照片,而且“密县法海寺塔”一节还详细介绍了该塔当时的状况。文中还特别指出法海寺塔“勾栏的式样,极与营造法式卷三所述的单勾栏类似”,为此塔附照片三帧,其中专有一张表现勾栏。足见大师对此塔是何等的重视。又如古城西街的城隍庙,至今也保存有山门、乐楼、大殿、后殿和东西厢房等建筑群,而且其乐楼等在建筑结构上颇有特色,引起不少专家的关注。

从以上实例可以看到,新密古城源于千年以上的历史积淀,不仅保存有 30 条左右的历史街巷,还保留有民居四合院及文物古迹等建筑 200 余座,其中包含了官府、宗教与民生等各类建筑类型,有着重要的历史、艺术和科学价值。它们像古城舆图上的颗颗明珠,从不停息地闪烁着五彩的光辉。

当前,新密市委、市政府已把新密古城的保护和开发利用纳入重要议事日程,传统建筑文化作为地域文化多样性的组成部分,正在加强保护与加紧修复。整修、保护、合理利用新密古城,是新密市委、市政府做出的重大决策,符合城市发展多中心的趋势,对于新密市城市规模,及时解决老城区越来越严重的城市弊病,保障古城的可持续发展,具有重大而深远的意义。

对于新密古城的保护利用,主要是对古城文化、文物资源进行优化组合,这是一项系统工程。在这项工程中,做好文物古迹的保护工作是十分重要的,必须认真贯彻“保护为主、抢救第一、合理利用、加强管理”的方针。在文物保护、城市建设及旅游等相关法规的指导下,切实做好古城保护利用规划,搞好古城建设,使新密古城成为具有中原古城风貌、文化特色和旅游功能配套的河南“平遥古城”。

河南省原古代建筑保护研究所所长 研究员　张家泰

2020 年 7 月

目录

第一编　历史文化

第二编　循吏宦迹

第三编　楹联赏析

第一编　历史文化

密县县署也称密县县衙，是隋朝至20世纪70年代密县的县治处所，是目前国内历史久远、格局合理、功能齐全、保存完好的县级衙署。2013年3月被国务院公布为全国重点文物保护单位。

密县县衙始建于隋大业十二年(616年)，历经隋、唐、宋、元、明、清各代，先后有200余名知县在此任职。现存建筑为清康熙年间时任知县的衷鲲化在原址重修，规制如旧，坐北朝南，三条轴线，五进院落。大门、仪门、戒石坊、大堂、二堂、三堂、大仙楼位于中轴线上，东西辅线有寅宾馆、典史宅、东内书房和吏舍、监狱等，共有房屋300余间，均为青砖灰瓦硬山式建筑，是中原地区典型的衙署建筑群，占地总面积达4万余平方米。

署内的莲池和舆图，独具匠心，国内罕见。其监狱自隋延续使用至2003年，使用时间之长，堪称“世界之最”。

“游千年县衙，品六朝文化”。今天的密县县衙正以独特的建筑形制、珍贵的艺术价值、深厚的历史文化、优美的地理环境，迎接中外游客参观游览。

第一章　密县县衙的位置

第一节　山形如堂的古密地理

新密，称为“市”，是20世纪90年代的事情，在之前的两千多年里，一直是以“密县”相称。那么，“密”有何含义、从何而来呢？

清嘉庆二十二年（1817年）《密县志》载：“密县属河南郡，乃卓太傅治邑，盖以山得名。”以山得名，在古密，这是一种最为普遍的说法。也就是新密的得名与山水地理、地形地势有关。

提到“密”字，可以溯源到儒家的经典著作之一《尔雅》。《尔雅》，是中国最早的一部解释词义的书，也是中国古代最早的词典，为中国训诂学的开山之作。熟悉《尔雅》的人都知道，这部经典按类别分为“释诂”“释言”“释训”“释亲”“释宫”“释器”“释乐”“释天”“释地”“释丘”“释山”“释水”“释草”“释木”“释虫”“释鱼”“释鸟”“释兽”“释畜（chù）”19篇。其中《尔雅·释山》篇对“密”的解释是“山如堂者密”。东晋注释家郭璞对这句话做了注解：“山形如堂室者，曰密”。这应该是“密”字的最早来源。

“山形如堂室”，这是一个形象的比喻。新密位于嵩山东麓，南、西、北三面环山，东面地势平坦，境内诸多河流（除圣水峪之水外），均汇集于洧水向东流去。西北有伏羲山系、西南有具茨山脉，诸山山峰林立，海拔不高，山坡平缓，峰峰相连，向东绵延几十里，消失于豫东平原。这种“西高东低，向东敞开，其余三面，山环水绕”的山形地貌，会让人们立即想象到“堂室”这个比喻。可以想象，众山从四周支撑，中间平坦，山谷静谧幽深，多像一座面朝东方的堂屋啊！

关于“密”字，专家们从文字演变的角度也进行过考证。他们认为，“密”由“宓”演变而来，最早的“宓”字读音为“伏”。“宓”为古时的姓氏。是何人之姓呢？河南大学教授、中国民俗学会副理事长张振犁先生根据大量田野考察资料推断，应为伏羲氏之姓。

专家讲，文字的形成早于殷商，而文字真正成为语言的延伸则殷商莫属。文字到殷商时期其意、形、音已基本固定。殷之前只有“宓”字，没有“密”字。随着文字的发展，为了表示同一字的多个意思，根据字义的不同，有水的，则加“氵”旁；有山的，则加“山”字旁。“密县”多山，故“宓”，加“山”字底，表示“密”的特殊字形。所以，在各地，此字被多个地名所借用。新密地区西北有伏羲山，为伏羲氏的建国立邦的重要活动之地，拥有大量伏羲遗迹传说。2000年，新密被全国民协命名为“羲皇文化之乡”。

密，《说文解字》云：一曰静也，这也应该是“密”字的原初意义吧。《说文》之后中国最重要的字书之一《玉篇》也云：“密，止也，默也，深也。”意思就是康、静，也即安静、幽远、归藏之意。说起来,新密的确是一处幽静安谧、藏风聚气、深邃向阳的地方。在岁月悠远的古密时期,因密县地处山区,交通不便,仅有一条官道,自东向西贯越县境。在古人的描述里,密县,山林茂密,民风淳厚,在清朝初年,县境以西还是河深林密,风景宜人,狼虫虎豹经常出没。今天城西打虎亭村的得名就与清乾隆有关。乾隆十五年(1750年),皇帝巡幸嵩洛,路过密县,走到县西牛店镇一带后,稍事休息,在当地围猎,射杀老虎一只,后来,官府为纪念此事,便在乾隆易骑围猎的出发地打虎亭村建起亭子,曰:御射亭。后人们念着拗口,就成了打虎亭。

古文献《尚书·禹贡》谈到桧国时载:密县,位于豫州的"外方之北,荥波之南,居于溱洧之间",古时,这片地方被誉为"中州之奥区"。

"冈阜连亘,山亘如堂",这是古人对密县地形地貌的形象描绘。对此,清代的景日昣在《说嵩》中也有记述:"香山之东接趾,曰密岵山,亦曰密山。高不及二室之半,而挺矗巽维,实为左障。若嵩东无密,则神岳凝蓄之气,不能无一隅渗漏之憾。故嵩山尽于密,而密实屏翰于嵩。"密山处于巍巍嵩山向漫漫平原的延伸地带,作者十分准确地道出了它在地理上所起到的屏障作用。

古密,是一片"溱洧萦洄"的青山秀水之地,山峦起伏,丘陵逶迤,曾引来众多的文学家及地理学家游赏、探秘。如,地理学家郦道元、徐霞客、周梦旸、景日昣,文学家袁宏道等都曾留连此地,多有著述,留下不少赞美古密地理风情的诗文。

"余生平有山水癖,一移中州,经年走平陆。……由郑州入密,多行夹道中,若涧底,忽出平壤,则西山一抹,隐隐眉睫间。将至密三四里,有松数十仞,一株出地而三岐,肤白如雪,柔泽如凝脂,指掐之液辄津津出,香气可挹。相传黄帝时,有三女俱得道,一夕逝,合葬其下,明年松生焉。即未必实然,然亦奇矣。出密县而西,上下冈阜,嵩山青翠英英来逼人,而迤南一孤峰,岿然独秀,问其名曰御寨也……"这是明代水部侍郎、地理学家周梦旸在《嵩少游记》中对古密地理风光的最好称颂。

第二节　稽古溯源古密国

作为县治,一提到"密",不能不上溯到汉高祖(刘邦)二年的泱泱大汉,即公元前205年。当时秦国破灭,原来的三川郡被河南郡代替,于是,在嵩山东麓的古密,正式设置县治:密县。这名称一沿用就是2200多年,直到1994年,撤县建市为新密市,密县之名才得以更改。

新密,是一块历史久远的古老土地,溱洧二水世世代代孕育着淳朴的新密人民。其实,在上古时期,新密这片土地上,已有早期人类活动足迹。

据近年的考古发掘,约在上万年前,在新、旧石器的过渡时期,新密市岳村镇李家沟一带就活动着史前人类。从李家沟遗址已发掘的史前堆积来看,这一地区展示了中原地区从旧石器时代之末向新石器时代发展的历史进程,是探讨中华文明起源的核心地带。所以,在2009年,此遗址一经发掘,即获选当年全国十大考古发现。

在新密，还发现有八千年前的莪沟遗址，属裴李岗文化晚期。从女性墓穴中多陪葬石磨盘、石磨棒、陶纺轮，男性墓穴中多陪葬石铲、石斧、石镰等得知，在裴李岗文化时期，已开始种粟，有了农业生产，出现了男女分工，这为探究中华文明起源提供了非常有价值的文化信息。

从历史上考察，新密古老的人类文明可上推至“三皇之世”，也即伏羲、女娲、神农时代。伏羲文化在新密分布极广，围绕县城西北的伏羲山，有众多的伏羲氏活动踪迹，如至今遗迹尚存的还有伏羲女娲祠、开旸庙、三皇庙等。在那个时期，三皇之世的侯伯之国“补国”也在密县，这一记载见于《路史·国名记》，即“炎帝伐补、遂”。补，就是当时的“补国”。今天，在县城西的牛店镇，补国城址历经岁月沧桑，依然挺立在沃野之中。

在五千年前的黄帝时期，轩辕氏练兵讲武、备战蚩尤、建都立业，活动范围大都在古密一带的溱洧流域。如今新密市境内与黄帝相关遗址、遗迹和相关地名 50 多处，如云岩宫、力牧台、大隗山、大鸿山、风后岭、岐伯山、摩旗山、卧龙台、天仙庙、天爷洞等。尤其是古城寨遗址，也即轩辕丘，经过考古发掘，在遗址中发现有大型宫殿基址，是一座建于龙山文化中期、带有都邑性质的古城址，已被专家论定为黄帝建都的地方。

在夏代早期，新密的新砦一带极可能是夏启之居所在地。通过近年对“新砦遗址”的发掘和研究，在遗址中发现了目前河南境内面积最大的史前城址和大量的高规格器物，具有王都性质，始建年代当在龙山文化晚期和夏代早期。再加上专家对《穆天子传》等古文献的考证，基本推断出新砦是夏启的都城。

在历史上，周朝开始实行分封制。当时的新密境内，分封有郐国和密国，郐国占据了新密大部分地区，密国是一个小国。

郐国，为周武王所封，妘姓，为火正、祝融、求言的后代，也就是黄帝的直系后裔，五帝之后一直受到特殊照顾。郐人经历夏、商、周各代，一直立国于祝融氏之墟，到西周时改名为郐国都城，在今曲梁镇的古城寨，历时一千多年，在春秋早期被郑国所灭。郑国灭郐后，也曾在此立国建都，为郑国都城。

密国为周初的姬姓之国，是周王室同姓贵国，也属于黄帝的后代。《路史疏仡纪》：“黄帝之子二十五人，别姓者十二人，姞，其一。密，姞姓分也。”这应该是已知“密国”的最早记载。从西周到春秋，这个由周王室分封的小国，存在有三百多年时间，被周宣(恭)王所灭，都城在今大隗镇。人们习惯上称的“古密国”即从此而来。

秦统一六国后，新密属颍川郡，郡下设县，遂设密县。到汉代，承袭秦制，仍置密县，属河南郡，设立县治“密县邑”，县城在今天的大隗镇。之后的各朝代，东汉、三国、西晋、东晋，一直到隋代，隶属不断有所变更，然而“密”的名称却沿用下来，县治始终没有变动，设在大隗。

到隋大业十二年(616 年)，县城迁到古法桥堡城，即现在的密县老城。随后，唐、宋(金)、元、明、清，直至民国，在这一千多年里，密县的隶属不断变化，但是，县治却一直设在老城，基本上没有变动，一直是密县的政治、经济、文化中心。

进入漫长的封建时期，密县的历史相对平静，但在这块民风淳厚的土地上，有耀目的文明彰显于中原，有彪炳千载的人物值得一述，新密，浇灌了斑斓的文化之花。

比如，曾作为历史大舞台的溱洧之地，早在春秋时期，即得名天下。郑国东迁后，郑庄公建都于此,伐郐灭虢,鲸吞十邑,开创霸业、鼎立中原。而今,开阔的平原沃野之上,郑庄公冢、郑昭公冢、武姜氏冢,仍巍然矗立,历历在目。"溱与洧,方涣涣兮,士与女,方秉蕳兮",伴随着载入《诗经》的璀璨华章,今天的溱洧二水,也化作了人们追求爱情自由的象征。

再如,今天仍称得上中原地区璀璨明珠的超化寺及超化塔。建于隋开皇元年的超化寺是全国著名佛教寺院之一,位列"名刹十五",为净土宗祖庭,寺内超化塔为当时全国十八座舍利塔之一,名噪全国,历代文人墨客题咏甚多,是当年中原地区佛教的重要活动场所。北魏时的高僧昙鸾曾拜菩提流支为师,在超化寺潜心钻研佛经,创立了净土宗最早的理论,为佛教在中国传播起到了巨大作用。

东汉时期,新密有两位赫赫有名的历史人物,一文一武,双峰并峙,令人感佩。一位是密令卓茂,光武年间官至太傅,一生光明磊落,恭敬仁爱,博学识广,重用人才,治理有方,深得人心。密县人民为纪念他的恩德,在县治(大隗镇)修建有他的衣冠冢和卓茂祠,世代祭祀。另一位是大司徒侯霸,曾官至太子舍人、尚书令等,为三代名吏。为人庄严有威容,家累千金,不置产业,笃志好学,东汉初年颇有功业,深得光武帝的信赖器重。侯霸辞世后,密县人民将他列入乡贤祠,历代颂扬。

正是这泱泱汉风,在新密遗下了诸多汉代陵墓。对此,民间俗传:常十冢、补子庙,金子银子十八窖。被誉为"汉代雕刻绘画艺术博物馆"的打虎亭汉墓正是这些汉代陵墓的代表。

第三节 走进新密古城

当今,在晴日的阳光下,站在葱葱郁郁、海拔400多米的青屏山上,四处眺望,新密全境尽收眼底:北面山岭起伏,峰峰相连,南部山峦迤逶,绵绵不绝。俯视山下,地势北高南低,一溜平坦。在这片岗丘起伏的盆地上,既诞生有一派繁华的现代化城市——新密市城区,与它毗邻,也沉睡着一座沉寂了千年的古城。

古城,湮没在历史烟云之中。古人这样记载,"密县县城,北依青屏,东承云蒙,南临洧水,山环水抱,地理形胜"。在一千四百多年的兴衰中,密县县城饱经历史风雨,留下了一桩桩轶闻、一段段佳话。在漫漫岁月中,虽历经战乱、兵祸,几度繁华颓败,但功能完善的城池、规模宏伟的县衙建筑,却在多次修缮下,仍基本保存完好。作为一个地方的政治、经济、军事、文化中心,这座古老的县城已成为封建社会的历史缩影。

1949年,中华人民共和国成立后,密县县城仍为密县人民政府所在地,保持着政治经济文化中心地位。直到二十世纪七八十年代,随着新县城在北面拔地而起,密县县城因陆续搬迁才逐渐弃而不用,风雨飘摇上千年的密县县城从此淡出人们的视野,成了人们口中念念不忘的"老县城""密县城"。"密县城真可夸,琉璃影壁玉石塔",这是在民间广为流传的民谣,它至今述说着人们对千年古城昔日美好繁华的怀念。

今天,徜徉在老城古旧的东西大街上,对照着旧县志的记载,仍可一一找到古城过去苍老的身影：县衙、城隍庙、文庙、法海寺、桧阳书院、卓君庙、节孝祠、火神庙、关帝庙、惠政桥……街道仍旧是昔日的老街道，魏氏家祠、杨家宅院、将军府、御史第等数不清的民间建筑，隐身于僻静小巷，依然如昔。

第二章　密县县衙的历史变迁

第一节　布满沧桑的岁月履痕

立在老县城的十字街口，抬头北望，百余米处，一组规模宏伟、古朴典雅的古代建筑群，掩映在绿树巷陌尽头，一色的青砖蓝瓦，质朴安详。一千余年间的能工巧匠们留给我们的这处精美的建筑院落，令我们赞叹、唏嘘。这就是历经千年风雨，仍保存完好的“密县县衙”。在热闹而现代的市井气息中，修缮一新的县衙建筑，仿佛一位避开尘俗、端坐于大厅红漆木椅上的老者，庄严肃穆，等待着世人的谒拜。

抬脚迈过磨得溜光的门槛，抚摸着扇扇镶嵌着铆钉的厚重木门，越过岁月的时空，我们似乎能听到过去时光久远的回响。每一块方砖、每一个柱础、每一根梁檩，甚至每一片筒瓦飞檐，都在低低诉说着历史的沧桑。

有城，就有衙

今天，人们已经无法确切知道616年是一个怎样的历史年代，那一年是隋大业十二年，隋大业是隋炀帝（杨广）的年号。这一年，密县县城从大隗镇迁到了古法桥堡城，古法桥堡就是密县老县城的前身。由于水患，原来设在大隗镇的旧县衙慢慢废掉，随着岁月的消磨，遗址荡然无存。

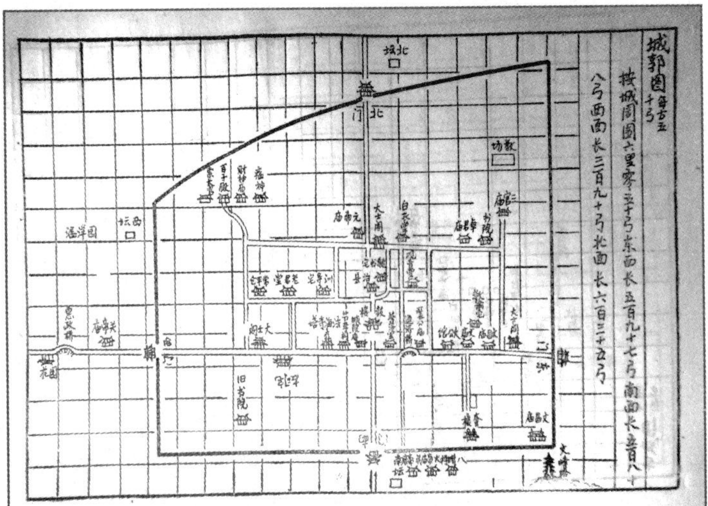

清嘉庆二十二年城郭图

有城，就有衙。密县县衙的历史仿佛一幅长长的画卷，就是从这一年慢慢展开的。清嘉庆版《密县志》“衙署”一节，对密县县衙的记载极为简单：“在城之中，创于隋。”寥寥几笔，为后人留下无尽的想象空间。“城之中”具体指什么地方，创建中又做过什么选择，留下多少轶闻故事，今人已无从考证。翻检诸种史籍，可以知道，历朝历代，对城池及衙署的选择都极为重视，十分注重建筑风水。县衙是官员升堂理事之地，必须规模方正，堂阶高亮，这是中国古代“天地之中”观念和“天人合一”思想在建筑中的体现。以此而论，密县县衙当属中国古代传统思想或者风水文化的一部分。

有城，就有衙。事实是，城与衙的创建关系应该反过来讲，因为需要建县衙，所以才有县城。以今天的眼光来打量，仍然可以看出，密县县衙的建筑布局对地理风水的看重，它寓意深远，格局严谨。

县衙创建之初，先设大堂，再以大堂为中心，向前后、左右严谨有序展开，逐步形成一个庞大的建筑群体。之后建造的县城，则以县衙为中心，先是大堂中轴线上的建筑群，安建在正穴上，然后向周围辐射，最终确定出了城郭面积。据专家们说，密县县衙及县城的这种建筑格局，依据的是远观势、近察形（即“千尺为势，百尺为形”）的原则，严格遵循了风水理论的“形势宗”原理。

今天，我们所看到的密县县衙，建筑格局和建筑规模都属于清代，反映的是明清建筑风格。在清代的原基址上，经过了今人多次修复。一个旧有的时代消失了，但行走在县衙的古建筑群中，我们仍会感受到岁月浓郁的气息。随处可见的堂、厅、亭、台、楼、阁、桥、池、坊、门楼，虽然早已焕然一新，但气象森然的建筑物仍然是封建皇权政治的缩影。

链接

“衙门”与“牙门”

“民非政不治，政非官不举，官非署不立”。有县就有县官，有县官就有其治事的衙署。汉代时，称县衙为“县署”，“县衙”一词应从“牙门”说起。据《唐语林·卷八》记，“近代通谓府庭为公衙”，而“衙”字本作“牙”。先秦时武将仪仗“像猛兽以爪牙为卫，故军前大旗谓牙旗”，也即古代军营前一般悬挂猛兽的獠牙，以示威严，故称“牙门”。到唐代，“牙”与“衙”开始互用，“牙门”演变成了“衙门”。到宋代，人们就只知“衙门”而不知“牙门”了。直至民国，废除“衙门”，改称政府。所以，官府称衙门，大致始以唐，盛于宋，沿用至明清。

千余年，兴兴废废

“国正天心顺，官清民自安。”这句脍炙人口的谚语出自南宋的《名贤集》，它寄托了千百年来人们对官吏为政的美好理想。国家政风淳正，天帝之心必然顺畅；官吏作风清廉，人民生活自然安康。正像愿望总是与现实有差距，数千年来，在中原大地上，由于朝代更迭,战乱纷繁,政治黑暗,兵毁、灾难从来没有停息过,腐败、贪污、战争更是连年不断,一个个时代的兴亡盛衰往复不绝。在老百姓的生活中,“国正天心顺,官清民自安”的美好生活总是显得短暂易逝。

县衙,作为封建时期的基层政权机构,在历史无情的颠簸中,总难逃兴兴废废的命运,历千余年而基本保存完好者,屈指可数。密县县衙就在这屈指可数之列。

创建于616年的密县县衙,由隋代开始,经唐、宋、元、明、清,至民国,历时近1400年,之后,一直到20世纪70年代末,才弃而不用。今天,这处规模宏大的巍峨建筑群,早已布满了历史的苔痕,每块砖瓦都印上了岁月的陈迹,在完整的面貌下是年复一年的深井般的记忆……

“隋大业十二年创建,元末,毁于战火。明洪武三年,知县冯万金,在废址上重建。”

清代嘉庆版《密县志》对密县县衙只有如此简约的记载,史籍的缺失,令人遗憾。历史总是无情的,岁月的流逝,让记忆漶漫不清。从616年到1370年,近800年,大唐遗韵可谓风华绝代,两宋繁华上演了一幕幕话剧。我们可以想象,在中原腹地岗峦起伏的一带丘陵上,密县,作为嵩山东麓不为世人注目的一隅,一定也书写过一页页精彩的篇章。今天,在密县西关瓷窑遗址上,考古专家发掘到大量珍贵的青花瓷。由此推断,在宋代,密县县城的西关,早已是宋代著名的官家瓷窑。在新密民间,至今还流传有大宋皇帝赵匡胤“千里送京娘”的传说。

链接

赵匡胤千里送京娘

冯梦龙的《警世通言》第二十一卷讲的就是“赵太祖千里送京娘”的故事,其大意如下:民女赵京娘随父去北岳还乡愿,不料路遇响马,被扣押于赵匡胤叔父赵景清所在的道观。赵匡胤闲逛道观时听得声音,便救下了京娘。又怕她还会遭难,便护送她返家。为了行路方便,二人结成兄妹。一路上京娘敬佩赵匡胤的仗义助人,向他表露了爱慕之情。赵却没有反应,坚守了兄妹之礼。返家之后,京娘之父欲将京娘许配给赵匡胤,赵匡胤不欲蒙上不义之名拒绝而去。在家人的冷言冷语下,京娘为表贞节自缢身亡。赵匡胤即位,得知此事后,甚是嗟叹,并专门为其进行了敕封立祠。

到明代,密县县衙有了较完备的格局。史籍载:“成化中知县叶预(江苏常熟人)、正德时知县高节(山东安邱人),相继增修,其制始备。崇祯六年(1633年),知县苗之廷(河北威县人),因雨倾圮,重加修葺;十四年(1641年)遭兵燹,旧址荡然。”

又是“毁于战火”“旧址荡然”。发生在明末的那场以李自成为领袖的农民起义,在密县历史上留下的最有影响的史实恐怕就是这次“农民起义军与官兵激战,县衙遭焚烧”。

“国正天心顺”,历史一再发出这样的吁求。但是,规模宏阔的县衙建筑挡不住中原地区长年战争的残酷。至此，密县县衙在明末再次饱受战争创伤，在烽烟四起的战火中满地狼藉，与它一道经历战争蹂躏的，肯定还有广大百姓的流离失所，四散逃难。难怪元代散曲家张养浩在《山坡羊·潼关怀古》中发出这样的长叹："兴，百姓苦，亡，百姓苦。"

大清时代，有三百年的兴盛。这为密县县衙今天规模宏大的建筑格局打下了根基。让我们先阅读一下清代的"密县县衙史"：

清顺治三年（1645 年）

第一任知县崔养重，冒险莅密，城内居民寥寥数十家，后招来流亡 170 户，办公地点，暂住按察司，即主管司法的衙门。

清顺治五年（1648 年）

知县李芝兰重加修复县衙，规模略有完备，后因积雨，排水设施不畅而又塌。

清康熙二十二年（1683 年）

知县衷鲲化（安徽芜湖人）复移于旧治，重新修筑县衙，建大堂五楹，称"牧爱堂"，东为赞政厅三楹，即协助长官办理政事的地方；西为架阁库三楹，即县衙贮存文秘案卷的地方；东西两翼为六曹房，计十八楹。大堂前为戒石坊，坊前为仪门，监狱在仪门内西首，围墙一道，狱神庙三间，南北牢房各三间，禁卒房三间；仪门外为壮、快、皂、捕班房，东西各四楹；仪门东为寅宾馆，又前为大门，门之东西为旌善、申明二亭，又前为照壁，南为钟鼓楼。大堂后为二堂，称"三鉴堂"五楹，东西房各三楹；二堂后为三堂五楹，东西厢房各三楹；又楼旁"退思堂"三楹，堂前内书房六楹。据考，重修另有五点：一是不忘东汉令长卓茂治密功德，把爵封"褒德侯"制成石匾，即"褒德侯旧治"五个大字镶嵌在钟鼓楼南面，北面为"豊庆门"；二是在县衙大门与仪门之间开挖一对莲池，以视为官要清正廉洁；三是为行人方便，把大堂前戒石，由石碑改为牌坊；四是衙内各个门房根据职责书写楹联；五是衙内庭堂自立堂号。

清朝乾隆三十八年（1773 年）二月

知县张君倡率官吏，建萧曹祠于大堂东偏，并塑萧何、曹参二公相，同年四月邱景云莅密，到九月落成，知县邱景云撰《萧曹庙碑记》。

清咸丰三年（1853 年）和五年（1855 年）

捻军反密，县衙设施几乎被烧尽，特别是禹县王红砖，率农民起义屯兵大鸿寨，元宵节攻入密县城，放监开仓，焚烧大堂、官宅等。

清同治七年（1868 年）

知县杨士玉（河北秦皇岛人），劝民捐资重修县衙。

风风雨雨中，县衙有准确记载的修复、扩建达 6 次之多。在这一次次的修补、增添中，密县县衙的各项建筑功能得以不断完备。应该说，一直到清朝末年，一处等级森严、封闭内向的建筑群落，威严而神秘地矗立在了县城中央。

清朝有句谚语："官不修衙。"意为减轻百姓负担。但事物也总是相反相成。反过来说，正是一代代官员们，为维护封建道统，改善办公条件，在废墟上不断修复补建，历史才为我们留下了一座完整的封建衙署标本，也正是透过这处等级森严的建筑群，我们才能有幸读到一部完整的封建社会"官文化"。

链接

官何以不修衙

清代州县衙门并非人们想象的那样富丽堂皇,原因何在?一是风水理论。官员们普遍认为,衙门建筑讲风水,前人是请了堪舆家"相地"之后建造的,后人不能随意改动,改动则不利于官。二是修衙门就会靡费钱粮,轻则官声不好,重则容易造成亏空。三是地方官任期短,流动性大。俗话说,"官不修衙,客不修店""铁打的衙门流水的官",这些谚语特别适用于清朝。

清代州县官大多数不能终其一任,即使能够任满而迁,至多也不过三五年,衙门修得再好,也不能跟随官员搬走。以上种种,仅是表面原因,最主要的却是地方财政根本没有这项支出,要修衙必须官员自己想办法,自掏腰包。

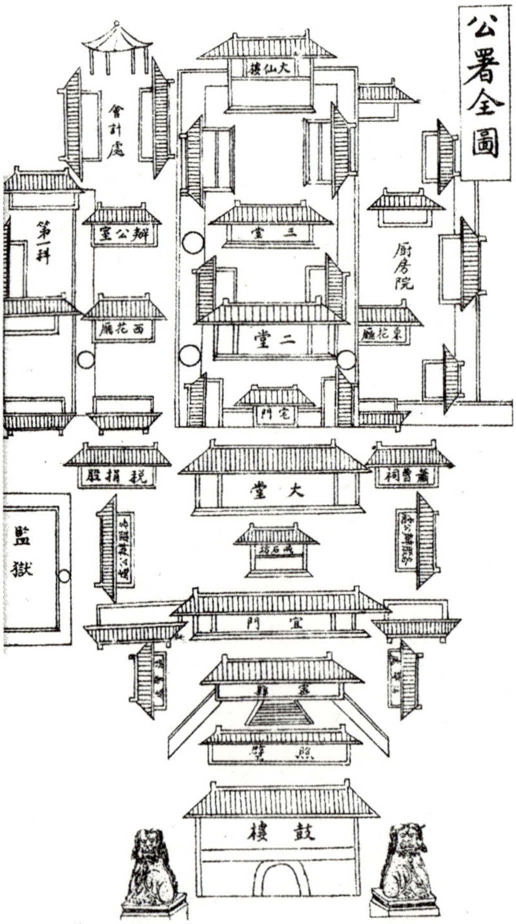

中华民国十三年密县公署图

民国时期，是一个革旧出新的时代。但在衙署制度上，并没有多大改观。密县县衙的建筑，也基本保持原貌，历任知事，只是稍作修整。1912 年中华民国成立，姚晟年（江苏上元人）承上启下，既是清末最后一任知县，又是民国第一任知事，县衙仍为办公之地。民国十三年（1924 年），县衙部分建筑进行了修整：赞政厅改为总务股，架阁库改为税捐股，后楼称大仙楼，东西厢房改造为楼房各三楹。又新建东西花厅；东花厅北屋三间，东屋三间，又东厨房院，北屋三间，东屋三间，南端又东屋四间，茶房一间，又西北北屋三间，南屋三间，又北屋三间，东西房各三间；西花厅北屋五间，南屋三间，东耳房两间，又北内书房五间，亭子院草亭一座，东屋三间，北套房两间，西屋三间，南套房两间，又西偏院北屋三间，西套房两间，南屋三间，后院北屋三间，东西屋各三间。民国二十九年（1940 年），县长孟祥霖在任时，在亭子院南，新建礼堂一座。一直到 1949 年，基本没再变动。

这就是密县县衙经历的漫长封建时期，近 1400 年的历史为中国的封建社会做了一个完整的记录，也为一座建筑群涂上了一层神秘的光环。在这座气象森严的建筑群里，从汉代第一任知县到民国末年最后一代知事，历往二千余年，在密任县令者不下千人，现史载共计 220 余名县令，他们都留下有深浅不一的印迹。

县衙，淡出历史

应该说，今天密县县衙能够进入人们的视野，得益于古城南街村民的先期保护修复，一处极具文化价值的庞大建筑群落才逐渐浮现在世人面前。

凡是在老县城生活了大半辈子的老住民，对县衙的过去都有深刻印象。1949 年，中华人民共和国成立，由于办公条件限制，密县人民政府的办公地仍设在老县衙里。大堂里是哪个科在办公，二堂里是哪个科在办公，民、财、建、教等科室在哪儿办公，上点年纪的老人们数说起来，仿佛历历在目，一如昨日。一直到 1979 年，随着县城搬迁，密县人民政府迁至新城，密县县衙才空置起来，这一空置就是一二十年。老城及县衙，成为过去一个时代的缩影，成为需要保护的历史文物。

这几十年的历史，只在一挥之间，也可以简单缩略为以下一组数字。

1949 年，密县人民民主政府成立，办公地在老县衙；

1952 年改为密县人民政府，仍在县衙办公；

1955 年 10 月又改为密县人民委员会，办公地在县衙；

1958 年，密县人民委员会搬到孔庙，县衙为中共密县委员会各职能部门办公处；

1979 年，密县人民政府搬迁至新城，县衙空闲出来；

1994 年，密县县衙被公布为县级文物保护单位，之前属密县文化馆管理；

1994—2001 年，密县县衙属新密市博物馆管理；

2002 年，成立县衙文物保护小组，属新密市博物馆管理；

2003 年，成立密县县衙博物馆，隶属新密市文化旅游局；县衙监狱（1994 年后为新密市拘留所）搬迁，老监狱得以完整保存；

2006 年 6 月，密县县衙被公布为省级文物保护单位；

2010 年 6 月，成立新密市古城县衙开发建设管理委员会，县衙属管委会管理；

2013 年 3 月，密县县衙被国务院公布为第七批全国重点文物保护单位；

2014 年 12 月，维修后的密县县衙开始对外开放，迎接八方宾朋；

2019 年 12 月，新密市古城县衙开发建设管理委员会更名为新密市古城县衙保护中心。

至此，历经了千余年漫漫岁月的密县县衙，终于走完了它应走的路程，完成了它应有的使命。如今，这里早已不再是封建制度的官署衙门，早已没有了封建时代的等级秩序。“沉船侧畔千帆过”。在现代文明之风吹遍大地的当代社会里，密县县衙，也早从威赫的政权所在地演化为一座琳琅满目的文化博物馆，成为现代人回望历史、了解传统的文化殿堂。来到这里，细细阅读，会让我们对传统文化多出一份缅怀之情，对中国的吏治文化生出一份敬慕之心。

第二节　中原独具的衙署建筑群

衙署，作为漫长的封建时代的产物，与今天的社会生活已经有着一段遥远的距离。在现代人的观念中，经过岁月的洗礼、蜕变，县衙更像一具完整的封建时代实物标本，等待着我们去品味、解读。打量过去，阅读历史，只能通过一幢幢古色古香的建筑物，那上面附着的文化意味，无不具有独特的魅力。在全国为数不多的衙署中，密县县衙的建筑，多有特例，别有一番风情。1400 余年的历史以及规模宏大的格局，在中原地区无出其右。如果从新密古城上空俯瞰，位于古城中心部位的衙署建筑群如一处城中之城，亭阁房舍，林林立立，古朴典雅，杂以绿树点缀，令人禁不住遐想万千。

一座县衙，故宫的“微缩版”

密县县衙的建筑格局，称得上规模宏大。与中原已知的内乡、叶县县衙不同，密县因唐朝武德三年（620 年）时置密州，属州治衙署，级别高于县治，所以建筑格局大于县级的衙署，形制上也有许多特例。

在古城中心的北部，县衙坐北朝南，南北长 300 余米，东西宽 140 米，占地面积 40 000 余平方米。这样的规模，在中原地区已知的衙署建筑中，当列于首位。2010 年，新密市人民政府对新密古城进行保护改造。密县县衙，作为古城最重要的人文景观，新密政府对其进行了全面修缮。今天，我们走进密县县衙，看到的这座气势恢宏的建筑群，就是参照清代中早期的规制、建筑格局，对遗存建筑按照原形制、原结构、原材料、原工艺的修复原则进行修缮的，完全保持了旧有风貌。

谈到县衙的建筑格局，不能不提儒家经典《周礼 · 考工记》，它奠定了中国建筑学结构的最早理论。“都城一般平面方形，中轴对称，宫城位于城市的中轴线上”，这是建造都城的原则，讲究的是“顺天应人”“辨方正位”，给人一种安全感和“地标”上的易于识别，既包含有风水学的意义，也是等级秩序的体现。

链接

中国最早的城市设计思想

“坐北朝南、居中而治”的设计理念，来源于《周礼·考工记》。《考工记·匠人营国》有载：“匠人营国，方九里，旁三门。国中九经九纬，经涂九轨。左祖右社，前朝后市，市朝一夫……经涂九轨，环涂七轨，野涂五轨。环涂以为诸侯经涂，野涂以为都经涂。”

衙门是一方或一座城市的主宰，通常都位于城市中央，即所谓“正穴”之所在，穴是聚气的焦点，南向为正，居中为尊，有“居中而治”之意。故有“衙门口朝南开”的俗谚。

“吉地不可无水”的风水观念，也与城市设计有关。衙门要接山近水，建在高处，这样才有居高临下控制全局的含义，同时也能防患水灾，因而又有“京都以朝殿为正穴，州郡以公厅（大堂）为正穴，宅舍以中堂为正穴，坟墓以金井为正穴”的说法。

同样，中国的衙门建筑也是如此。比如，密县县衙的建筑格局就呈南北长方形状，从南往北，主体建筑物沿中轴线依次排列，形成五进院落，三条轴线，建筑齐全，主次分明，秩序井然。密县县衙中轴线上的主体建筑，依次为：钟鼓楼、照壁、正门、双莲池、仪门、戒石坊、月台、卷棚、大堂、二堂、三堂与大仙楼。中轴线两侧有：八班房，吏、户、礼、兵、刑、工六曹，寅宾馆、典史宅、东西花厅、东西内书房、吏舍，以及衙神庙、土地祠、马厩、监狱等建筑。另外，还有文武官员居住办公场所，机构设施一应俱全，具有封建时代官府衙门前堂后宅的格局特点。这些建筑格局按照封建时代衙署内部机构职责设置和安排建筑位置，与史书所记载的规制模式完全相符。

密县县衙所呈现出的这种建筑布局，完全形如故宫，活脱脱是一幅“中国两千年皇权社会的标本和缩影”。这一点，冯友兰在《三松堂自序》中也讲到了同样的意思。他的解释十分清楚：就格局和体制来说，地方衙门就是缩小了的皇宫，而皇宫是放大了的衙门。皇宫的“大清门”表示这个衙门的主人是清朝的最高统治者，在天安门和大清门中间这段前卫墙的外面，东西各有三座大衙门，东边三座是吏、户、礼三部，西边三座是兵、刑、工三部，这相当于县衙大堂前东西两侧的六房。太和殿就是“大堂”，中和殿是“二堂”，保和殿是“三堂”，保和殿后就是乾清门，它将外朝与内廷明确区分开来。

由于数千年历史巨变，在全国，绝大部分的县衙建筑早已灰飞烟灭，片迹不留。仅存的、已对外开放的衙署，虽各有自己的特色，但在规模上、保存的完好度上，都不及密县县衙。仅县衙里面现存的、使用时间最长的监狱和通向衙署四方纵横交错的秘密暗道，就足以让专家、爱好者们另眼相看了。

第三节　密县县城选址与沿革

城者，古代王朝领地，诸侯封地，卿大夫采邑，都以有城垣的都邑为中心，皆称城，内称城，外称郭，秦汉实行郡县制后，又称郡城、省城、县城。

秦时置县，汉高祖（刘邦）二年（公元前 205 年），密县属河南郡，县城在今大隗镇，两晋袭之。北魏孝昌二年（526 年），分密县为武陵、曲梁二县，属广武郡。北齐天宝六年（555 年），撤武陵、曲梁二县，复置密县，属荥阳郡，县城在大隗镇。隋大业十二年（616 年），因洧水暴涨，把县城迁于古法桥堡（县邑小城），即今新密市老城。历经隋、唐、五代、宋、金、元、明、清、民国，直至 1979 年，在这 1363 年间，它一直是一邑政治、军事、经济、文化中心，时兴时废，是密县地方历史的重要见证者。

先民们在选城址时，据传有两个地方：一在今新密士郭，一在今新密老城，按照“堪舆学形势宗”的原理，士郭的地运和理运都不如老城，老城这座城为阳地，北有青屏山做屏障，南有洧水环绕，是平地与丘陵，山与水相结合的风水宝地。即使在今天看来，密县县城“北依青屏，东承云蒙，南临洧水，山环水抱，地理形胜”，也不啻一处建城的好地方。

由清嘉庆二十二年《密县志 · 城郭图》可知，这座城池，长方形不方，正方形不正，起因是城北有条小溪，后人叫城北沟河，由东向西流入老龙潭，老龙潭水向西南流入菜园沟河，注入绥水。先民们在筑城时，城墙东、西、南都是直线型墙体，北墙侧沿老龙潭沟边建城，所以，西城墙只有 390 弓，正是古代“因地制宜，以险制寨”建城思想的反映。

这座城为夯土建筑，基宽 100 弓，周围长 6 里 50 弓，面积为 1 257 亩，约合 83.8 万平方米，有东、西、南、北四道城门。千年古城，朝代虽更替，但这座古城一直在沿用。

唐武德三年（620 年），撤密县，置密州，辖零水、洧源二县，四年废密州，复置密县，属郑州，县城仍在今新密市老城。

元至正二年（1342 年），密县改为密云县，属钧州（今禹州）；明洪武元年（1368 年）改密云县为密县，属开封府钧州，县城仍在今新密市老城。

明洪武三年（1370 年），知县冯万金增筑城墙围七里，高两丈五尺，墙宽二丈，城壕宽一丈，深七尺，有东、西、北、南四个城门。明嘉靖四十二年（1563 年），知县张金重修，四门城楼砖垒，其余皆为土墙，每遇暴雨，城墙倾塌。明万历三十七年（1609 年），知县王崇雅改土墙为砖墙。万历四十二年（1614 年），县主簿张久敬（代理知县）始建北门外瓮城，也称月城，是建在大城门外的小城，以增强县城的防御能力，《武经总要前集 · 守城》曰：“其城外瓮城，或圆或方，视地形为之，高厚与城等，惟偏开一门，左右各随其便。”如果敌人攻入瓮城而将其围堵歼灭，所谓的“瓮中捉鳖”，可以说是对瓮城功能的最生动的描述。明崇祯八年（1635 年）正月，农民起义军逼近县城，时任知县苗之庭组织民工加高城墙三尺，以便护城士兵遮身。崇祯十二年（1639 年），知县曹化中补修东、西砖城墙，两面增设墩堡，深广各一丈五尺，并在县城东、西、南门增建三个瓮城，从这时起，四门外都有瓮城。崇祯十四年（1641 年）春，农民起义军领袖李自成从开封复兵密县，攻城三天而破，城内死人甚多。不久，农民起义军又起，在县城与官兵交战，城垣毁于战火，平于荒丘，庐舍席为焦土。

清顺治二年（1645年），知县崔养重重修城门，复建城墙、城垛及城内外的护城设施。顺治六年（1649年），知县李芝兰重修城楼、角楼，并补葺四城墙垣，浚治壕堑。顺治十二年（1655年），大雨连下月余，城墙及护城设施倒塌过半，知县李鹏鸣重加修筑。清康熙二十四年（1685年），知县衷鲲化重修。康熙三十四年（1695年），知县袁良怡续修。后历清雍正、乾隆、嘉庆、道光四代百余年无续修。清咸丰九年（1859年），知县杜翊劝民捐资，大加修整县城，但城四门外的瓮城，从明末毁坏后，没再重建。老县城经历代修复，至清末依然崇墉巍然，雉堞完好，城墙周长3.5千米，高8.33米，宽6.7米。

中华民国成立后，密县老城仍是兵防要地，也是政治、经济、文化中心。1937年全面抗战爆发后，日寇对中国空袭几无虚日，战术变成立体，城垣已失去原有效用，为便于防空，1939年2月城墙被扒；日本投降后，于1946年经县长高万青又修复为土城，城垣北墙南移至今轴承厂锻工车间（见前图虚线），城高四丈五尺，城基宽四丈五尺，城上平面宽度为一丈八尺，城壕宽度四丈，深度二丈，城围面积缩小为六里多；四城门上各建门楼一座，四门外壕各建排水洞一处，唯南城墙建排水洞两处；又在城东南岗上筑炮台一座，于1948年春，解放军与国民党军队在县城东侧激战时，炮楼被击毁。

这座古城，从隋代至民国末年（1948年）共经历了千余位知县、县长在这里处理政务，其中38位被列入《密县志·循政志》，在密县人民心中，有政绩、有威望、推行教化、爱民如子的清官有9人，卒后请入密县名宦祠，常年祭祀。他们分别是：千秋盛绩断虎者，五代时密县县令索长官；为民除害，带领百姓扑打蝗虫的元代密县达鲁花赤尹明格公；年已七十以善化民，三年如一日的元代密县达鲁花赤尹杜君美；坚强正直，公正廉洁，吏民誉为“处事如神”的明嘉靖年间知县陈纲；绘制“流民图”，为密县蠲免正赋的明崇祯年间知县朱敏汴；大胆改革明末旧制，废除农民承担的不合理捐税的清顺治年间知县李芝兰；重灾赏饭、救活贫苦百姓无数的清嘉庆年间知县景纶；教民开渠种稻、整顿煤窑、兴办义学的清道光年间知县杨炳堃；学识渊博，为密县文风大振做出贡献的清道光年间知县王麟定等。

经过历代官吏的苦心经营，老城被建设成中原地区一座有名的古城垣；四周有高大的城墙与护城河围护，城内的县衙建筑群，为硬山式屋顶，灰瓦覆盖，兽脊鸱吻，有东花厅、西花厅，古朴典雅；城内街道古色古香，街道两旁高宅门楼，廊坊商号鳞次栉比；东西大街共有过街石牌坊九座，其他石牌坊十几座，牌坊上刻字雕花镂纹，通石立柱，通石过街，皆为石雕艺术的珍品；城内儒家有文庙，也称黉学，以供奉孔子；佛教有法海寺，以供奉释迦牟尼；道教有老君观，以供奉李耳，还有城隍庙、关帝庙、三官庙、火神庙，以供奉道教所信仰的神灵；学堂有桧阳书院、密县中学、城厢小学；城东、西岗上和青屏山、平陌杨岭上分别建有四座文峰塔，以显示密县文化昌盛、英才辈出。正如民国年间《重修县城碑记》中云：“此城虽蕞尔弹丸，但襟嵩、带洧，万山耸翠亦桧阳之大观也。”因此，几百年来，在密县人们中还广泛流传着：

密县城真可夸，琉璃影壁玉石塔；天仙庙滴水棚，超化塔十八层。

密县县衙全景图

中华人民共和国成立后，这座城池仍为密县人民民主政府所在地。为修郑州至登封公路，扒去南城墙，为建工厂、扩建民宅，相继扒掉城门和所余城墙，过街牌坊、法海寺塔，东、西文峰塔也全被拆除，其他古建筑已所剩无几，所幸的是县衙、法海寺、城隍庙、文庙还保存完好。因城下煤田深厚，煤质好，储量大，于20世纪70年代，时任县委第一书记程金瑞带领县直机关负责人实地查看新县城选址，1974年10月成立筹备处，1979年9月新县城（今新密市）建设初具规模，县委、县革命委员会及县直机关单位逐渐迁入新县城，老城属新密市城关镇管辖。

第四节　密县县衙晋升“国保”

2013年3月5日，是新密人应当铭记的很有纪念意义的喜庆日子。这一天，是密县县衙被国务院公布为全国重点文物保护单位的纪念日。

回想2013年3月5日，国务院下发了国发〔2013〕13号“国务院关于核定并公布第七批全国重点文物保护单位的通知”文件；文中的总序号1202号，古建筑分类号7-1202-3-500号是密县县衙。至此，县衙标志着国家级文物精粹得以确认，凝聚全市人民及古城文化爱好者的热情关怀，凝聚古城管委会全体人员艰辛努力的“国保”申报工作，获得了圆满成功！这是全新密人民的骄傲，是古城管委会全体工作人员的自豪，是新密市文化发展的历史性盛事！

县衙晋升“国保”，为新密的发展赢得了极好的机遇。近年来，在市委、市政府的领导下，我市站在历史的高度，抓住难得的机遇，乘势而上，保护、修葺、利用县衙取得了令人瞩目的成效，使其真正成为“中华第一衙”和“神州大地绝无仅有的历史标本”，成为新密、郑州乃至河南的旅游热点。目前，县衙已成为新密的一张文化名片，也将成为郑州乃至河南的一张靓丽名片。近年来，密县县衙独特、厚重的文化内涵，受到了各级领导及古建筑专家的关注，他们多次莅临新密，考察县衙，为密县县衙的修缮建言献策，谱写了建衙历史上辉煌的篇章！

县衙晋升“国保”，有今天如此之好的局面，也是县衙多年以来坚持突出特色，发挥优势的结果。“游千年县衙，品六朝文化”“密县县衙，一部官文化”“中华第一衙”“神州大地绝无仅有的历史标本”“密县县衙，中原古建的典型代表”，一字一句赞的是县衙之珍贵，颂的是县衙的真和实。加上县衙原始功能复原陈列、廉政文化的陈展、民风民俗展览布置；特别是“宣讲圣谕”“大堂审案”“主持县试”“开仓赈灾”“扶犁亲耕”“婚庆嫁娶”等系列泥塑场景的再现，加重了浓厚的县衙文化气息，使古县衙真的活起来了，北京游故宫，郑汴览密衙，密县县衙成为国内外游客来河南旅游必看的主要景点之一。

密县县衙能够这么长时间牵动着人们的思绪，引得无数游客慕名而来，去探索它的厚重文化内涵，是因为在这里，她可以给人以有益的启迪和借鉴；在这里，可以找到已经逝去的久远，可以探索到正在追寻的未知。

第三章　衙门建筑的特点

第一节　三条轴线，从南“看”到北

一座衙署，治理一方，权力的运行，是一架精美的机器，少不了任何一个零部件。从知县，到县丞，再到主簿、典史、捕快，每个职位，都缺一不可，每个机构、部门都各司其职。俗话说，“麻雀虽小，五脏俱全。”这在衙署建筑的安排上，也反映得格外明显。县衙虽小，功能齐备，各式建筑，一样不少。密县县衙整体布局为：东西三条轴线，前后五进院落。中轴线从南向北有五进九层院落，有仪门院、大堂院、二堂院、三堂院、大仙楼院等；东轴线由土地祠、寅宾馆、萧曹祠院、典史宅、东内书房院等组成；西轴线由马厩院、监狱、西偏院、西北院、草亭院等组成。沿县衙建筑的三条轴线，由南往北，一步步游，一处处看，县衙宏大的建筑格局、完备的建筑功能，会清晰呈现在我们面前。

晨钟暮鼓悠扬

到了新密古城中央的十字街，就走进了县衙。往北，临近县衙，首先能够看到的是一座高大的台阁式建筑——钟鼓楼。一般县城只设鼓楼或钟楼、鼓楼分设，而密县的钟鼓楼则合二为一，极为独特。下方是中间有通道（拱门）的高台，南面上嵌“褒德侯旧治”匾额，北面镶嵌“豊庆门”三字石匾为明崇祯九年知县苗之庭所书。台上两侧为阁楼，东边置鼓，西边置钟，环楼有廊，有晨钟暮鼓之说。两楼间为祠庙三楹，与阁楼相连，内祀郊禖，郊禖也叫高禖，高禖被尊为求子之神。钟鼓楼始建于隋，明代时重修的钟鼓楼在解放后被毁。今，规划依原基址复建。

在过去的岁月里，钟鼓楼一直是古城之中高大的建筑，为新密古城建筑中的一大特色。古时，人们没有手表、手机、挂钟之类看时间的工具，住在一城当中，无论是赶考的、上衙门站班的、上学塾读书的、住店赶路的、骑驴挑扛做买卖的、起红更撅篓拾粪的、下地种庄稼的，都是听鼓楼上敲几下鼓点，然后起来漱洗动身，各干营生。所以，封建社会几千年来官家早有定制；钟鼓楼建在一城的中心位置，并且要台基高筑，高耸于平民建筑之上，这样钟鼓一响，报起时辰来，城里城外的人们，也能听到已到了什么时辰。县衙大门前的钟鼓楼，广厦飞檐，铜铃悦耳，画柱高大，弯顶彩绘，围栏回廊，斗拱重檐，显得富丽堂皇，很是气派，楼中高卧着一面碾盘大小、半人多高的牛皮大鼓，便是此楼的用处所在。站在钟鼓楼上扶栏四望，古城景物尽收眼底；文庙、书院、法海寺、城隍庙、关帝庙、牌坊等一大批古色古香、雕梁画栋的高大建筑物鳞次栉比，错落有致。

衙门前的“警示录”

古时，县衙的大门前，通常是一块热闹的地方，有点像今天的公共论坛，或者像政府机构前市民聚会的广场，树立标志、立上碑刻、写上口号，起的是表彰、弘扬、警示以及惩恶扬善的作用。在老人们的记忆里，密县县衙的大门前依次有照壁、旌善亭和申明亭，还有两块碑刻，一块是明万历年间立的《密县条鞭勒石定规说》碑刻，一块是清代康熙年间立的《密侯衷公重修县治官衙碑记》。这些碑刻后来多被毁，仅存一块碑首和两个赑屃，极具文物价值。

照壁

照壁在钟鼓楼后面，是县衙中轴线上的建筑物，又称“影壁”或“屏风墙”，是中国建筑特有的部分，明朝时特别流行。从建筑学上来说，它起到一种阻隔空间，屏蔽正堂的作用，使建筑增加层次感，增加住宅气势；从建筑风水上说，它又起到阻挡外魔、驱逐内邪的作用，在旧时，人们迷信地认为自己宅中不断有鬼来访，修上一堵墙，以断鬼的来路，因为据说小鬼只走直线，不会转弯；从它的实用价值来说，它还起到遮挡视线作用，避免人们直接看到宅内。

密县县衙门前的照壁，为青砖浮雕组成的硬山式“一”字型建筑，长 6.5 米，高 3.5 米，宽 0.75 米，基座为须弥座，上部为青砖浮雕，覆以灰瓦。壁上雕刻状如麒麟的怪兽“獤”的图案，“獤”四蹄似牛，头上长角，身上有鳞，尾巴上翘，身边布满金银财宝，但依旧嘴巴大张，欲吞日月，寓意着对官员的警示。传说“獤”，生性贪婪，不知满足，到海边喝水，望见太阳的影了印在海中，以为是太阳，跳入大海吞吃，结果，被海浪吞没淹死，这就是“贪心不足吞太阳”的由来。衙门把“獤”雕在照壁上，就是警诫官员要清正廉洁，克己奉公，不要贪赃枉法。

旌善亭和申明亭

在密县县衙大门前的东西两侧，分别有旌善亭和申明亭，始建年代无考，是地方政府对民众进行教化的专门设施，由明太祖朱元璋倡立，一直沿袭到晚清。“城乡各坊里厢，都例置二亭。县治之有图者，也多半标明二亭之所在。每里推选一年高有德之人掌其事，曰老人，里长相助。”也就是说：明初，各地各乡均设立“申明亭”，由本乡人推举公直老人并报官备案，民间纠纷小事由老人主持，在申明亭调解。调解不能和息的，再向官府起诉。这是我国古代民间调解制度的一种。

申明亭内，有木制黑漆的木牍，称“板榜”。在上面定期公布本地区的坏人坏事以及如何惩处的决定。“申明”，具有郑重宣明、反复开导和辩解申诉等含义，其核心就是申明教化，惩莠显恶。如“不孝不悌、殴骂尊长、乱伦兽行及一切奸盗诈伪、赌博宰牛、做状唆讼、歃结凶拳者，列名申明亭木牍上，每名下俱各注略，一目了然。”

与申明亭相对应，旌善亭的木牍是红色的，用来表扬好人好事。如“孝悌、救急难、助婚丧、解纷息讼、化盗为良、赈饥施药、修桥路、施棺木葬无主之骸、拾遗金而不取，真实无虚者，题名旌善亭木牍上。”

大门前的两通石碑

在大门前东西两侧，旌善亭和申明亭的后侧，有两通石碑。

大门东侧为明万历十四年（1586 年）立的《密县条鞭勒石定规说》碑刻，上面记载说明了一条鞭法改革。一条鞭法相当于现在的一费制。就是将所有的赋税并为一项，以银两的形式征收，一年只收一次，平时官府不再征税。现在碑刻已毁，仅存碑座赑屃和碑首。

大门西侧的碑首，上面镌刻着《密侯衷公重修县治官衙碑记》，为清代康熙年间（1684 年）知县衷鲲化在重修县衙时所立。（碑首：螭，传说中一种没有角的龙。《说文 · 虫部》：“螭，若龙而黄。”龙为炎黄子孙最崇拜的神兽，把它装饰在碑头上成为螭首，碑的身价就变得更为高贵。）

旌善亭和申明亭图

正门及喊冤鼓

县衙大门是一个俗称，官称为正门，为县衙的第一道门。沿十字街北行，过了照壁，密县县衙大门即在眼前。街道的路面与大门平台之间尚有七级台阶，登上去，才能迈进大门。大门两侧，是与大门成约 45°夹角的两道青砖灰瓦墙，呈现“八”的形状，俗称“八字墙”。因这七级台阶和“八字墙”的衬托，在视觉上，密县县衙的大门显得高大雄伟。

密县县衙正门，为灰瓦硬山式建筑，面阔三间，进深两间，一门四柱，朴实而威严。大门的巨型门墩，也是国内罕见。门墩也称门础石，密县县衙的门墩高 70 厘米，宽 85 厘米，厚40厘米，重约600公斤。这一巨型门墩，雕饰花纹，工艺简单，简朴大方，使县衙显得格外威严、壮观。据考证为隋代建衙时所制，经过1400余年的风雨沧桑，门墩上角已磨损6厘米。传说在建衙时，城南湾子河村有一大汉姓桑，虎背熊腰，一顿能吃一筷子烙馍，力大无比，人称桑大汉。这对门墩是他从盖房用的檩条挑来的，至今在民间还流传着桑大汉挑门墩的佳话。

正门有楹联“溱洧流风千载文统凝紫气，羲黄余绪万年地脉呈吉祥”。

前檐东侧放置有一架“喊冤鼓”，专为老百姓击鼓鸣冤之用。喊冤鼓，为汉代开国皇帝刘邦始置，直到清末，一直是官员体察民情的重要手段。喊冤鼓，通常支在大门东侧廊下，大老远即可见。据说，击鼓也有一定的规矩，喊冤人一次只能击三下，如果乱击就要先挨板子，然后再问审案情。

县衙大门图

链接

击鼓鸣冤的由来

相传，汉代开国皇帝刘邦登基不久，他侄子在大街上遇到了貌若天仙的女子苏小娥，便上前调戏，苏小娥恼羞成怒，一巴掌打在皇侄脸上。皇侄哪能受此羞辱，夺过随从手中的齐眉棍向苏小娥打去，这时恰被一彪形大汉阻挡，齐眉棍折落在地。另一随从拔剑向大汉刺去，大汉闪身，皇侄腹部中剑，当场身亡，随从们急忙抬尸回府，并栽赃说是大汉所害，刘邦下令将大汉捉拿，定为死罪。苏小娥闻知恩人要被斩，决定闯金殿施救恩人，一日同妹妹各执一锣一鼓，在金殿门口猛敲起来,高喊冤枉。刘邦闻声,传当事人上殿,待问清原委,释放了好汉,斩了误杀皇侄的随从,百姓无不称颂高祖英明。苏小娥的这一举动,给刘邦一个启示,为方便百姓告状,他特下圣旨,命各级官署大门前必须设置喊冤鼓。击鼓鸣冤之制,成为封建官吏体察民情的重要手段,一直流传了两千多年,直到清末。现在,大家只能从古戏中看到这种场景了。

县衙的第一进院落·仪门院

穿过正门就进入了县衙的第一进院落。

立在密县县衙大门,向北去,一条18米长的通道,直至仪门。通道带有护栏,两侧就是密县县衙特有的建筑——莲池。

莲池图

据考,密县县衙内的莲池在全国独一无二。县衙双莲池长18米,宽6米,深3米,建在大门以里、仪门前面,甬道两侧东西各一,甬道下有三个砖券桥洞,两池之水可以互通,池四周建有艺术精湛的石雕栏板。莲池放水种莲,非常清雅。古人要求做人要具备八种品德,即"孝""悌""忠""信""礼""义""廉""耻",莲池谐音"廉耻",寓意清水衙门,廉洁清正。这种建制在全国衙署之中也是独一无二的,既增加了衙内清秀高雅的气氛,又起到了对官员警示的作用,这是中国封建制度和园林艺术的完美结合。

一位古建筑学教授对此莲池有深刻的评价:"密县县衙是已知的中原地区唯一建有莲池的县衙,这特有的莲池,不仅对古代官吏、现代官吏,就是对今后官吏的做官思想,都有极大的教育意义。"今天,县衙的莲池像一面廉政的明镜,时时映照着后来为官者的品格，也成为当代廉政教育的实物材料。莲池两侧，为衙役的办公场所，据《密县志》记载，密县县衙内衙役共分壮、快、皂、捕四类，每类又分两个班次，俗称八班，衙役的办公场所俗称八班房，分别在莲池的东西两侧。

壮班，原来是从民间挑选的身体健壮的壮丁，用来守卫城堡，后来多用来守护仓库、监狱，护送、押解过境银饷、人犯等。多选用身体强壮、有胆艺的人充当。

快班，分为“马快”“步快”两种，主要供州县官奔走驱使，侦缉密探，平时巡夜，有时执行传唤、拘捕等任务。也经常被派往乡下催征赋税，因此与百姓接触最多。

皂班，由穿黑衣服的皂隶组成，供知县使役。衙内值堂，衙外跟随主官出巡，廓清道路，仪卫看守，出庭行杖，都是皂班的事情。

捕班，被称为“捕役”，俗称“捕快”，执行传唤原被告，搜寻证据，缉捕罪犯的职能。

仪门以及生死之门

县衙的第二道门叫“仪门”，顾名思义，即“礼仪”之门，仪门高大雄伟，立于三级台阶之上，以显示其威严庄重之意。仪门楹联：“国正天心顺，官清民自安。”这副对联引人注目。自古以来，只有一个国家的政体清廉为民，才能顺应天意、符合民心，只有当官的为政清廉，老百姓才能安居乐业。

仪门图

通常，仪门是关闭不开的，这是封建礼制的要求。按照封建社会伦理，必须上下有别，贵贱有等，在衙署中出入门庭应遵循“礼制”。礼节要求，新官到任或迎接同级、上级官员至仪门前，“文官下轿”“武官下马”，县官僚属整冠至仪门外；如有重大庆典，礼仪活动，迎接贵宾，审理重大案件，则仪门大开，让贵宾从中而入。

仪门两侧有东西两个角门。按封建礼制，东为上首，故称东角门为“生门”，是供衙内工作人员及百姓日常出入的，故经常开着；西角门称为“死门”，通常是关闭不开的，只有押解死囚赴刑才开，且死囚必走死门。

链接

生门和死门的来历

《易经》中有天、地、人三才之说，奇门遁中，有九星、九宫、九门之说，九星（天心、天任、天禽、天赋、天冲、天英、天蓬、天芮、天柱），九宫（乾、兑、离、震、巽、坎、艮、坤），九门（休、生、伤、杜、惊、死、景、开）。

县衙的第二进院落 · 大堂院

密县县衙的第二进院落是县衙中重要的办公场所，庄严肃穆，由于占地面积相对较大，显得十分敞阔。过仪门后，一条高出地面 50 多厘米的通道穿过高大的戒石坊，直抵大堂。

在大堂前甬道中央，矗立着由本地上等青石制作的、高 6.1 米的戒石坊，为四柱三顶结构，南向刻有“公生明”三个大字，意为公正公平才能明辨是非。戒石坊北面，是由北宋著名书法家黄庭坚书写的“尔俸尔禄，民膏民脂，下民易虐，上天难欺”十六个字。这就是沿用近千年之久的《戒石铭》，又称“天语亭”。

《戒石铭》图

根据清人赵翼考证，在衙门里立戒石的历史，可以上溯到商周时期，当时将官刑刻于石碑上，用来警示那些执掌权柄的人，不得徇私枉法。唐朝中后期，唐玄宗为规诫各州刺史，为他们题写五言古诗一首，作为座右铭，共 20 句 100 字，告诫官员视民如子，廉洁奉公。五代十国后蜀国主孟昶重写了四言体韵文的《戒石辞》，共 24 句 96 字。宋朝建立后，宋太宗赵光义从中选出 4 句 16 个字，成为历代相沿的《戒石铭》。南宋高宗赵构绍兴二年（1132 年）下诏“命州县长吏”把书法家黄庭坚所书《戒石铭》颁于州县，“刻铭座右”。从此，《戒石铭》成为衙署官箴文化的重要象征。

链接

戒石铭的出处

“尔俸尔禄，民膏民脂，下民易虐，上天难欺”16 个字，来源于五代十国时期。后蜀高祖孟知祥称帝后，为了酬谢昔日患难与共、一同打江山的将相大臣，给他们诸多宽厚的待遇，然而这些官吏借此机会肆无忌惮地害民虐庶，搜刮民脂民膏。孟昶继位后，为整饬吏治，于广政四年（941 年）亲撰《颁令箴》24 句：朕念赤子，旰食宵衣，言之令长，抚养惠绥。政存三异，道在七丝，驱鸡为理，留犊为规。宽猛得所，风俗可移，无令侵削，无使疮痍。下民易虐，上天难欺，赋舆是切，军国是资。朕之爵赏，固不逾时，尔俸尔禄，民膏民脂。为民父母，莫不仁慈，勉尔为戒，体朕深思。以此诫谕地方官要爱护百姓，不做贪官污吏。

舆图

在密县县衙大堂前甬道两侧，曾用砖瓦彻有两个球形建筑物，称为舆图，相当于今天的地形沙盘。县衙的舆图建于民国十八年（1929 年）五月十九日，绘制了新密的地理形势，这种建制在国内衙署建筑中绝无仅有。

《谷振翔题记碑》详细记载了舆图的由来。这块石碑是 2010 年 7 月维修县衙时发现的，碑刻镶嵌在仪门东侧间后墙上，墙面上敷以灰皮。维修仪门清除灰皮时，一块高 0.65 米、宽 1.34 米的石碑才浮现出来。

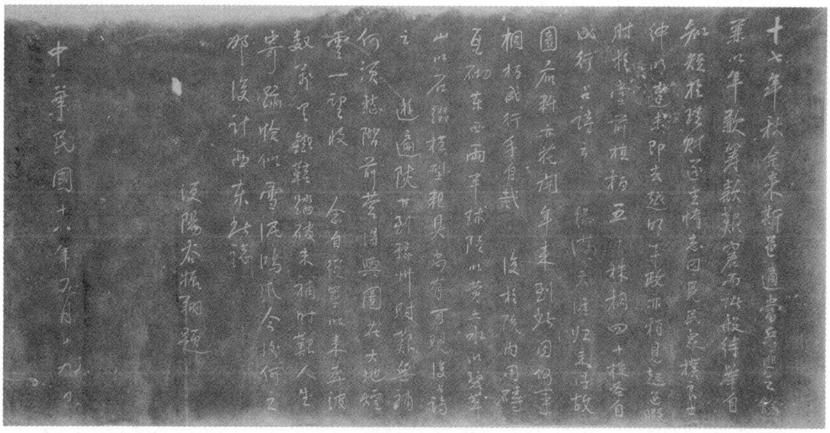

谷振翔题记图

碑载，谷振翔初到密县，遇到重重困难，萌生退意，但当他看到密县民风淳朴，又不忍离去，于是坚持留了下来。第二年，治理初见成效，就在堂前植柏树五十株，桐树四十株，各自成行，且赋诗一首：“绿满天涯归未得，故园应料花已开，年来到此因何事，桐柏成行手自栽。”后，又于院内砌成东西两半球的舆图，把密县旧时的地理风貌以沙盘的形式呈现出来，“……（舆图）用砖瓦砌东西两半球，陆以黄土，水以碧草，山以石缀，模型粗具，尚有可观……”又赋诗曰：“游遍陕甘到豫州，时艰无补何须愁。阶前营得舆图在，大地烟云一望收。”此诗体现了县长谷振翔面对艰难的时世持有的乐观精神和胸怀天下的豪情。

六房

在大堂院落的两侧，排列着两排门户相对的房屋，这是州县衙门书吏的办公场所，号为“六房”。所谓六房是指吏房、户房、礼房、兵房、刑房、工房，县衙六房与朝廷的吏部、户部、礼部、兵部、刑部、工部六部相对应，是州县衙门的办事机构，并不是简单的6间房屋。东侧从北往南为吏房、户房、礼房，西侧从北往南为兵房、刑房、工房。左文右武，他们都是衙门内的具体办事机构，每一房占有三间办公房间。六房的房屋比较低矮，形制也很简单，仅是一般的瓦房。每间正中开两扇格门，两侧下部砖墙，上部开有槛窗。室内是青砖铺地，办公家具也都很简单。吏房掌管官吏的任免、考绩、升降等；户房掌管土地、户口、赋税、财政等；礼房掌管典礼、科举、学校等；兵房掌军政；刑房掌管刑法、狱讼等；工房掌管工程、营造、屯田、水利等。每房的办事人员书吏少的只有二三人，多的不过五六人。每房的负责人称典吏，在这六房办事的人员，统称为“胥吏”。主要靠领取纸笔抄写费和工食费维持生活，清代规定他们的任期为五年，但实际上并没有严格执行，许多人一辈子都在衙门内办事，甚至可以子承父业，这些人大部分都是土生土长的密县人，他们熟悉刑法、精通律例，特别擅长处理衙门的内部事务。

吏房

户房

礼房

兵房

刑房

工房

大堂

大堂，是密县县衙中轴线上的主体建筑、县衙建筑群的中心。它坐北朝南，高耸威严，为五楹厅堂，中间为三楹公堂，长 17 米，进深 12 米，高 10 米，有立柱 12 根，建筑面积为 204 平方米。大堂前的延伸建筑是卷棚和月台，大堂与卷棚房檐间，留有缝隙，下雨时形成雨帘，寓意为官者要清正廉洁，俗话叫两檐滚珍珠。密县县衙大堂高大壮观，是县衙中最为宏伟的建筑，职能上最为重要，全县所有的大案、要案都要在这里审理。

大堂图

大堂堂号“牧爱堂”，即官亲民、官爱民的意思，此堂号为清康熙年间知县衷鲲化定名。堂前楹联：上联为“策励于先改节于后官箴何在”，下联为“取便于己贻害于民国法能容”。比较罕见的是，上下联都是问句，其中意味大家可以好好品鉴。大堂内联：上联为“国法凛凛扬人间正气”；下联为“人情熙熙伸黔首冤屈”。

知县公座图

大堂正中设知县公堂，上悬“明镜高悬”匾额，正面屏风彩绘“海水朝日”图，象征清如海水，明似日月，三尺公案之上放置惊堂木、文房四宝及红头刑签、绿头捕签。堂前有两块跪石，东边方石为原告跪石，西边长方石为被告跪石。大堂两边陈列县官出行仪仗有青旗、蓝伞、蓝扇、桐棍、皮槊、肃静牌、官衔牌、放告牌、堂鼓等物，还有四抬蓝绢轿一乘。

明镜高悬图

大堂左右配房，东为赞政厅，西为架阁库，均为五间。赞政厅为知县辅佐之官，即县丞办公的地方。架阁库用以存储典籍文牍和案卷。

宅门及“走门子”

大堂之后是二堂，大堂与二堂由一道院门隔开，这道院门称作“宅门”。县衙建筑与中国其他传统式建筑一样，都属于“前堂后宅”格局。以宅门为界，以南为堂院，是公共办公场所，一入宅门就是二堂，相当于宅院了，是比较私密的场所。宅门联：“治赋有常径勿施小恩忘大体；驭官无制法但存公道去私情。”

宅门是通入内宅的咽喉之地，两旁设有“门子房”，相当于今天的传达室，也是保卫科。“门子房”里有看门人，叫“门子”，日夜轮流值班，闲人免进。门子地位低微，却是知县的亲信。知县手中有权，难免有人情相求，但若想见知县，必须由门子通禀。门子虽然年俸仅有六两，但许多来访者为求方便，常对其行贿，否则，在这里就吃闭门羹，连知县的面都见不上，就别提办事了。这就是现代人所讲的“走门子”的渊源。

县衙的第三进院落·二堂院

进入宅门，有一道四扇屏风，平时从东边进出，重大庆典活动或贵客到来，才打开屏门，以示隆重。宅门面北上书“天理、国法、人情”六字，警示县官在办案中要顺天理、合国法、通人情。东西厢房为主簿办公的地方。穿过屏门，就进入了县衙的第三进院落，即二堂院。

二堂建筑结构与大堂基本相同，东西为两个稍间，是招房和茶房，建筑面积为160.5平方米。通常，二堂审理不便公开的案件，有时也包括一些民事案件。另外，知县到大堂审案时，也常到这里退思、小憩。明清时期，民刑案件审理是分开的，知县在二堂审理案件只穿常服，没有森严的气氛。知县在二堂断案，多是给原、被告先讲“三纲五常”，用伦理道德进行教化，达到化解纠纷的目的，很少用刑。若当事人执迷不悟，靠说教不能解决问题，才会用刑。所以，二堂两边虽摆放有笞杖、夹棍、拶子等刑具，但极少用到。

“三鉴堂”，堂号也是知县衷鲲化所定。三鉴源于汉荀悦《申鉴》：“鉴于古，鉴于人，鉴于镜”，唐代名相《魏征传》中专门对此作了记述：“以古为鉴可以知兴衰，以人为鉴可以明得失，以镜为鉴可以正衣冠。”二堂楹联为：“日临大地思三鉴，月挂中空记四知。”

二堂内屏风上方悬挂有匾额“清慎勤”三字，是为官者的基本准则。早在春秋战国时期，许多政治家、思想家就把“清”“慎”“勤”作为为官从政的箴言。官如不清，虽有他美，不得谓之好官。然廉而不慎，则动静云为，必多疏略；廉而不勤，则政事纷繁，必多废弛，仍不得谓之好官。“清、慎、勤”虽然是中国古代的为官箴言，但对今天的廉政、勤政建设，仍然具有借鉴意义。

二堂图

二堂院落的两侧是东西花厅，俗称客厅，或称签押房，因为需要签字、押印而得名，是长官日常办公的地方。签押房的位置不固定，视各任州县官的喜好而定。其他的房屋泛称“花厅”，所谓花，是掺杂不一、用途不固定的意思。

县衙的第四进院落·三堂院

往北，过了二堂，就进入县衙的第四进院落。这里，三堂和东西厢房组成了一个封闭的院落。密县县衙的三堂为五间回廊式建筑，是知县起居、办公、接待贵客的地方，平民百姓很难进入。院落里种有国槐、桂花树，更增添了几分生活气息。三堂有时也审理案件，涉及当事人的名节等隐私的案件才在这里审理，是对当事人隐私的保护。三堂楹联为：“休觉天道远上存国法下存民意；长记人事迩前有政声后有史书。”内悬匾额：“醉墨山房”，意为沉醉于书房的墨香之中，充满了生活气息。

三堂图

三堂的东西厢房是师爷的办公处所，师爷分为钱粮师爷、刑名师爷、书启师爷。师爷是知县的重要幕僚，也称幕友，是地方官吏的参谋和顾问。

与三堂院相通的西内书房，上房五楹，厢房三间，是知县眷属生活的地方，平时外人是不能随意出入的。三堂东是厨房院，上房三间，是知县的专用餐厅，东厢房三间，是知县的专用小灶。

县衙的第五进院落·大仙楼院

三堂后面的院落，为县衙的第五进院落，因这个院落建有大仙楼，也名为大仙楼院。大仙楼，面阔五间，为二层楼房，东西厢房各为三间，均为双层小瓦楼房。古时，衙署的大印、贵重物品、重要资料都保存在这里。尤其衙署放假时，印信及机密档案都要收管在大仙楼中，统一储放，以防丢失。同时，大仙楼也是储存图书档案的地方。

古时，衙署内都奉有“守印大仙”之位，每月初一、十五，衙内官员为“大仙”上香礼拜。所谓“大仙”，即狐狸。相传，狐仙是智慧的化身，大仙楼内供奉狐狸大仙，是祈求狐狸大仙保佑知县仕途升迁，保佑县衙岁岁平安。

大仙楼院图

县衙后花园

大仙楼后是县衙的后花园，也是县衙的最北部分，为县衙的第六进院落。古代限制官员外出县衙，避免知县与当地乡绅贵族勾结串通，有些朝代规定，知县外出县衙都要进行记录。所以，一般都在县衙办公区后修缮后花园，供知县等办公之余休息，以此形成了县衙前堂后宅、前有办公区后有花园的整体布局。

密县县衙的后花园，东西长140米，南北深60米，有假山、池塘、回廊、亭榭等，景色静雅，不失为吟诗作画、抚琴消遣的好去处，是县官及其内属休息赏玩的场所。知县及衙署内公务人员，处理完公务以后，通常会到花园里稍事休息。

东西辅线建筑

县衙中轴线两侧另有东西辅线建筑群。东辅线由土地祠、寅宾馆、萧曹祠院、典史院、东内书房院、退思堂等组成；西辅线由马厩院、监狱、西偏院、西北院、草亭院等组成。

寅宾馆

在县衙仪门东侧，由东屋、北屋、南屋、西北屋组成一个独立院落。寅宾馆的"寅宾"一词出自儒家经典《尚书·尧典》，据说尧曾任命东方之官"寅宾出日"，寅是尊敬的意思，宾是导引的意思，就是要东方之官每天恭恭敬敬地引导太阳升起，方便农耕。后世引申为接待的意思，寅宾馆是接待来往本县的公务人员。

寅宾馆图

土地祠

寅宾馆的西南角是土地祠，土地祠亦称“土地堂”，供奉土地神（爷）的祠堂。县衙内建土地祠，是明太祖朱元璋的“创造”。他在位的时候，这个土地庙还另有用处：他规定贪官赃满 80 两（也有的说法是 16 两）就要“剥皮实草”，把剥下的人皮蒙在一个草人上，做成一个“皮囊袋”，挂在官员的公座上方，使下一任官员“触目惊心”。剥皮的刑场就是土地庙，号为“皮场土地”或“皮场庙”。虽然在明太祖死后，这种残酷的刑罚被废除，可是这个土地庙却一直保留了下来。

土地祠图

链接

土地神的源起

土地爷,又称土地、土地神、土地公公,传说中掌管一方土地的神仙,住在地下。相传土地神生日是农历二月二日,这一天家家户户都要宰鸡杀鸭、虔诚祭拜,土地庙多要演戏,以祝“福德正神”千秋。这叫春祭。农历八月十五是土地公得道升天之日,这一天还要祭拜一次,这叫“秋祭”,以感谢土地公一年来的福佑,古时所谓“春祈秋报”就是指此。平时每月的初二、十六两天,各地商家都要定期举行祭拜,俗称“牙祭”,称之“作牙”。

土地神的前身是社神,《说文解字》:“社,地主也。”顾名思义,社就是土地的主人,社祭就是对大地的祭祀,又有后土之说。社神在神界是数一数二的大神,地位显赫,而不像土地神官微言轻。社神源于远古时期人们对土地的崇拜。土地为人类提供了活动场所,在土地上生长的万物为人类提供了丰富的食物,故人类感激它、崇拜它。对社神的祭祀,早在《诗经》中就有记载。祭天与祭社(地)是古代两项最重要、最隆重的祭祀活动,可见社神的地位非同小可。由于社会进步,人们对自然界的认识逐渐加深,进入封建社会后,社神的地位不断跌落,以致沦落为神仙中级别最低的神,俗话说“别拿土地爷不当神仙”。

土地爷,专名为“福德正神”,传说周朝一位官吏张福德,自小聪颖至孝,36岁时,官至朝廷总税官,为官廉正,勤政爱民,102岁辞世。有一贫户以四块大石围成石屋奉祀,不久,由贫转富,百姓信其神恩保佑,乃合资建庙并塑金身膜拜,取其名而尊为“福德正神”。

另一说为:周朝一上大夫远赴他乡就官,留下家中幼女,他的家仆张福德(或张明德)带女寻父,途遇风雪,脱衣护主,因而冻死途中。临终时,空中出现“南天门大仙福德正神”九字,上大夫念其忠诚,建庙奉祀。

最早称为土地爷的是汉代蒋子文。据《搜神记》卷五记载,汉末秣陵尉蒋子文,逐贼到钟山下,被贼击伤额而死,其故吏见文于道,乘白马,执白羽,侍从如平生,故吏惊走,蒋子文追之,曰:“我当为此土地神,以福尔下民,不尔,将有大咎。”于是故吏奏请皇上封蒋子文为中都侯,为其立庙堂。

各地的土地神也不一样。据称,沈约为湖州乌镇昔静寺土地神,杭州太学一带及临安奉岳飞为土地神。唐代大文人韩愈为翰林院及吏部之土地神。

土地神崇奉之盛,是由明代开始的,这与皇帝朱元璋灵迹乡土地庙有关。土地神的形象大都衣着朴实、平易近人、慈祥可亲,多为须发全白的老者。一般土地庙中,除塑土地神外,尚塑其配偶,称“土地奶奶”,与土地神共受香火供奉,没有特殊职司。

土地庙的对联也有讲究,常用的有:“黄酒白酒都不论,公鸡母鸡总要肥。”横批:“尽管端来”。还有一副妙联:“莫笑我老朽无能,许个愿试试;哪怕你多财善贯，不烧香瞧瞧。”这些对联生动地说明土地神的地位低微，但很重要。因此，民间凡举行祈福等重要祭祀活动，供桌上都要设土地神，请土地神到场，祈求土地神的保佑。

萧曹祠

萧曹祠院由萧曹祠、乐楼和东西廊坊组成。

萧曹祠图

乐楼图

萧曹祠也叫“衙神庙”，里面供奉汉代名相萧何、曹参。萧何是西汉开国丞相，辅佐刘邦建立了大汉王朝，后任相国，制定各种律令典章，史称“萧何定律”。这一定律对巩固西汉政权起到关键性作用。萧何死后，曹参继任相国，一切均从旧例，即“萧规曹随”。萧何、曹参在秦朝时是县里面的书吏，后来萧何、曹参辅佐刘邦建立西汉，先后任职丞相，所以萧、曹二人为古代地方官署衙门掌管文书的官员、胥吏所崇拜，县衙供奉萧、曹二神，一方面是学习他们忠君爱国，恪尽职守的工作精神；另一方面也是想求得他们的保佑，使自己官运亨通。

典史宅

萧曹祠再往北，是典史宅，三进院落，是知县辅佐之官县丞、县尉、主簿、典史的办公居住之处。县尉与县丞同为古时县令（或县长）的首要辅佐官吏，权责一般包括抓捕贼盗、维护治安等“武职”。主簿属于文官。此官职大概开始于汉朝，主管文书簿籍及印鉴，即起草一些文件、管理档案，以及各种印章等，大致相当于现代的秘书一职。中央机关及郡县官署均置此官，以典领文书，办理事务。县的主簿地位仅次于功曹，为门下亲近吏之长。魏晋以后，统兵开府之大臣幕府中，主簿为重要僚属，参与机要，总领府事。唐宋以后各官署及州县仍有此职，职权渐轻。典史，官名。元始置，明清沿置，不入品阶，即“未入流”，是知县下面掌管缉捕、监狱的属官。如无县丞、主簿，则典史兼领其职。

典史宅图

东内书房

在典史宅院北，退思堂东的独立院落，上房五楹，东西屋各三楹，同为知县眷属居住活动的地方。

退思堂

位于大仙楼东，主房三楹，是知县退思静养之所。“退思”出自《左传·宣公十二年》：“林父之事君也，进思尽忠，退思补过，社稷之卫也，若之何杀之？”在朝廷做官，就忠心耿耿报效君主；辞官隐退时，就反省自己，以弥补过失。意思是知县每审理案件或做重大决策，都要退下来反复思量，看是否公允。

退思堂图

链接

退思堂记

灵寿县堂之后，曰退思堂，盖取左传“进思尽忠，退思补过”之义。余既重修斯堂，而深有味乎其名。夫忠者，尽我心之谓也。尽我之心者，宜若要以无过。然天下事有定理，轻、重、疾、徐、宽、严、厚、薄各有其分。过与不过，其辨在毫厘之间，而人常不及觉。夫唯圣人见理明而处事熟，随其心之所发，无非至善，不待思而自无过。自圣人而下，大贤如颜子，虽曰“如有所言，卓尔。”然犹不能保其无几微之差。颜子而处又无论矣。非慎思之而善补之，未有去也。故孔子告子张曰：“主忠信，徙义。”主忠信者，进思尽忠之谓也。徙义者，退思补过之谓也。彼为致良知之说者，谓致吾心之良知，而事事物物皆得其理，是知主忠信而不知徙义，知进尽忠而不知退补过者也。其为学术政事之害，可胜道哉！坐兹堂者毋曰：“我尽我心而已。”其亦思轻重疾徐宽严厚薄，果各得其中乎？不蔽于气质乎？不囿于习俗乎？不矫枉而过正乎？不因噎而废食乎？有时独断者，不为荆公之执拗乎？有时从众者，不为苏氏之模棱乎？如射之有的，不中其的，皆过也。思之而补之，而后居所尽之忠庶几可以无憾，不然自谓能尽，无毫厘地之间，稍有偏移，其害于民，将不可胜言。呜呼，尽吾心，而犹不能无害于民，而况其不能尽者乎？可不惧哉！可不惧哉！

马厩院和轿夫房

西侧辅线最南端的建筑是马厩院和轿夫房。

马厩院由马王殿、马厩、凉棚组成。马厩和凉棚是养马和存放马车的地方，夏天，马直接饲养在凉棚里，冬天则圈养在马厩里。

马王殿又被称为马神庙，祭祀的是马祖，即马王爷，全名叫“水草马明王”，马王爷的生日是六月二十三，民间举行祭祀活动，正式祭品是一只全羊。

轿夫房是存放管轿及设施和轿夫临时休息的场所。

马王殿图

轿夫房图

链接

马王爷是谁

一说是殷纣王之子殷郊，因为《封神榜》里的殷郊也是三只眼。

二说是汉武帝时候的大臣、匈奴王子金日磾。金日磾原是匈奴王子，后归顺汉朝之后，养马非常出色，被封为马王，后来成为汉朝重臣，受遗诏，辅助幼主。

三说是天上的天驷星，即房宿，是二十八星宿之一。古人把二十八宿分为东、南、西、北四宫，每宫七宿，东宫所属七宿是：角、亢、氐、房、心、尾、箕。北宫七宿是：斗、牛、女、虚、危、室、壁。西宫所属七宿是：奎、娄、胃、昴、毕、觜、参。南宫所属七宿是：井、鬼、柳、星、张、翼、轸。各宫分别将所属七宿连缀想象为一种动物的形象，东宫为青龙，北宫为玄武，西宫为白虎，南宫为朱雀，以为是“天之四灵，以正四方”。房星是东宫七星宿的第四星宿，由天蝎座的四颗星组成，所以叫天驷。

民间传说：马王爷三只眼

一说是玉皇大帝给的。有一次玉帝派马王爷（房日兔）和娄金狗、奎木狼、虚日鼠下界去四方巡察善恶，四神各走一方，不多日先后返回天庭述职。其他三神所报均是善人善事，唯有星日马查访善恶兼有，且有豪强凌弱之事。玉帝迟疑，又派太白金星下界复查，得知娄金狗三神下界贪吃受贿，所报不实，唯有星日马廉洁奉公，好坏善恶如实奏报。玉帝夸他明察秋毫，又赐给他一只竖着长的眼睛。

二说是鲁班的。鲁班是春秋时的能工巧匠，被世人推为木、泥、石、画匠的始祖。他与妹妹鲁姜比赛本领，一夜之间在今河北赵县交河上造成赵州桥。因该桥设计新颖，坚固奇巧，一时轰动四方。鲁班沾沾自喜，说：“我造的桥坚固耐用，无论多重的荷载都不会出问题。”远居蓬莱阁的众神仙听说后纷纷前来试探，张果老倒骑毛驴，驴背上驮着一个钱搭过来了，鲁班不以为然；柴王爷手推一辆独轮车过来了，鲁班更是不屑一顾。谁知驴、车刚上桥，桥身就“咯叭”作响，摇摇欲坠。鲁班急身跳到桥下，托着拱腹，桥才平安无事。原来，张果老毛驴驮的钱搭里一边装着太阳，一边装着月亮。柴王爷的独轮车上载着泰、华、恒、衡四座名山。张果老说了声，“桥修得不错，就是眼力差了点。”说罢扬长而去。鲁班懊悔地说，“我真是有眼无珠，不识泰山，要它何用？”说着就把自己的左眼珠抠出，摔在桥上。谁知这眼珠转眼间变成一颗玲珑剔透的夜明珠，滴溜溜滚落桥下，被迎面而来的马王爷和牛王爷看见。二人争着要这颗珠子。马王爷先行一步拿到手，正在嘻嘻哈哈高兴之时，一看牛王爷来抢，慌张中把珠子按在额头上，成了三只眼。

监狱

密县县衙的监狱是国内现存不多的古代监狱之一，威武森严。从隋大业十二年（616年）建衙的那一刻起，到2003年的最后搬迁止，已经走过了1387个春秋。它是一个独立的院落，周围砖石结构高5米，围墙之厚为衙门建筑之最，基部厚80～90厘米，顶部厚50～60厘米，墙头上还栽满荆棘、刺棵。历代都有加固维修，现狱吏房22间，占地1 600余平方米，分为男牢、女牢和地牢，另外还建有狱神庙等建筑，1963年建有岗楼一座，保存完好。现在仅从监狱围墙就能看出监狱的变迁。专家称，密县监狱从古代连续使用到现在，使用时间之久，在中国乃至国际司法史上创造了一个奇迹，堪称世界之最。

监狱都建在衙门的西南角，俗称为“南监”。密县县衙仪门的西侧就是监狱的狱门，监狱院落有一个“禁卒房”，作为管监狱的牢头禁卒的办公场所，在院落的东南有一重监，即地牢，用以监禁重罪囚徒、死罪囚徒。院落的西侧一排牢房是轻监，关押拟判徒刑以下的囚徒，并在院落的西南部还专设女监。监房和当地普通的房屋没什么两样，只是窗更小、墙更厚，监狱的墙是砖砌的，防止囚徒挖墙逃跑。

古代监狱门上常绘形状似虎的野兽，即“狴犴”头像，作为牢狱的象征。狴犴，又名宪章，传说中的兽名，形似虎，是龙的七子。它平生好讼，却又有威力，狱门上部那虎头形的装饰便是其遗像。传说狴犴不仅急公好义，仗义执言，而且能明辨是非，秉公而断，再加上它的形象威风凛凛，因此除装饰在狱门上外，建筑风格别致，门禁森严，狱门敦厚，古朴笨拙，入狱者插翅难飞。监狱的黑漆大门终日关闭上锁，一到晚上还要封上盖有县署大印，并有管理监狱的典史甚至长官本人的亲笔画押的封条，到第二天早上才由典史验封打开。

明清时衙门里的监狱关押的主要是被控罪名的嫌疑犯或等待正式判决生效的待决犯。用今天的眼光来看，它的性质应该属于看守所。

明清法律严禁在押犯的亲戚入狱探视，只有功臣及五品以上的官员入狱才可以允许亲人入狱探视照顾。关押在监狱里的囚徒还要戴上各种戒具。凡被控杖罪罪名以上的囚徒要在脖子上套枷。枷是用干木板拼成的长方形戒具，中间挖有一个箍住脖子的圆孔。按明清法律规定，杖罪囚徒戴 15 斤重的枷，徒刑、流刑囚徒戴 20 斤重的枷，死罪囚徒戴 25 斤重的枷。而且徒刑、流刑、死刑的囚徒还要加戴“手杻”。

凡是强盗、杀人之类被认为有危险的囚徒每晚还要用“匣床”拘束。匣床是一种卧式戒具，囚徒仰面躺在像如今的婴儿床一样有围栏的木板上，头发被绕在一个固定于木板的铁环上，脖子、胸口都用铁索锁住，肚子上还压一块压腹木梁，两手被铁环铐住，两足被挖有双孔的匣板套牢，再覆盖一块钉满 3 寸长钉的“钉板”，“密如猬刺、利如狼牙”，钉尖离囚徒身体不到两寸，钉板上用横木关闸卡死。

监狱的大门只为活人打开，囚徒收监、提审、释放、解送，甚至拖出去处死，都可以从大门进出。但是如果囚徒在狱中病死、饿死、被打死，其尸体却不得从大门出去，只能从监狱院落西侧院墙上挖的一个“拖尸洞”拉出去。拖尸洞平时关闭，在有囚徒死去时，用门板抬着尸体，对准洞口将尸体推出去，死者的亲属只能等在洞外，也用门板接住抬走。没有亲属的尸体就被拖到城外的弃尸场扔掉。所以明清有句“拖牢洞”的骂人话，诅咒他人要横死监狱。

监狱大门图

在院落的东北角还有一庙，曰“狱神庙”，供奉皋陶。在大家的印象中，狱神是管理恶人的，应该是面目威严，有很强的威慑力。可是中国古代的狱神皋陶却是和蔼可亲的形象，别看他和和善善，可传说他是古代具有神力的刑狱官，执法公正，能明辨是非，扬善惩恶。皋陶在舜时任士，是舜的助手，料理政务，掌管刑狱。舜在皋陶的辅佐下，野蛮得到教化，忧患得以消除，天下一度出现了太平盛世的大好局面。据传皋陶养一神兽獬豸，用来判定犯罪嫌疑人有罪无罪。不用皋陶说话，只要见到有错有罪的人，獬豸就会用独角抵过去，从来不会冤枉好人，也不会放过一个坏人。

据民间传说，密县县衙的监狱是特殊的牢地，老百姓称其为“聋地”。狱内、狱外无论如何叫喊、喧嚣，相互之间都听不到，这当中的奥秘有望大家来共同探讨。

监狱院图

链接

监狱名称的演变

“监狱”，夏朝时期监狱叫“夏宫”，商朝时期监狱被称为“圉”，周朝时期监狱名为“圜土”，秦朝时期监狱被称为“囹圄”，汉朝叫“狱”，明朝又称为“监”。再后来，才将“监”和“狱”合并为一体，统一称为监狱。

监狱内有专门供奉狱神的狱神庙，供狱卒和囚犯朝拜，同时，又是高级囚犯的优待室。高鹗续补的《红楼梦》就写道，贾宝玉和王熙凤最后都被关押在狱神庙中。狱神庙里面供奉的是狱神，在人们的眼中，监狱是个阴阳分界的地方，死囚的最后一段路程就是在监狱中度过的。因此，谁都不愿让以前死囚身上的“晦气”沾染到自己。拜狱神，就是请求他的保佑，只是不同人参拜的目的不同。狱官参拜狱神表示自己替天行道，管教犯人，让狱神保佑自己一切平安；囚犯参拜则是为了求狱神保佑自己能够健康地活着出去，早脱牢狱之灾；死囚朝拜则是求狱神保佑自己早日投胎做个好人，不再受血光之灾。

链接

狱神

第一位是上古尧舜时期掌管司法的名臣皋陶。相传皋陶在掌管司法时，“画地为牢”，成为最初监管犯罪之人的囚禁场所，我国从此有了监狱。因此，“皋陶造狱，画地为牢”正式流传下来，大约从汉朝开始，人们就把这个监狱的缔造者尊为狱神。“皋陶”是尧、舜、禹时期的司法长官，是我国历史上第一个大法官，和尧、舜、禹并称上古四圣，皋陶又是上古时期伟大的政治家、思想家、教育家，被史学界和司法界公认为“司法鼻祖”。其创刑、造狱，倡导明刑弼教以化万民的思想为四千多年来我国各个时期制定、完善、充实各项法律制度奠定了坚实的基础。他的“法治”“德治”思想，与今天的“依法治国”和“以德治国”有着历史渊源关系。

第二位狱神是萧何，宋朝后尊萧何为狱神。神权转移的原因，一是萧何慈眉善目的形象比较平易近人，二是官吏崇拜的衙神就是萧何，衙神狱神的形象逐渐被同化了。

第三位狱神是阿世图，清朝以后尊阿世图为狱神。清刑部提牢厅主事濮青士的《提牢琐记》中说，康熙年间的狱卒阿世图，除夕私放囚犯回家团聚，约定大年初一回牢，结果一囚犯因故迟归，阿世图畏罪自尽，人们感念其仁爱之心在刑部监狱南面建阿公祠以示纪念。

吏舍

吏舍包括西偏院和西北院两个院落，在大堂西侧与中轴线平行，为衙署内胥吏、衙役居住之处。现布展为廉政教育展厅——杨炳堃展览馆。

杨炳堃展览馆图

草亭院

草亭院位于大仙楼院西侧，西内书房院北，与后花园相通。东西屋各五楹。院北有亭子一座，以木构架，亭顶部覆以灰瓦，亭檐下为花草枋心旋子彩画。整座亭子造型别致，结构巧妙，装修精美，色彩艳丽，质朴庄重，典雅清逸。

草亭院图

第二节　衙门中各式各样的门户

衙门以门为名，在这个建筑群里，各式各样的门户当然就具有头等重要的意义。不过最重要的是中轴线上的大门、仪门、宅门。

整个衙门外墙唯一的出入口就是位于中轴线正南方位的大门。这个大门也叫“头门”，它并不是一个简单的门洞，而是一座有屋顶的建筑物。这种屋宇式大门是中国建筑的一大特点，它的形制受到法律、礼制的严格限制，无论多大的州县，大门都只能是三开间（建筑物正面的开间，两根柱子之间的横向空间为一间）。

为了突出大门的重要性，大门前面有照壁，两侧有“八字墙”，门口有的还放置一对龇牙咧嘴的石狮子，据考：密县县衙前面的钟鼓楼南面有一对石狮，为明代雕饰。也有的州县把门屋升高为两层或三层的门楼，兼为全城报时的鼓楼或谯楼（“谯”字原义同“瞧”字，有“瞭望”的意思）。

进了大门，沿着中轴线上铺设的甬道，就到了第二道门“仪门”。仪门内是集中政务功能的大堂院落，所以仪门也是重要的门户。据考，仪门原来写作“誃门”，誃门原指皇帝宫廷里的侧门，明朝时官府衙署要比宫殿降等，因此用宫殿侧门的名称来称呼办公区域的正门。以后讹为“仪门”，又追加解释，认为进入此门应该仪表堂堂，故称仪门。仪门也是三开间，一般进深仅一架。中间的仪门平时关闭，只有在新官上任、上官巡视或重大节庆礼仪活动，才会打开，州县官在此迎送。要进出大堂院落就要走仪门东侧特开的便门，也称“生门”，西侧便门为处决死囚犯的专用通道，称为“死门”，平时也一直关闭。

地方州县官的住所就在衙门中轴线的北端，免费居住在此是他们的权利，但更是一项严格的义务。他们所住的宅院被称为“内衙”，或称“后宅”“后衙”“私宅”，等等。内衙的出入口就是衙门建筑群中轴线北端、大堂后面的“宅门”。

宅门是整个衙门建筑群中戒备最为森严的门户之一。宅门总是终日上锁紧闭的，宅门的钥匙往往由州县官亲自保管。衙门里的衙役、书吏伺候官员只到宅门的门口为限，宅门内自有官员随身带来的私人仆役服侍，不到万不得已的情况，衙门的衙役书吏绝对不得进入内衙。

宅门也是屋宇式的大门，一般都是一开间。宅门两侧设门子房，由官员的亲信长随把守。有的地方，宅门东侧门扇上挖有望孔，门扇上设一个转桶，半个桶露门外、半个桶在门内。有客来访，或有信件、公文递到，把守大门的皂隶到宅门外打一下梆子，把来客的名片或公文、信件之类的东西放入转桶。宅门内的门房从望孔看清来人，转动转桶，把外面那一半转到里面来，取出东西呈送给官员。

衙门的内部院落门增减无所谓，可是大门之外在外墙上另开门洞就是不被允许的，尤其是不得在内衙的宅门外另开小门，直通衙门外面。考核时专门有此项违法的项目，叫作“另开便门”。如清代的《六部成语注解·吏部》专有此条：“另开便门，外省官员在其衙署旁边另作小门，放其私人出入作弊。”可见另开小门是和作弊相连的，我们今天习称的“开后门”或许就是源自此处。

密县县衙在今天的修缮中，为保证游客游览畅通方便，特在东西花厅、膳房院、西内书房院、大仙楼院增设了门楼，与东西“更道”贯通，既便于管理，又方便了广大游客。大堂东西围墙增设的门楼以做紧急通道使用，正常处于锁闭状态。

第三节 衙门内的神庙

密县县衙仪门之后有一牌坊建筑戒石坊，上面镌刻“尔俸尔禄，民膏民脂；下民易虐，上天难欺”。从上述的“上天难欺”的铭文我们可以得知，维系衙门正常运转的重要因素之一是鬼神报应观念，因此在州县衙门建筑群里包含着众多的鬼神庙坛也就不足为怪了。

进入密县县衙的大门往东一转，就可以看到一个不大不小的土地庙。在官府里建土地庙，始于明太祖朱元璋，他在位的时候，这个土地庙还另有用处。他规定官员凡是贪污满 80 两就要“剥皮实草”，也就是把贪官污吏的皮剥下来，用草将人皮充实，做成一个“皮囊袋”，挂在官员的公座上方，使下一任官员“触目惊心”。剥皮的刑场就在土地庙，号为“皮场土地”或“皮场庙”。明太祖死后，这种残酷的刑罚虽然被废除，但土地庙却一直保留了下来，成为官府建筑群里的第一主庙。

县衙的第二主庙就是大仙楼，“守印大仙”也是一种民间崇拜的神灵狐仙，在官府里设此庙是为了防止五显神作乱。狐仙和保护一方的土地神不一样，它是经常侵扰民间、摄人灵魂、兴妖作怪的邪神。据说狐狸精生性不安分，即便修炼成仙，也依然不依正道，喜好恶作剧，常常让官员们叫苦不迭，但狐狸精又好大喜功，喜欢被人奉承，县太爷们也就投其所好，将狐狸大仙奉为“守印大仙”，加以供奉，狐狸精们也就洋洋自得，不再捣乱且保佑着县太爷们早日高升。据清代毛祥麟笔记《墨余录》里的说法：明太祖打下天下后，唯恐多年死于战场的几十万士兵灵魂化为野鬼作祟民间，于是封赠这些孤魂野鬼，要各地立庙按时祭祀，使他们有碗饭吃，少生事端。

衙门的各个部门也有专门的庙坛，如县衙西南，监狱内有一座小小的狱神庙。狱神由牢头禁卒供奉，日日烧香。监狱的大门上挂有狴犴头像。“狴犴”，据说是龙王的第四个儿子，“形似虎，有威力，故立于狱门”。

在县衙大门的西侧位置有一马厩院，饲养官马。马房自成一个院落，里面建有“马神庙”。供奉的是“马王爷”。据说黄帝有个马医叫马师皇，医术高超，就连天上的龙也慕名下凡求医。后来马师皇飞升上天为神，是兽医行的祖师爷、饲马业的保护神。每年六月二十三是马王爷生日，那天由马夫们上香。

在大堂院落东侧供奉的是“衙神”。这位衙神是衙门里书吏的行业神、祖师爷，他就是“萧曹”，汉朝开国丞相萧何和第二任丞相曹参。因为萧何出身是沛县的掾吏，所以后世的书吏们就把他奉为祖师爷。密县县衙吏户礼房的后方有一座专门供奉萧何、曹参的萧曹祠。书吏们要供奉的另一位祖师爷是“仓王”，就是传说中创造文字的仓颉。但这位神灵接受供奉的安身之所不过是一个小小的神龛。

专家称，密县监狱从古代连续使用到现在，使用时间之久，在中国乃至国际司法史上创造了一个奇迹，堪称世界之最。

第四章 封建衙门事务

历朝历代，朝廷都非常重视州县政权建设。古人每言，天下事莫不起于州县，州县理，则天下无不理。此章，旨在介绍封建时代州县衙门的职责与事务。

且以明朝行政制度给州县衙门规定的责任而言——“凡赋役，岁会实征，十年造黄册，以丁产为差。赋有金、谷、布帛及诸货物之赋；役有力役、雇役、借债不时之役，皆视天时休咎，地利丰耗，人力贫富，调剂而均节之。岁歉则请于府若省蠲减之。凡养老祀神、贡士、读法、表善良、恤穷乏、稽保甲、严缉捕、听狱讼，皆躬亲厥职而勤慎焉。若山海泽薮之产，足以资国用者，则按籍而致贡。”这几乎囊括了古代国家“治民”领域的方方面面。假使一项一项地折开来介绍，便是天下事皆在应理之中了。当然，考虑到不少州县的具体情况不同，因此接下来的各节行文，只能说是整体形状的概观了。

第一节 明察秋毫断是非

知县的权力，首先是独立审判权，知县拥有对全县一切法律事务的独断裁判权，是知县权威的体现。明清的制度大大加强了知州、知县的审判职能，强调只有州县的“正印官”“正堂”才具有裁判权，其他的佐杂官一律不得审判案件。

中国古代地方基层政府都是行政司法不分的，民间百姓对长官的第一印象就是审断是非的法官形象。在传统的戏曲、小说中，官员的主要形象总是坐堂审案的法官。公案戏、清官戏流传至今盛演不衰，以至于在当代人的心目中，古代的地方官就是包拯、海瑞之类坐大堂、拍惊堂木的形象。所以一直有人认为，中国古代的州县官与其说是以行政兼理司法，还不如说是以司法兼理行政。

州县诉讼审判事务是相当繁忙的，州县长官每年往往要处理上千件案件。司法审判事务千头万绪，审判事务的过程大致可以归纳为起诉、受理、传讯、勘验、侦查、审讯、判决、执行等。

起诉与受理

一提起诉讼，首先应该讲讲县衙大门的喊冤鼓。

民间传说，喊冤鼓起源于汉高祖刘邦时期。击鼓鸣冤之制，为封建官吏体察民情的重要手段，一直流传了两千多年，直到清末。

关于诉讼，不得不提包拯（包青天）。史书记载，北宋时，诉讼程序经过多代沿革，逐渐在诉讼过程中形成了一定的陋规，百姓在诉讼中往往要支付大量的金钱，案子才能到知县手中，得到审理。包拯以龙图阁直学士知开封府，有不少兴利除弊的举措，其中有关司法的一项是：他下令打开衙门的大门，诉讼当事人可以直接到他案前起诉，据说这样一来就使奸吏无法从中捣鬼。宋元时期包拯被神化，他的做法也被人普遍认同。明朝开始就规定，州县长官必须和包拯一样亲自接受民间的起诉，不得经过书吏的转手。

到明清时期，法律审判程序逐渐完善，诉讼都必须具有书面的诉状，书面诉状的格式并无法律上的明确规定，只是约定俗成。一般来说要求要有明确的被告姓名及其住址，事实叙述应简明扼要，状后要有起诉人亲笔画押。一般一张状子不得超过两百字。

诉讼的受理，一般是在每月规定一些日子，定为放告日，专门受理诉讼。在放告日这天，县衙打开大门，皂隶就在大门两侧竖起“放告”牌，起诉的人们早就在照壁前等候，见出了放告牌，就到东侧排队，被皂隶领到大堂院落内等待。州县长官升堂后，跪在月台下的起诉人就依次从东阶上月台，将状纸递交给坐在长桌后的刑房书吏，到月台中间给老爷叩头后，再从西阶下来，仍旧跪下。刑房书吏将状纸逐一登记，等到全部收齐，再交给值堂长随。值堂呈上知县。知县逐张翻阅，并逐个传唤起诉人上月台问话，一般都是询问一些有关诉状内容方面的问题，实在认为荒唐的，可以当场驳回起诉，不过大多数情况下，都是问完后即退堂，把一叠诉状交给内衙的刑名师爷去处理。

收下了百姓们呈上的诉状并不表示大老爷就答应为他们“做主”了，大老爷还要对这诉状仔细分析，正式做出是否受理的决定。这在明清时一般叫作“批词”，简称为“批”。严格地说，除了人命、盗贼等重大案件外，土地、钱债、婚姻纠纷以及轻微伤害案件从起诉到结案只有20天的期限，因此收状后的三四天内就应该做出批词。

收状后作批词的并不一定是老爷本人，大部分情况下是由刑名师爷起草的，经长官过目，签押长随画行，稿案长随将批词和诉状原件一起送到刑房。刑房书吏将批词誊抄后再传到内衙，标判长随朱笔圈点、司印长随盖印，公布在照壁上。当事人见了自己诉状的批词，也可以出点“抄案钱”请刑房书吏再给一个抄件带回去。

受理案件的批词比较简单，只要用朱笔批一个“准”字，甚至画个勾也就可以了，就表示“准状”。或者写“候差提查讯”几个字，诉讼当事人就知道是准状了。至多是略写几句理由，通告原告、证人不要远离。

不予受理的批词就复杂得多，要针对原告的起诉理由，逐条用法律或“情理”驳回。原告看了不准状的批词，可以附上批词向府、道、省按察使司逐级“上控”。没有批词就上控即构成“越诉”之罪，上级衙门不会受理。而批词上若有漏洞，给原告人抓住理由上控，就会给上级造成坏印象，影响自己的仕途前程。

勘验、侦查、传讯

当决定受理案件后，州县长官就要先设法开导，再斟酌是否要传讯被告和证人。知县一般派差役持票到当地召集当地有声望的乡绅，对诉讼双方进行调解。双方和解的，就呈“息词”；双方不愿和解的，就重新禀复州县长官。

开导无效，就要对诉状的内容详细调查，为诉讼进行准备。一般，知县要派捕班衙役对邻居、证人进行调查，并将调查结果以书面形式报告长官；有些涉及山林、土地的诉讼，所差衙役还要绘制争议地点的详图禀复。遇到命案、盗案这样的重大案件，知县要亲自到案发地勘查现场，并且亲自主持验尸。这合称"勘验"，是明清州县长官的一大重任，对勘验现场也有严格的规定，在接报人命案件时，知县要在当天动身前往现场验尸。如若迟延 1 日即降一级调用，迟延 2 日降三级调用，迟延 3 日或捏报亲临者，革职罢官。勘查的一般做法是带上捕快衙役到现场搜索，并盘问事主及附近邻居。有些省份还要求画出勘查现场图。勘查结束后要立即填写"通报文"呈报上级衙门。

等一切准备就绪，就要正式传唤被告、证人。刑房书吏按照诉状上开列的被告及证人姓名、住址，做一份应予传唤的名单，报内衙定夺，在名单上圈定要出牌票传唤的人。

传唤中需要谨慎的就是传唤妇女。在传统观念中，以妇女在众目睽睽下到庭受审为奇耻大辱。明清法律规定除了告发谋反、叛逆、子孙不孝、被杀伤、被盗贼之类重罪外，妇女不得为起诉的"状首"，只能由父兄子孙代为呈状、出庭。妇女应诉、作证的权利虽然未被剥夺，但在实际司法中除了命、盗、奸案外，也都不予传唤。

审讯、判决、执行

当负责传唤的捕快禀复已将被告或证人都带到、负责侦破的捕快禀复已抓到嫌疑犯，知县就要决定审案的时间、地点。明清时不是每天都能开审的，法律规定的"不理刑名日"有：朝廷的庆贺节日，朝廷定的祭祀日、封印期，每年的上元、端午、中秋、重阳节，每月的初一、初二。一年里实际能够审案的日子不过一百多天。

州县长官和师爷商量开审的日期，提前几天发出通知，由刑房书吏制作"示审牌"，明示某某案件于某日的"早堂"或"午堂"或"晚堂"开审，挂在照壁上。审案的地点一般都在大堂，有些奸情之类的不宜公开的案件才在二堂等处审理。审案时，只能由知县一人坐大堂，师爷和主簿分坐两边。

知县在长时间的审案中，也逐渐形成一些审案的经验。审案之时，要分析受审者的供词，观察受审者的脸色，观察受审者的呼吸气息，观察受审者的眼神，观察受审者的注意力是否集中，总体来说就是察言观色和分析供词。有些官员还总结出一些审案的技巧，那就是在审案中诱使受审者放松警惕，露出破绽。在审问中，也不免用到一些刑罚，通常使用的刑罚有掌嘴、杖责、夹棍和拶指等，在这其中，掌嘴和杖责相比较而言比较轻微，也更常用，夹棍和拶指稍重，使用过当便会造成受刑人终生残疾，一般只对强盗案件或者杀人案件的嫌疑人使用。夹棍是对男性，用夹棍夹住受审者的双胫、双踝或双膝，再用绳索收紧，如此反复，极容易夹断受审人的双腿；拶子，针对犯重罪的女性嫌疑人，拶子选用几根小原木制成，夹住受审人的手指收紧，稍有不慎，便会造成受审人的手指残废。在古代农业社会，以农耕和采桑纺织为主，造成男性的腿部残疾、女性的手部残疾，相当于夺去了嫌疑人的终身劳动能力。在法律上，知县刑讯逼供打死人是犯罪，故意威逼打死人的，要以杀人罪论处；因过失刑讯致死的，判处两年。可是要确认一个故意威逼的罪名极其困难，一般都是以过失罪论处。

知县审理的案件，凡判处笞、杖、枷号等刑罚的，当堂便可判决执行。宣判一般都要出具判词，判词都是书面语，是有一定标准的文言文，判词经过加盖官印，被公开张贴在照壁上或者申明亭内。判决徒刑及死刑的案件，都要经过上级衙门的审核，才能执行。根据史料记载，明清时期实行"逐级复审制"，判处徒刑的案子，要经过州、府、省按察使司三级复核才算结案终审；判处流刑、充军的案件要经过州、府、省按察使司、刑部四级复核才能终审；死刑案件要经过朝廷三法司会审或者朝廷各部门长官会同审理的"朝审"或"秋审"，再报皇帝勾决，才算终审定罪。

知县对于这些判处重刑的案件，要反复审理、搞清事实，并提出判决意见，将案犯、卷宗一起解送上级衙门，逐级复审的案犯一般就解送到省会为止。朝廷的复审只就卷宗进行复核，然后宣判，如有重大问题，才会把案犯押解京城。

如果判处的死刑得到朝廷的复审通过，刑部便会发出死刑执行令。为了警戒民众，死刑犯都在犯罪所在县里执行，并由知县亲自监斩。知县接到死刑执行令后，要立即确定行刑时间和刑场，命令典史率领壮班、捕班围护监狱，并商定刽子手人选。行刑当天，死囚被从监狱带出，带至月台跪下，刑房书吏点名，知县亲自验明正身。刑房书吏将死囚犯的姓名牌子呈给知县，知县提朱笔一勾，就算是签发了死刑执行令。之后，死囚犯被捕快禁卒从死门带出，由典史、衙役押送游街示众。

等游街结束、死囚被带到刑场后，知县身穿全套朝服亲临刑场监斩。行刑时间一般都安排在"午时三刻"，因为此时阳气最盛，到时间，知县下令行刑。行刑结束，知县再上前验明尸体，再回县衙。在回县衙前，还要先到城隍庙烧香，因为古人较迷信，认为这样做可以赶走可能跟在身后的鬼魂。

第二节　一丝不苟征钱粮

封建时期，衙门的另一项重要职能就是征收各种名目的赋税。作为一县之长的知县，以及全衙门各种人物：佐杂官、各房书吏、八班衙役、幕友师爷、长随家丁等等。其合法或半合法的收入也主要是靠征收赋税。其中只有很少的一部分是朝廷允许州县官吏人等开支的俸禄、工食，而主要是在征收赋税时附带收取的具有附加费、手续费性质的种种陋规常例。所以，征收赋税对于全衙门上下的人来说都是维持生计的大事。

自从土地私有制在中国出现后，国家就实行向田主按土地面积征收地税的制度，春秋时鲁宣公十五年(公元前594年)的"初税亩"，大抵可视作田赋的源头。秦始皇统一全国后，田赋划一，改由县级政权按年度直接向土地所有者征收，此后一直沿袭下来。而在中国这样一个以农立国的封建大国内，田赋更是赋税构成中的支撑项目。历朝各代，田赋的征收比例或定额或形式方法，互有不同，古代社会前期的田赋多以粮食、棉麻等实物体现，中后期则钱、粮均有。

秦汉时期，主要向百姓征收田租和赋税，当时除按地收租外，还论户取赋，也就是所谓的口赋，即人头税。隋及唐前期的赋税制度均是以均田制为基础的租庸调法。租庸调法始于隋朝，以人丁为基本依据和计量单位。隋初规定，“始令人以二十一成丁，岁役不过二十日，不役者收庸。”后来，年老者收庸免役成为定制：“民年五十，免役收庸。”唐武德七年(624 年)，在实施均田制时重新颁行租庸调法。租，即每个受田的成丁男子每年纳租粟二石或稻三石；调，即随乡土所产，蚕乡每丁每年纳绫或绢二丈，棉三两，非蚕乡纳布二丈五尺，麻三斤；庸，即每丁每年服役二十日，如不服役，每日纳庸三尺或布三尺七寸五分。唐中后期，均田制遭破坏，大量失去土地以及没有获得足额授田地的农民无力承担租庸法制下的赋役义务，国家财政收入大幅下降。为解决财政危机，唐德宗建中元年(780 年)，宰相杨炎主持制定两税法。该法取消了原来租庸调法按人丁为依据征收赋役的做法，改为以户为单位，按土地、财产多少分别征收地税和户税两项。两税法按土地及财产征税的做法，有利于税收的均衡负担，是符合当时实际的措施。执行的结果是朝廷的税收有明显增加，对稳定唐王朝的统治起了一定的作用。宋仍沿袭唐两税法，但将两税分为田赋，“宋田赋率每亩在一斗上下。”元政权占有中原的时间先后不同，各地原来的法制也有差异，元朝田赋法并不统一。南北税制不同，税赋不一，素有“南重于粮，北重于役”之说。北方仿行唐租庸调法，江南仿唐两税法。明主要征收农业税和田赋，明代初行两税法，田赋分夏税、秋粮，中叶以后改行一条鞭法，赋、役渐有合并之势。明初年，为保证政府的财政收入，对全国大部分地区的户籍、土地状况进行了清查，编造了记载户籍的“黄册”和记载土地状况的“鱼鳞图册”，作为征收赋税的依据。自嘉靖十年(1531 年)起，推行“一条鞭法”的赋役改革，将各种赋役尽可能归并为几项货币税，以征收货币代替征收实物和征伐差役。其主要内容是以土地为主要征税对象，以征收白银代替实物的征收；以县为单位统计差役、杂役所需人力、物力的总额，平摊到全县土地税中，作为土地税一起征收白银；另外，将各种“均徭”改为按人丁数征收白银，称为“丁银”，由官府自行征收解运代替原来的“民收民解”。“一条鞭法”是中国古代赋役制度的一次重大改革，它以货币税代替实物税，结束了历代以来以征收实物为主的国家税收方式，废除了古老的直接役使农民人身自由的赋役制度，使人身依附关系有所松弛；以资产计税为主代替原来以人头为主的税收制度，有利于税赋的合理分担。清朝入主中原后，仍沿袭明朝的“一条鞭法”。

在县衙大门外所立的《密县条鞭勒石定规说》，讲述的就是“一条鞭法”改革，向全县人民讲解一条鞭法的征收方式。此碑在抗日战争时期毁于战火。现留存有《密县条鞭勒石定规说》碑额和赑屃，碑文无记载。

名义上，地丁银分夏秋两季征收，但后来都是分期缴纳，从每年的四月开始一直到年底十二月，均为纳税期，纳税人可以选择最方便的时候缴纳。各州县都要印制“易知由单”，这是纳税通知书，上面开列纳税人姓名、住址、土地面积及等级、本年度应缴纳的地丁银总数，以及附加一并征收的种种“杂项”，比如“随地起征”的种种杂税，各项折银的杂泛差役等等，通过里甲乡保组织发放至每个纳税人。到四月份，就要印制发放“串票”，这是纳税的通知书和纳税的收据，一式三份的三联单，一联留衙门存底，一联交给里甲“地方”“催头”催促缴纳，一联发给纳税人。串票分成 10 段，每段开列该纳税人本年度应纳税总额的十分之一，并载明每段的缴纳期限。纳税人每完纳一段就截去一段，盖印注销，纳税人留为存根，所以也叫“截票”。串票编列有《千字文》为序的字号，预先印制两、钱、分、厘、毫重量单位,由户房书吏填写具体数目,每段都盖有州县印章。

明清时要求所有的纳税人都亲自到衙门缴纳赋税,避免中间环节。从四月份开始,各州县都在自行预定的日期收受税银。衙门的大门院落里会摆上几只特制的银柜,柜门用封条封上,顶部开有一个小孔。银柜旁放有长桌,长桌上放着天平,由县衙书吏和掌管仓库的库子负责收银。纳税人持银子和串票到衙门后,向书吏出示串票,书吏找到存底的同一串票联对照无误,接过银块,放在天平上称量、校验成色,按照数额,仔细将银块剪断,称量准确,用纸包好,当着花户的面投入银柜。纳税人还要按照当地的惯例交给收银书吏具有预定手续费性质的"陋规"银子,习惯上都称"小包",同样要称量后包好投柜。书吏在花户的串票联、存底的串票联上都盖戳注销,并在循环簿上登记。已注销的存底联夹入"串簿",每天汇总至户房、钱粮师爷处。

当晚,钱粮师爷监视户房书吏开封打开银柜,取出一包包的银子,逐一核对注销的存底串票联,统计当日所收正项、杂项总数后填写入"实征簿",再核对无误,由师爷亲手销毁存底的串票联。最后到倾银房,监视银匠把缴纳的零碎银两统一铸造为50两一个标准的元宝大银锭。

如果纳税人不按期缴纳,就要用武力威胁。这叫作"比较",设定5日或10日的最后期限,通知纳税人必须到衙门缴纳,如果晚到或虽到衙门报到但不能缴纳应缴纳的数额,就得受"比",挨一顿板子,按照法律最高可笞五十或小板二十。如果到比较日不来衙门报到,就要发票勾摄。经三"比"仍不能完纳的,就为"抗粮"之罪,拘拿归案后处笞五十,枷号示众一个月。比较日都预先公告,一般是在开审日的下午,上午长官审案,下午就集中"责比",将未能完纳的花户集中勾到,轮流责打,一批批押出去枷号示众。

州县长官在征收赋税过程中,所得到的最重要的陋规就是"耗羡"。耗是指"火耗",衙门在倾铸标准大元宝银锭时发生的损耗。羡是指"羡余",是原来征收运输粮食时发生的损耗,这些都要求纳税人来承担。但是朝廷从来没有规定这种损耗的比例,各州县自行决定,有的为3%,有的是5%,更有高达10%以上的。除了极少的一部分是用来抵销倾铸损耗、粮食运输损耗的,大部分都落入长官的腰包。这种惯例明初就有,一直是官场上不言而喻的传统。清朝的康熙皇帝也承认清官并不是一毫都不取。收取一分(1%)火耗的,就算是清官。雍正皇帝更进一步,推行"耗羡归公",公开核定各州县原来火耗、羡余一般的比例,定额为一个固定的数目,作为"养廉银",州县长官可以合法地占有。各省的具体数目不同,一般在几百两到一千多两之间。比如直隶、甘肃各县在600两到1 200两之间,江苏各县在1 000两到1 800两之间,湖北各县在600两到1 680两之间,云南各县在400两到800两之间。

不过耗羡归公后,火耗、羡余损耗还是要有,州县衙门的开支也总是越来越大,所以在养廉之外又征耗羡,总的比例也就突破了10%。其中的大部分仍然是州县长官的"灰色收入"。乾嘉后耗羡愈发膨胀。

明清时官府的银两都倾铸为一个个50两的标准大银锭。这种银锭侧面看过去是两头微微上翘的船型,从上往下望,又是两头大中间小的腰子形。这样的形状使银锭易于叠放保存,由于是按照统一的规格和比例铸造,也方便向上级衙门转运时清点数目。

明清时朝廷财政采取"统收统支"的原则,州县衙门所征收到的所有赋税收入都必须归由朝廷统一支配调用，但实际上白花花的银子并不真的全部集中到京师，所缴的银两先在账面上“奏销”，然后按照朝廷的统一调拨，直接将银两解送到朝廷指定地方用于特定的政务开支。所有赋税银两的解送都有严格的期限，略有迟延，就算是“公罪”，要受处罚。相反，如果能够在年底以前全部解送完毕，就可以受到嘉奖。

链接

密县行政区划历史沿革

密县旧编户27里，后并为23里（亦曰保）。

明天启五年（1625年）废邵家、梁家2保，为21保。

清顺治二年（1645年），废西邢保，为20保。

康熙十二年（1673年），均平里甲，并为东、西、南、北、中5保。每保编为10甲，共50甲。

康熙三十一年（1692年），分20保：在坊保、天仙保、浮山保、曲梁保、南朱保、谢村保、官泽保、张固保、西邢保、岐固保、院青保、卢村保、王村保、平陌保、常村保、高村保、士郭保、方山保、岳村保、王寨保。

民国时期

1923年（民国12年），仍沿用清制20保，改甲为村。

1928年，将20个保并为4个区：中区天仙庙、东区观音堂、东南区大隗镇、西区牛店。区辖乡，乡辖村，村辖甲、图。

1930年，分4区为8个区：一区天仙庙、二区乔沟、三区曲梁、四区双楼、五区大隗镇、六区超化、七区牛店、八区米村。区辖乡，乡辖村，村辖甲。

1936年，8个区又改编为4个区。区辖48个联保，保辖甲。

第一区天仙庙，辖11个联保：东街、韩庄、老虎沟、青河、五里店、甘寨、周岗寨、崔庄、圣帝庙、走马岭、超化。

第二区观音堂，辖13个联保：观音堂吕铁匠沟、杨河、柿园王、乔地、岳村、光林寺、圣水峪、苇园、曲梁寨、高洼、五虎庙、牛集。

第三区大隗镇，辖14个联保：大隗镇、纸坊、玉皇庙、关口、靳寨、洪山庙、双楼、界牌、王岗、柿园、马（门外）、西土桥、老寨、河屯。

第四区牛店，辖10个联保：牛店、北召、东月台、西寨村、石坡口、米村、马庄、柳沟、西瓦店、平陌。

1941年，撤销区、联保建制，全县划为9个乡（镇），即中心镇（县城）、超化镇、大隗镇、牛店镇、米村镇、曲梁镇、双楼乡、光林寺乡、浮山乡。乡（镇）下辖174保，保辖甲1925个。

1944年12月，豫西抗日先遣支队在田种湾建立密北抗日民主政府，设4个区：一区城关、二区牛店、三区超化、四区北召。1945年2月，豫西抗日先遣支队在栗林建立密、禹、新办事处，辖密县4个区。1945年10月，豫西抗日先遣支队撤出豫西。密县仍为9个乡(镇)。

1948年密县解放后,先后建立8个区:一区城关、二区牛店、三区超化、四区北召、五区光林、六区观音堂、七区曲梁、八区大隗。同年6月,废除保、甲制,实行村、闾制。

1949年,区下设乡。

第三节　为国举才行礼教

《论语·阳货》里记有这样一则故事:春秋时,孔子的学生子游在武城当县宰。有一天,孔子带着另外几个学生去看他,才进武城,到处都能听到弦歌之声,原来子游这位父母官上任后,花大力气抓了礼乐教育,所以老百姓都能作弦歌了。孔夫子莞尔笑曰:"割鸡焉用牛刀?"意思是治理这么一块小地方,哪用此大道啊?子游马上反驳老师:"我听老师说过,君子学道则爱人,小人学道则易听使唤。"孔夫子一听,大为高兴,转过身来对另外几个学生说:"你们几个都听清楚了,他讲得很对!我刚才的话,只是开玩笑罢了。"

这大约是最早的关于礼教治县的记录了。及至西汉武帝之后,独尊儒术,这个传统得到了继承与发扬,也成为州县衙门的主要职责之一。

兴礼

知县治理一县,要向百姓宣讲皇帝的恩德和执政理念,这称为宣讲圣谕。州县衙门推行教化的首要工作自然是宣讲皇帝的圣谕。明太祖颁布"圣谕六条"以及清圣祖颁布"圣谕十六条",除此以外,还有皇帝们颁布的其他的教化性质的圣旨。比如明太祖、明成祖都曾颁布"教民榜文",各地官府、乡间的申明亭都必须悬挂,向百姓宣讲。不少榜文是牵涉到教化的刑事单行法规,比如一件明成祖的榜文:

"一榜。为禁约事。该刑科署都给事中曹润等奏:'乞敕下法司:今后人民娼优装扮杂剧,除一律神仙道扮、义夫节妇、孝子贤孙、劝人为善,及欢乐太平者不禁外,但有亵渎帝王圣贤之词曲、驾头杂剧,非律所该载者,敢有收藏、传诵、印卖,一时拿赴法司究治。'永乐九年七月初一日奉圣旨:'但这等词曲,出榜后,限他五日都要干净,将赴官烧毁了。敢有收藏的,全家杀了!'"

历朝历代的皇帝都要主持祭天、祭地、祭祀祖宗等一系列的祭祀活动,各县的知县也要主持林林总总的祭祀活动,因为自古就将祭祀活动作为礼教的一个重要组成部分。林林总总的鬼神,使百姓相信"举头三尺有神明",减少犯上作乱的念头。

在大多数县通行的祭祀活动主要有祭祀社稷、城隍、祭厉。

祭祀社稷是件大事,这是祈祷社稷神保佑一方丰衣足食的仪式。每年立春以后的第5个戊日(春分前后)、立秋以后的第5个戊日(秋分前后),各州县长官要亲自祭祀社稷。

祭日的前 3 天就要开始准备，州县长官及陪祭官（县丞或教官）要进行斋戒，沐浴更衣，不与妻妾同房。前两天仍要处理日常政务，但不得行刑打人、不得判署刑杀文书，不能喝酒，不吃葱、蒜、韭，不吊丧问疾，不得奏乐。祭祀的前一天停止办公，正式守斋，到社稷坛亲自监督宰杀祭品：两猪两羊洗净后，牵过香案，州县长官亲自拈香祝祷，就算是合乎礼仪。宰杀后的猪羊放入大锅里煮，毛、血留一点在净盒里，其余埋掉。礼房吏指挥打扫社稷坛。晚上，州县长官即在宰牲房休息。正式祭祀的那天一大早，礼房书吏捧出社神、稷神的牌位，放置在土坛上。州县长官率僚属由南门入社稷坛，在礼生的唱赞主持下，依次鞠躬、下跪，逐次在土坛前供上祭品：盛在牲匣里的熟猪、熟羊，长 1 丈 8 尺的黑帛，3 爵酒，以及稻、粱、黍、稷、枣、栗、盐、鱼等食品。对着祝版叩了头，祭祀仪式结束。祝版、祭帛在坛场东面的瘗坎焚烧，灰烬埋入瘗坎。州县长官和参加祭祀的官吏们就在社稷坛外摆开宴席，将祭品一扫而空，算是替社稷神享用了。

每年春天的三月初三、秋天的九月初九，各州县长官要祭祀城隍神。这是为了祈祷神灵保佑城内居民安居乐业。祭祀的仪式和祭祀社稷大同小异，也是以长官和属吏们将祭品一扫而空告终。

每年的清明、七月十五、十月初一，各州县长官要亲自“祭厉”，祭祀本地的无祀鬼魂。希望城隍神统摄一境，使群鬼不致侵扰人间。仪式前三天，州县长官要斋戒沐浴更衣后到城隍庙烧香，焚烧一道黄纸写的“告城隍文”，恳请城隍神发号施令，勾摄一境之内的无祀鬼魂到祭厉的那天都到厉坛去享用祭品。祭祀活动当天，州县长官要先到城隍庙迎接城隍神。原先只是将城隍神的牌位放在轿子上抬走，后来很多地方索性把城隍神像抬到邑厉坛（州县属地称邑，故称邑厉坛）。祭祀仪式本身并没有什么特别，一般先以一猪一羊祭祀城隍神，再用两猪两羊祭祀孤魂野鬼。

就密县而言，又有一些有别于其他县的祭祀仪式。要祭祀火神、老君、乡贤祠、名宦祠等等。

推行礼教的另一项重要内容是旌表节妇义士、孝子贤孙等。地方上出了割股疗亲的孝子、奉祖弥谨的贤孙、守寡抚孤的节妇、为民除害的义士，州县官员都应及时向上级申报，事迹特殊的，还要一直申报到朝廷。奖励的方式也是多种多样，或者是县官亲自上门慰问，或者是请到州县衙门里赴宴，再用旗帜鼓乐送回家里，或者是为其在闾里前立一座牌坊，诸如懿孝坊、寿母坊、贞节坛等。够上旌表的人户，有减赋免役等优惠待遇；立过牌坊后，还可泽及宗亲族人。

链接

在明清期间，密县共有牌坊 44 座，城外农村各地有牌坊 27 座，老城区内共有 17 座，其中过街牌坊 8 座，如：

1. 世科坊——父子或兄弟相继登科，谓世科坊，在城东街，明嘉靖间为黄恺、黄麟、黄缙建。

2. 进士坊——明清时，举人会试中试，谓进士坊，在城东街，明嘉靖间为黄麟、黄缙建。

3. 登科坊——科举时代，应举得中者，谓登科坊，在城西街，明万历间为郭逵建。

4. 纶音重褒坊——皇帝诏书，重复赞扬，谓纶音重褒坊，在城西街，明万历年间为赠奉直大夫郭朝阳建。

5. 九重劝义坊——天有九层，极言其高，劝告、勉励，谓九重劝义坊，在城西街，明万历间为魏尚谦建。

6. 襄礼三朝坊——协助、辅佐主持者，完成三个朝代或三个帝王的婚丧仪式者，为襄礼三朝坊，在城西街，明天启间为魏持衡建。

7. 孝子坊——对父母孝顺的人，为孝子坊，在城东街，清乾隆间为宋贡生陈邦宠建。

8. 彰善坊——表彰为善者，谓彰善坊，在城东门外，清乾隆间为孝义魏国祯等37人建。

密县境内的牌坊，在不同时期都曾遭到破坏，而只有老县城内东西街八座牌坊，一直保存到1958年。

州县衙门要抓“好人好事”表彰推广，也要抓“坏人坏事”树反面典型，这些事都要责以大义，教育开导，令其悔过自新；教之不改的话，就要张榜公布在县衙前面的申明亭内，让你恶名远扬。

施教

知县的另一项重任，就是主持全县的教育，为国家培养人才，按照最正统的儒家学说，政府首先应该是个教育机关，长官应该是民众的“伦理导师”，因为知县也都是通过一次次的考试获得的官位，所以非常重视所任县的教育。

知县在每年的二月要主持基层考试“县试”，授予合格者参加正式科举考试的资格——童生。有这个资格虽然还不能算是绅士，也没有正式的特权身份，但至少是站在了进入大门的台阶上，俗语所谓“童生宰相之苗”（《吴下谚联》）就是这个意思。

凡要参加州县试的人被统称为“俊秀”，他们要先到州县衙门的礼房报名，填写姓名、籍贯、年岁、三代履历，并要有一名生员（秀才）为他们做担保，保证他家三代以内“身家清白”，是良民百姓，不是别人家的奴仆，也没有当倡优皂卒的经历。如果在报名时有意隐瞒出身，事后发现就要予以黜革。比如根据今人撰写的近代军事家刘伯承的传记可知，刘伯承少年时曾经考取过童生，不过本县的生员出面指证他的祖父曾为衙门的吹鼓手，虽然他父亲已是以打铁为生，但是还是没出三代，最后被取消童生资格。据说这是他后来弃文从武的一个因素。

州县试的考试地点一般在文庙学宫附设的考棚。考试有3场，分别考八股文体的“经义”，帖诗，赋。不过习惯上只要第一场八股文做得好，就算及格通过。由州县长官来出州县试的题目，也要由州县长官来批阅试卷，录取童生。童生没有任何特权身份，所以没有录取的名额限制。州县长官有很大的自主权。

通过普通科举考试的生员为“文生员”或“文秀才”，通过武科举考试的为“武生员”“武秀才”。武科举考试也是由省学政主持的，考试内容为马上射箭、站立射箭、开弓、舞刀、默写《武经》。实际上，武科举得官的比例很低，绝大多数武生员只是为了得到一个特权身份。

链接

密县明清十六进士

实行科举制度以来，自隋代到元末，从国史到《密县志》都没有密县历史名人的记载，这个断代对研究密县人物史是一项空白。密县第一部《密县志》成于明成化甲辰（1484 年）。万历癸酉（1573 年）知县肃文言、崇祯甲戌（1634 年）知县苗之庭相继进行过续修，但是这些明代版本都不存在。只有清嘉庆二十二年（1817 年）和民国十三年（1924 年）《密县志》及有关姓氏族谱，对明清时期科举取士的人和事才有较系统的记载。据统计，进士 16 人，其中武进士 3 人；举人 150 人，其中武举 23 人；贡生 386 人；杂流 131 人（包括文武职），杂流是指没有上述学位的志士，绝大部分都授有官职，但也有不求仕进而主讲松阳、松泉书院者，也有设教乡里，培养出许多人才，使密县文风大振者，也有因时局变化，未入仕途者，如明崇祯丙子科（1636 年）举人韩继文，字绍之，今新密市米村镇前村人，少孤家贫，勤苦力学，崇祯十四年，闯王反密，人言：“此良善举人，勿杀！”后子孙繁衍，书香累世，乡里以“燕山五桂”拟之。

从任职看，有巡抚 1 人，御史、按察使、布政使、盐运使 6 人，光禄寺卿、鸿胪寺少卿、钦天监监正 3 人，给事中、户部郎中 3 人，知府、知州、同知 14 人，户部、刑部主事 4 人，知县 49 人，府州教授、学正、教谕 13 人，府州训导 14 人，州判 4 人；武职有将军、总兵、参将、指挥使、都司 9 人，守备 5 人，千总、把总 10 人，共 135 人，都是七品以上的文武官员（不包括有些官员职务名称与官员品级无法对应的人员）。现把明清时期密县十六进士的情况，简述如下：

明清文进士

黄（楚）麟，字文祥，今新密市老城东街人（生于来集黄岩）。明天顺乙卯科（1459 年）举人，成化己丑科（1469 年）第二甲 31 名进士。官至陕西布政司参议，分守汉中，兼备嘉洛。卒藏今老城东北隅。

黄缙，字汝衷，今新密市超化镇南黄岩人（生于来集镇黄岩）。明嘉靖戊子科（1528 年）举人，辛丑科（1541 年）第三甲 102 名进士。官至南京户部主事，山东清吏司主事。卒葬今超化镇黄岩发官坡。

周相，字元辅，今新密市曲梁乡周庄周渡口人。清康熙甲午科（1714 年）举人，雍正甲辰科（1724 年）第三甲 172 名进士。先后任湖南湘阴、龙山、泸溪县知县。卒葬周渡口周氏祖坟。

魏士俊，字越千，今新密市城关镇西瓦店人，清乾隆庚子科（1780 年）举人，嘉庆壬戌科(1802年)第三甲84名进士。任山东蓬莱县知县。卒葬西瓦店魏氏祖坟。

张绍衣,字孟侯,今新密市老城南街人。清嘉庆庚午科(1810年)举人,丁丑科(1817年)第三甲22名进士。钦点户部候补主事,加三级,后转升御史。卒葬老城东北方砦。

丁建业,字继侯,今新密市白砦镇丁方滹沱村人。清嘉庆己卯科(1819年)举人,道光癸未科(1823年)第三甲114名进士。历官刑部主事。卒葬于丁滹沱丁氏祖坟。

杨彤如,字仲中,今新密市老城杨家拐人。清道光辛巳科(1821年)举人,己丑科(1829年)第三甲8名进士。钦点刑部主事,监察御史,广西按察使,授中宪大夫。卒葬老城杨氏老坟。

王化堂,字莅之,今新密市来集镇王堂村王家楼人。清道光甲辰科(1844年)举人,咸丰壬子科(1852年)第二甲86名进士。官至浙江盐运使,诰授光禄大夫。卒葬今王堂村。

翟允之,字诚斋,今新密市来集镇马沟村翟沟人。清道光己亥科(1839年)举人,咸丰壬子科(1852年)第三甲77名进士。官至湖南道州知州,郴州直隶州知州。卒葬翟沟翟氏祖坟。

王守基,原名云创,今新密市大隗镇安子沟人,清道光癸卯科(1843年)举人,咸丰壬子科(1852年)第三甲29名进士。诰授中宪大夫,户部郎中,记名繁缺知府受业,卒葬王氏祖坟。

张增祥,字晋卿,今新密市大隗镇和合村里沟人。清道光甲午科(1834年)举人,咸丰癸丑科(1853年)第三甲111名进士。历任广西北流、桂平、荔浦等县知县。赠广西知府衔。卒葬和合张氏祖坟。

马理,号东阳,今新密市曲梁乡马砦村人。清咸丰己未科(1859年)举人,同治癸亥科(1863年)第三甲118名进士。未入仕途则先卒,葬马砦村东南隅马氏老坟。

周青峰,清恩赐翰林。在民国十三年《密县志·选举志·进士》有记载。查超化周岗、曲梁周庄两地周氏族谱都无此人,也没有传说。

在密县历史上传说有东翰林、西翰林,而且家谱世系记载清楚,还有碑刻存在,而《密县志》无记载。东翰林是张泰阶,今刘寨镇东张庄人;西翰林是王青选,今尖山乡马圈村人。

清武进士

顾之麟,今新密市大隗镇和合村顾家庄人。清顺治己丑科(1649年)武进士。官至泉州守备。

蔡得吉,今新密牛店镇北召南龙人。清顺治戊子科(1648年)武举,乙未科(1655年)武进士。官至西安守备。

翟峒山,字访岩,今新密市来集镇王堂村翟沟人。清道光辛巳科(1821年)武举,壬午科(1822年)武进士。官至山东曹州府桃园营守备。卒葬翟沟翟氏老坟。

第四节　卫国剿匪征徭役

在古代,除少数特权阶层外,所有国民都有按政府法令替国家无偿服役的义务。

户口的调查、登记和管理,是摊派和征发徭役的前提与根据,因此也就是州县衙门的基础工作之一。早在春秋时代,许多国家的县级政权已有境内户口的详细簿册,甚至还有标上户数与户主姓名的"地形图"了,所以摊开来一查便知道。秦始皇统一六国,建立郡县制度后,这种户口调查和登记工作的质量,又大大提高了。户口登记和管理的主要功能之一是征徭。

州县衙门是怎样进行户口调查、登记和管理工作的呢?历史上各朝政府的做法互有不同,但一般总不外乎两大类形式:

一种是每年规定在一定时间内,比如三月或者八月,由老百姓自行去县衙申报,接受审验。这些具体的事务,一般都由户房在县丞或主簿领导下进行,但知县也得过问,甚至负起主要责任。

另一种工作方式,也是在规定时间内,由州县衙门派员去各乡、里,指导乡官、里书等乡里人员进行登记核验。比如明代及清初的户籍(即"黄册")编造法,都按此顺序,"凡造册,人户各登其丁口之数,授之甲长,甲长授之坊厢里长,坊厢里长上之州县。"(《清朝通典·食货》)。清康熙五十一年(1712年)时,搞了个"摊丁入亩"政策,即徭役征发不再以户籍登记为根据,而是根据田产占有情况。这一来,对州县衙门来讲,户口登记和管理的实用性少了许多。

比如中国古代的户籍,一向有户别、户等这些讲究。户别,就是户的分类,早在春秋时,齐国就有士、农、工、商的户口分类法,以后越搞越细,有宗室户、官员户、农户、商贾户、弟子户(即官立学校学生)、工匠户、军户、僧寺户、乐户、守陵户、驿户,等等;什么户当官后可以享受特权,什么户可以出钱报效国家,什么户承担什么样的徭役,都从这户籍分类上来。《木兰辞》里"昨夜见军帖,可汗大点兵;军书十二卷,卷卷有爷名"的根据,便是因为他们家里属于军户,应该世世代代当兵。秦汉时,凡在弟子户籍的不仅享有免役特权,还有做官的途径,谁不想入这种户口?西晋覆灭后,北方大批人户南迁,东晋和南朝历届政权在编造户籍时,都面对户别混淆的严重状态。南梁时,尚书令沈约说:"凡粗有衣食者,莫不互相因依,竞行奸货,落除卑注,更书新籍,通官荣爵,随意高下。以新换故,不过用一万许钱。昨日卑微,今日仕伍。"(《通典》卷3)这"一万许钱"塞给谁呢?主要就是落入州县衙门的腰包。而买个士户的根本动机,则又如元代典制专家马端临所指出的,"夫徭役贱事,人之所惮,固宜其改窜冒伪,求自附流品,以为避役之计也。"讲到底,逃避徭役是最关键的。可是这问题的另一面,可就惨了,免役的官户、士户、弟子户、僧户、陵户等户名越多,州县经办人腰包越鼓胀,但国家派定的徭役则有增无减,那就是广大农户和其他各色杂户倒霉了。甚至军户少了,往农户去抓兵;乐户不够,强征良家姑娘来应差;驿户不足,便强迫种田人做工人放下活计,去赶马拉车当挑夫。

户别之外，还有户等的讲究，就是按照各户人丁多少、财产多少来定高低等级，又依等级承担徭役和杂赋。历朝各代，有户分九等、五等、三等等各种不同的方式，但分等权例由州县执掌，则是一致的。这就更是无钱贿赂者的大灾难了。“富家大室临期率以赂免，而中产下户反被均敷之害”，这是通贯两千多年的老毛病。以两宋为例，据《续资治通鉴长编》载，许多州县衙门都在定户等时贪赃枉法，任意升降，仅定州安喜一县，就将原属五等户中的3 400户升作四等户，将原属四等户中的4 700户升作三等户。南宋时叶衡任于潜县知县，发现“户版积弊”现象相当严重，“富民多隐漏，贫弱困于倍输”，该属上等户的，都变成下等户了；那些没劳力缺田产的下等户呢，因为没钱孝敬衙门官员或胥吏，倒承担了成倍的徭役。欧阳修有过一个《乞免浮客及下等人户差科札子》，说是在岢岚等偏僻县份中，甚至把十等下户内“卖水、卖柴及孤老妇人不能自存者并一例科配”，那是一种何等凄惨的情景啊！

徭役究竟有多少名目，繁重到何等程度，不胜缕述。这里仅举明朝时几位州县官员的“叹苦经”。《明宣宗实录》卷41中，有清河知县李信圭的抱怨，“本县地广人稀，路当要冲，南北两京、直隶等十布政使及诸番国运送官物，俱经本县发民挽舟，初无定数；部运之官挟势多索，逼迫无厌，壮丁尽行，役及老幼。”清河县的地理位置不好，正当交通要冲，全县壮丁全去替官运船队拉纤还嫌人数不够，连老人小孩都上阵了。《明英宗实录》卷45中，有山西代州繁峙县官员的陈诉，“编民二千一百六十六户，逃亡者俱半。其见存者又用六十人供柴炭，百人监厂，二十五人修坛场，百人采秋青草，三百人充荆越等巡检司弓兵。又时有军需供给，传递往来。以是民甚艰苦，不能聊生。”顾炎武著《天下郡国利病书》中引过一篇文章，“民当农时，方将举趾，朝为轿夫矣，日中为扛夫矣，暮为灯夫矣；三夫之候劳而未止，而又为纤夫矣。肩方息而提随之，稍或失御，长鞭至焉。如此而民奔走之不暇，何暇耕乎？”

链接

历代密县人口

从秦汉时期到清朝道光十九年（1839年），密县人口总量变动同全省一样大致经历了“三快两慢”的发展过程。三个人口增长较快的时期是：两汉时期（公元前206～220年）；隋唐时期（581～907年）；明朝和清朝的初、中期（1368～1839年）。两个人口增长较慢的时期是：魏晋南北朝时期（220～581年）和南宋时期（1125～1223年）。

西汉平帝元始二年（2年），全县76 363人。汉光武帝建武中元二年（57年），全县27 876人。汉桓帝永寿二年（156年），全县74 961人。隋炀帝大业五年（609年），全县61 696人。唐玄宗开元二十八年（740年），全县56 647人。宋真宗景德三年（1006年），全县21 610人。宋徽宗崇宁元年（1102年），全县22 873人。元世祖至元二十七年（1290年），全县2 294户，10 235人。明万历三年（1575年），全县3 811户，全县32 267人。

明末清初,由于战争、灾荒,人口发展缓慢。清顺治九年(1652 年),人口仅有4 万。乾隆十三年(1748 年),全县有1.22 万户,107 011 人。嘉庆二十一年(1816 年),人口增加到130 722 人。1912 年,密县人口为30 万左右。到1937 年,抗日战争开始,人口为316 643 人。经过抗日战争及1942 年的旱灾,人口严重下降,据当时政府统计,密县死于战争2 791 人,因战争逃亡在外31 985 人,因旱灾饿死3 万余人,逃荒要饭在外者15 万余人。1945 年,户口可查人数为167 835 人,比1937 年下降53%。

1948 年8 月,密县解放。据豫西行政专署统计,全县为313 425 人。

密县人口分布很不平衡。中部丘陵区、东部平原区、沿洧水河两岸及集镇地区,人口比较集中;西、南部山区则人口稀少。

密县人口密度,明万历三年(1575 年)为每平方公里32.3 人。清嘉庆二十一年(1816 年),为每平方公里130.7 人。民国初期,每平方公里300 人。

中华人民共和国成立初期,每平方公里361 人。1982 年,每平方公里577.58 人,比河南省每平方公里446 人多131.58 人。城关镇人口密度最大,每平方公里966.81 人,其次是大隗乡,每平方公里831.01 人。尖山乡人口密度最小,每平方公里187.48 人,比全县每平方公里人数少390.1 人。

第五节　为政以德施善政

许多知县,都有很高的政治抱负,在知县任上,会颁布许多惠及当地百姓的善政。就拿密县来讲,有史记载的知县有二百多位,有许多知县都结合密县的实际情况,制定出一些惠及本地百姓的善政。

据《密县志》记载,明代万历时期知县刘继祖,当时任开封知事,因密县徭役过重,百姓逃赋他乡很多,他奉命代理密县知县,免除拖欠租税、罚款和劳役等,并发给耕牛、种子以招回外逃百姓。时值旱蝗,虔祷立雨,岁乃有秋。

据《重建刘太公生祠碑记》记载,明代知县靳于中,西邢保(在今来集卢村东)人蔡大崧,被豪强所诬陷入狱,定为死罪,他明察秋毫,雪其冤案。

明万历八年(1580 年)张祖范任密县知县,山西永宁人。据明代《会典》记载:“自洪武迄弘治百四十年,天下额田已减强半,而湖广、河南、广东失额尤多……万历六年(1578 年),帝用大学士张居正议,天下田亩,通行丈量,限三载竣事。”张县令奉命丈地均粮,把赋和役合为一,称“一条鞭法”。他早作夜思,摊派极均,民皆悦服。(《南台寺碑》记载)

储应爵,湖广靖虏卫人,选贡,明万历二十一年(1593 年)任密县知县。宰密半年,百废修举,万历二十三年(1595 年)夏密县大旱,他祷于黑龙池,甘霖立霈,四野沾足。有《黑龙池祷雨记》。

刘肃清,河北涿州人,恩贡生,明天启四年(1624 年)任密县知县。在任期间爱士民,励风化;葺宫墙,缮雉堞;拆狱得情,不轻加扑责,善政甚著。西十里亭有《去思碑》。

苗之庭,直隶威县人,举人,明崇祯五年(1632 年)任密县知县。崇祯八年(1635 年),李自成农民起义军逼近县城,他组织民工,加高城墙三尺,以便护城士兵遮身。是时与长葛、郾城、叶县诸令皆有抗农民军威名。(见《密县志·杂录》吴伟业撰《绥寇纪略》)士民感其德,在儒学棂星门西,建祠以祀。

崔养重,直隶庆云人,岁贡生,清顺治二年(1645 年)任密县知县。他是清朝建立后第一任密县知县,百废待兴,冒险莅密,办公地点暂住按察司衙门。劝民入城,复草为庐,城内居民寥寥数十家,后招来流亡 170 户。重修城门,复建城墙、城垛及城内外护城设施。

任文煜,直隶丰润人,拨贡。清顺治二年(1645 年)通判开封时,农民起义军张成扰密,他抚降之。驱除农民起义军后,境内以安,遂代理密县知县。后改任湖广常德(今属湖南省)通判,升迁九江同知。清顺治十六年(1659 年)寄籍于密,为密县任姓之始迁祖。长子觉知,以武举授守备衔(为五品武官),随征吴三桂有功,迁候补都司(为四品武官)。

李居易,字嵩友,山东东阿人,进士,清康熙七年(1668 年)任密县知县。端方乐易,爱民如子。时时询民疾苦,稍有不便即除之。自奉节俭,非客至不肉食。常贷超化民地数亩,种蔬菜以自给,有林宗剪韭之风(东汉郭林宗,品学为时人所重)。下乡视察,遇农言耕,遇士讲学。刻家礼以教密人。后以从孙徽君游,引疾去。

赵宽夫(御众)赠诗云:遂使山城民,坐见羲皇初;逋逃归里善,咏歌及樵渔。

张充先,宇还初,陕西人,禹州州判,清康熙七年(1668 年)代理密县知县。入境即问旧规,不便于民者,尽革之。迨罢任,囊无一钱,布被萧条,仆马二人而已。

张博,江西南昌人,举人,清康熙十九年(1680 年)任密县知县。在任期间性情和蔼,平易近人,士民如坐春风。时以漕米贴解,繁费为苦,条上不允,公坚持不可,回上宪为罢之,有强项名。后以终养致仕,密人攀辕卧辙,云集车下,逾月始得行。

衷鲲化,江南芜湖人,例监,清康熙二十二年(1683 年)任密县知县。在任期间勤于民事,修废举坠,康熙二十四年(1685 年)重修城墙、县衙,规模方正,堂阶高亮,中轴线上的钟鼓楼、照壁、大门、仪门、戒石坊整修一新,衙内的吏房、监狱等建筑设施也较完备,在历届知县中为修衙之最。

袁良怡,湖广兴国州人,例贡,清康熙三十一年(1692 年)任密县知县。在任期间续纂邑乘。密县旧志,最早始于明代成化二十年(1484 年)旧本,已失传;清代修志五次,其中,康熙三十四年(1695 年)知县袁良怡主持修《密县志》六卷本,为孤本,现藏于北京图书馆善藏部。在知县衷鲲化之后又续修城墙及护城设施。

许履坦,福建晋江人,进士,清雍正五年(1727 年)任密县知县。在任期间廉明仁恕。密邑办粮,定例加一、四征解。他慨然曰:“凡作官者,宽一分,则民受一分之赐。”遂出示加一、二征,民食其德者数年。有构讼者,辄反复劝谕,或经月不笞一人,不得已用刑,辄唏嘘久之。离任时,囊无余资,亏谷二百余石。密人闻之肩挑背负,争相代偿,不数日而足。有西山农民驼谷数斗至,他以谷足辞,其人愧无以伸意,倾之馆门而去。临行之日,老幼男妇,载洒泣送,终日未能出城。东行四十里,有褴褛老妇,携稚子以酒果跪进曰:“好老爷! 乞饮贫妇一杯酒!”他凄然受之,士民至今感颂云。

姚士圭，字莳鹿，江南桐城人，副榜，清雍正九年（1731 年）任密县知县。在任时，超化一带森林茂密，时有猛虎出没，乡民惊恐，影响农耕，他为文，虔告城睦及土地，且出示悬赏，募乡勇擒捕。阅数日，乡人来告曰："虎已去矣。"夏大旱，祷于风雨坛，翌日雷电交作，得微雨两三次。复祷于南山白龙庙，以铁牌书云轮咒，列衔钤印，系虎头骨，缒湫底，越三日两得澍雨，四境粘足。公赋诗，以记其事。士民感其德，于老城卓君庙东建祠以祀。

高其哲，四川什邡人，举人，清乾隆十一年（1746 年）任密县知县。他上任入密境，即私访一切利弊与奸吏恶棍。到任厘剔一清，奸宄敛迹，邑中大治。

江湄，安徽盱眙人，监生，清乾隆十四年（1749 年）代理密县知县。在任期间，办大差，民不滋扰，密人德之。

秦勷，山东安邱人，进士，清乾隆十五年（1750 年）任密县知县。在任时，洁己爱民，尝以密东数保，距城稍远，令于曲梁设厂收漕，令民执斛自量。留心文教，续修邑乘，他在任时两次续修《密县志》，现留存于美国。去任后掌教书院数载，多所成就。

陈天阶，福建诏安人，进士，清乾隆三十一年（1766 年）任密县知县。政尚仁恕，优礼学者，人多思之。

邱景云，福建永春州人，举人，清乾隆三十八年（1773 年）任密县知县。他在任时改建书院，振兴学校，密之文风，自此渐变，至今士子，犹感其兴作教养。他三十八年四月莅密，九月县衙内萧何、曹参二公像落成。撰《萧曹庙碑记》。

柴孝嗣，浙江归安人，举人，清乾隆四十六年（1781 年）任密县知县。他慈祥乐易，爱民如子。政之所施，利无不兴，害无不除。乾隆四十七年，睢工决口，工甚巨，密派料物二十余万，他念密县土瘠民贫，无以给办，力求蠲免，再三乃允。及卒，士民奔赴哀吊。后数年，其子过密，凑钱数百以赠，感前德也。

杨泰起，四川江津人，举人，清嘉庆元年（1796 年）任密县知县。他令密十余载，廉静不扰，革除支号骡头一事，民尤被其惠。

杨炳堃，字蕉雨，浙江归安人，拔贡。道光二年（1822 年）到密县任知县。在任期间重视教育，兴修水利，治理煤矿，整饬风俗，廉洁奉公。上任伊始，即到桧阳书院巡视，并对其进行修葺，又率先捐款，劝民捐田筹建义塾 30 处，使贫穷子女受到教育。任职期间建成水渠 20 条，灌田 3 600 多亩，产量大增，百姓欢欣鼓舞；制定《谕窑户工头简明条规》，禁绝恶行；制定《禁约事宜》，并劝导民众重农桑，正风俗，同时制定保甲条例，使密县境内社会稳定，百姓安居乐业。

张廷玺，山东营州人，举人，清道光二十七年（1847 年）任密县知县。他方严嫉恶，不畏强御，莅任初，庄稼没收，人民饥饿，盗贼多，他严刑缉捕坏人，民赖以安。

边渝慈，直隶任丘人，进士，清同治十三年（1874 年）代理密县知县。他性慈，善断案，非万不得已不用鞭笞，天旱祷雨，跣行数十里，甘霖立霈。卒后，密人闻之感为泣下。

张锡圭，字桓生，江苏人，监生，清光绪十年（1884 年）任密县知县。他洞悉民情，断案明决，尝捐俸，买书数十种，储藏桧阳书院，以饷士子，时宾兴久废，特为规复，自是科第不绝。在任时麦秀双歧感称颂之，清光绪十一年、十四年两次乡试，任沟任焕藜、黑欲沟李群玉、东于沟司开泰、东店冯际年、吕楼吕林钟五人先后中文魁。

姚晟年，字少勋，江苏上元人，荫生，清宣统三年(1911 年)任密县知县。民国元年(1912 年)又任密县知事。他学有根底，下笔千言，立就听断，明敏案无留牍。又复遇事敢任，曲梁铁佛寺窝匪近百人，率警亲往击散。民国二年(1913 年)，匪踞风后顶，势甚猖獗，约禹县、新郑会剿毙匪无遗。有白匪余党、保丁成等，据荟萃山四处劫掠，他星夜督队环攻，匪遂荡平。当时清末民初改朝换代，政局动荡，烽火连天，人心浮动，盗贼蜂起，邻境多被蹂躏，而密县社会基本稳定，县城县衙保持原貌。

第六节 提心吊胆求考课

明清时州县长官权力集于一身，其责任也更为重大，在亲民、治民的州县长官上面，重重叠叠地压着方方面面的“治官之官”，监视着州县长官的施政以及为官情况。州县长官如果不能一一应付层层上司的要求和监督，就会动辄得咎，被参被劾，罚俸降级，甚至罢官革职。

一般州县长官的任期为 3 年，3 年任满后如期升迁的州县长官几乎是没有的，总要再到其他州县再去做 3 年甚至更长的时间才可以升官，宦途一帆风顺的可能性极小。特别是做人正直的清官、好官，因为往往不为上官所喜，在州县官位置上会转磨转上好几任。《明史循吏传》正传传主共有 30 名清官，都是从州县官步入宦途，都被治下的百姓誉为“青天”，但是只有 4 个人最后升上司道一级，其余的人都在州县官的位置上致仕退休。《清史稿・循吏传》有 58 名正传传主，其中升到司道一级的也不过 17 人。明朝著名的清官海瑞、轩倪，清朝著名的清官于成龙、陆陇其、陈瑸等等，都有着在州县官位置上辗转几任、被降级处分甚至被革职罢官的经历。

清末人孙鼎臣在他的《畚塘刍论》里总结说：一个知县头上压着五六重监视他的上官，他的性格、语言、动作，都可能导致升官或罢职。士大夫一旦当了知县，就如同被判了终身流放，不可能升为大官。

明清大大加强了对于地方基层的监察。明朝都察院的监察御史每年轮换出巡各省为巡按御史，号称是“代天子巡狩”。所到之处，可以检查州县任何一个方面的政务操作情况。各地州县城中都修盖专门的“按院”衙署，平时也是空关着，由皂隶、门子看守。巡按御史一到，立即可以升堂办案。发现州县长官贪赃枉法事实的，可以向朝廷弹劾，并可以和省巡抚或按察使商议，先行摘印。

明清时各省的提刑按察使司监察本省所有官员。按察使司的副使、佥事等副职官员要分片巡查本省各个府州县，每个巡查区称为“道”，包括若干个府州县。出巡的副使、佥事称为“分巡道”，简称“巡道”。州县城中也要修盖“分司”衙署，预备分巡道来到时办公使用。分巡道监察的重点在于司法审判事务。

各省的布政使司也同样派出自己的分支机构对府州县进行监察，或推动、组织某项特定的政务，这种分支机构也由布政使的副使、佥事负责，一般按照特定的政务命名为“清军道”“兵备道”“盐法道”等等，往往也统称为“分守道”。

除了上述朝廷、政府由上至下的监督外,州县衙门也受到不那么明显的由下至上的监督,这就是当地绅士阶层控制的"舆情"。绅士是指本地已获得生员以上功名的人,以及卸任乡居的官员。这些人有着广泛的社会关系,朝中的同乡京官有可能向皇帝上奏章,乡居官员有过去的老部下、老同僚在本省各级衙门任官,当某一政务触及到了绅士们的切身利益,就会"同仇敌忾"发动这一广泛的关系网,对州县长官形成围攻。普通百姓的舆论再强烈仍然没有办法直接触动朝廷,影响官僚体系迅速做出反应,但绅士集团发动的舆论攻势却往往是有效的。州县长官只能尽量注意不要去得罪这个集团,"为政不难,不得罪于巨室"就是这个意思。

清末巡抚、总督权力大增,州县长官都要靠其任命,因此督抚简直成了州县官的太上皇。州县官在京城掣签得官后,到省会要拜见总督、巡抚,等待挂牌。初次见面的印象极为重要,一般总是凑成一批一起接见。接见时说话也要特别注意,清末人朱翊清在《埋忧集》里记载了他友人的经历。

中国古代法律一直有"公罪""私罪"之分,凡是官员工作出了差错,即使是完全因为官员意志以外的原因造成的差错,仍旧要算作一项公罪,由官员个人承担。公罪也要处以刑罚,只是在实际执行时一般都折换为赎刑或行政处罚。清朝专门制定了《吏部处分则例》这部52卷之巨(即使清朝的刑法典《大清律例》也不过30卷)的法典,其中列举了成千上万的公罪罪名。

最轻的公罪处罚方法是罚俸,罚去官员应得的俸禄,有罚俸一个月、两个月、半年、一年、两年等等级。使官员害怕的不是被罚去俸禄,最主要的是受到罚俸处分就会在政绩上留下污点,对考核大有影响。

比罚俸更进一步的是降级,比如将知县从正七品降为从七品,其俸禄相应降低,各种仪仗、服饰等官阶标志也相应降低一级。降级分两种:"降级留用",降一级到降三级,仍可留在原职位上当官,以观后效,即使没有立功表现,3年无过的也可以"开复";"降级调用",降一级到降五级,立即免去现职,调任所降级别的官职,比如调任从七品的州判。

发生重大的公务差错或犯有私罪,就要被革职。就地免去官职,今后要再想当官,要在4年后申请"开复",得到批准后才能重新参加铨选。也有一种革职是所谓"革职留任",官员被革职,仍然要完成所担负的职务,最后有可能撤销处分。如果官员私罪严重,就会被"革职拿问",被逮送到京城受审。还有一种是"革职永不叙用",被革职的官员就此失去了官员的特权身份。

当州县长官犯的公罪涉及财政方面问题时,比如赋税征收不足额、仓库粮食有霉烂等等,除了受上述的处分,还必须"填赔",在没有赔足以前不得离开。

理论上,地方长官没有权力直接惩治州县官。发现州县官犯有公罪,要向朝廷弹劾(或称参劾),弹劾的奏章是用白纸写的,叫作"白简"。然后皇帝批示"交部议处",然后就由吏部按照《吏部处分则例》决定处罚方法,再通知督抚执行。聪明的州县官在发现自己工作失误后,要赶紧上章"自劾检举",和刑事案件中自首一样,"自劾检举"也可以减免处罚。

州县长官责任广泛,犯公罪的机会也多。以至于清朝一些正直的州县长官有一句名言:"作官者私罪不可有,公罪不可无。"这句话出自清朝一位名叫蒯德标的清官,他认为实际上州县长官不可能避免公罪，所以如果着意掩饰公罪，就是出于私心，是在犯私罪，“盖求免公罪，即是私罪矣。”所以不少正直的清官情愿犯公罪、降级丢官，也不愿掩饰公罪。

州县长官的公罪还有一个抵消的办法，就是在任内设法多立功，积累优秀的政绩，一旦有了公罪，就可以功抵罪。这是大多数情况下州县长官的办法。这主要有“纪录”和“加级”。

纪录以次计，能够提前完成赋税的征收任务、能够如期破获案件之类的政绩，都可以纪录一次。纪录可由省督抚决定，无须报告朝廷。纪录可以一次到三次，纪录三次以上的，可以加级。

加级可提高州县长官的品级，有重大的政务表现，比如完成上级交办的重大事务、破获重大案件、有军功等等，会被表彰加级。加级可以加一到三级。加级必须要报朝廷吏部备案。被加级的州县长官的俸禄并不增加，但可以穿戴所加品级的官服顶戴，摆所加品级的仪仗。过去加级是很少有的事，但到了清末几乎没有哪个州县长官不加级的，往往有记录十几次，加级五、六级的。纪录和加级除了可以在考核时列上等外，很大程度上是一种“防御”性的资源：可以用来抵消不可避免的公罪，纪录可以抵消罚俸，加级可以用来抵消降级，加一级可以抵消降一级。

就制度上而言，明清对于州县官的考核和考察是相当完备的。朝廷定期对所有在任的州县官员按照若干标准进行甄别，称考察。凡州县官任满则要“考满”，明清时，朝廷定期举行对所有地方现职官员考察。各级地方官都要按月对下级的日常政务表现进行考察，比如州县长官自己被知府考察，而他们也对自己下属的佐杂官进行考察。每月，州县长官将对下属佐杂官的考察情况上报知府，知府则按季将对所属州县长官的考察情况上报到省布政使，省布政使每年汇总本省所有在职官员的考察材料。每逢辰、戌、丑、未的年份，由省巡抚会同巡按御史一起，对本省所有官员 3 年来的情况进行总甄别。考察的标准是“八法”：年老、有疾、浮躁、才力不及、疲软、不谨、贪、酷。

“年老”是指年事已高，不适合担任州县长官。

“有疾”也是指身体状况不适合再担任州县长官。

“浮躁”是个模糊概念，据清朝《六部成语注解》：“性不定曰浮，性急曰躁。”

“才力不及”是指处理政务经常出差错，没有办事能力。

“疲软”是指州县长官主政态度不积极，得过且过，司法案件积压、财政税收拖延。

“贪”据《六部成语注解》，“收受贿赂曰贪”。

“酷”据《六部成语注解》，“虐害百姓曰酷”。

按照法律，在考察中评为“年老”和“有疾”的要强制休致（退休）；“浮躁”“才力不及”“疲软”“不谨”的都要予以弹劾，降级调用；“贪”“酷”要革职治罪。后来，乾隆皇帝认为“不谨”和“浮躁”都是模糊概念，规定对这两者都必须列举具体的事例，不可随意加上这两个字，断送州县官的前程。他还认为“贪”“酷”两者一经发现就应该立即革职摘印，解押候审，根本不用等到 3 年一次的考察再来处理。所以后来只有“六法”。

外察由于是累计地方官日常政绩表现而做出的结论，所以后来又被叫作“大计”。清朝康熙年间停止对于地方官任满时的考满，将大计改为包括不称职甄别和任期政绩总评的考核制度，这样考察大计和下述的考满合一。

明太祖时建立了考满的制度。在他当皇帝的时候，曾规定：州县地方官第一个3年任期满后要进行“初考”，第二个3年任期满后进行“再考”，第三个3年任期满后进行“通考”。通考合格者可以上京朝觐皇帝。政绩考核列为称职、平常、不称职三等的做法由此成为传统。州县长官的任期满后，由上级做出一个总的评语。

考核的主要目标为“四格”，即“守”（道德操守）、“政”（政务治绩）、“才”（政治才干）、“年”（任官年龄）。“守”是只要在任内没有发生什么丑闻就算是可以过去。“年”是自然因素，年纪过大就没有办法再转官，没有办法改变。“才”主要是指在解决重大案件或上级交办临时政务时的应变能力。最重要的考核目标是“政”。“政”主要看司法审判是否有错案，自理词讼案件上控的情况多不多、上报复审的案件遭到上级驳诘的多不多；财政上赋税征收及解送是否及时；行政上主要看境内的治安情况，风化、人命、强窃盗等重大案件的案发率等等。尤其是赋税的征收和解送是硬指标，如果征收未足额、解送不及时，就纯然作为“不称职”降级。

考满时的评语称“考语”，每一级给下一级写个考语，知府写州县长官的，州县长官写佐杂官的。明朝及清初并不严格按照“四格”逐项开列，考语是综合性的，一般只有几个字，比如“尚属勤谨”，“治理无过”等等，并附载该官员所有的奖惩记录。明代及清初考满的等级粗分称职、平常、不称职三等，或写成上、中、下，每一等又分上、中、下三等。清中叶起更为严格，严格按照“四格”开列，如“守清，才长，政勤，年壮”。考核的等级也细分为一等“称职”，二等“勤职”，三等“供职”。考语除了给考满官员本人外，层层上报留档，汇总到朝廷吏部，作为官员到京铨选时的标准。

清中叶后大计即考满，把称职评为“卓异”。可以破格“不次擢用”的升官。具体的卓异条件如及时破获大案、要案，提前完成赋税的征收和解送，圆满完成上级交办的临时性政务，在政绩的记录上功大于过（无过几乎是不可能的），政绩记录上没有污点。各省规定有大计时评为卓异的具体数额，一般每省不过几名到几十名（按照省份的大小、政治状况、财政上的重要性等因素而确定）。就州县长官来说，比例为十五分之一。

第五章　古代县署的职官

第一节　一县之长——县太爷

知县称谓演变

知县是一县的最高行政长官。知县之名，历代称谓各异。西周时称为县正，战国及秦汉时称县令和县长；王莽篡汉后又改名称宰；魏晋南北朝直到隋唐五代，都称县令；北宋时改称知县；辽、金称县令，元称达鲁花赤；明清称知县。由此可见，知县之名源于宋代。当时，皇帝常直接委派京官去掌一县之政，即所谓“知县事”，简称“知县”。知，为主持之意。

县官之名除了定制为知县之外，还有县侯、明府之别称，百姓则尊称大老爷、县太爷或县官大人，而其属下则以“县尊”敬称。此外，知县尚有“亲民官”“父母官”“县正堂”之称。因为知县处在国家政权的基层，亲理民事，最接近百姓，所以人们习称其为“亲民之官”，亦习称为“父母官”。“县正堂”之称，是因为旧时知县正式办公的处所是衙署的大堂，故大堂称为正堂。知县在文告、碑刻、匾额、官衔牌上常以“县正堂”作为知县的代称。知县还有“正印官”之称，这是因为清代地方府、州、县官所掌之印俱为正方形而称之。

知县的品级

品级，亦称品阶，是官员权力和地位的标志。秦朝时，当官的都以所佩印绶的质地和颜色来表示官阶高低，县令一般是铜印墨绶；到了西汉，俸禄也成为区别官吏级别高低的标准，县令的俸禄是六百石至一千石，县长是三百石至五百石；魏晋时开始实行“九品官人法”，此后几乎每个朝代都将官吏分为九品，每一品又有正、从两级，合起来便是九品十八级。隋代时京县县令为正五品，诸县令为从六品；唐朝时县有赤、畿、望、紧、上、中、下七个等次，上县令是从六品，下县令才从七品；到了宋代，知县的最高品级是正七品；明清时，除京县外，所有知县均定为正七品。显而易见，由秦迄清，县太爷的流品是呈逐渐下降趋势的，俟明清时代定格之后，便有了“七品芝麻官”的通称。

亲民之官，吏治的起始

别看县官的品位越往后越降格，可是做皇帝的却对其人选和作用越来越重视。比如汉朝时，尽管有“郎官出宰百里”之语，有资历的尚书郎方能出任县令，但事实上真肯兴致勃勃去干县令的士子并不多。

到了两晋南北朝时，情况开始发生变化，如晋制规定，“不经宰县，不得入为台郎”；南朝宋齐梁陈几代间，出过不少名县令。北魏的孝文帝搞汉化改革，亦很重视县级政权的组建，特别规定，县令“能静一县劫盗者，兼理二县，即食其禄；能静二县者，兼理三县，三年迁为郡守”。与此同时，对县令的俸禄也做了调整，如北平府长史裴聿和中书侍郎崔亮，论官职都比县令要高，可物质待遇反而不如县令，所以孝文帝特别让他们分别兼任野王县令和温县令，以示优待，在当时引起了许多同僚的羡慕（转引自《渊鉴类涵》卷 116）。不过，过于优厚的待遇，又导致了另一种倾向出现：不少别有用心者开始想方设法钻营县令的位置，于是朝廷又强调出任县令者必须是士族出身。最出名的是天统年间（565—569 年），朝廷将事先秘密选定的许多士族子弟统统召到神武门前，特令亲王高睿亲自“宣旨唱名，厚加慰喻”，当场分派去各地担任县令（《北齐书·元文遥传》）。

从隋唐开始，科举制度开始在中国确立，州县一级的官职如县丞、县尉、主簿等，往往成为科第中人进身仕宦的起步之阶，其中县令这个职务，还得由吏部经过专门考试从候选人中注授；制度还规定没有担任过州县职务的人，一律不得出任台省官员，从而完全实现了“宰相必起于州郡”的用人主张。唐宋时，大多数宰相都有过在州县当官任职的经历。古人说“治大国如烹小鲜”，可是连“小鲜”也没“烹”过的人，又怎能放心让他“治大国”呢？所以得让他从知县这一档次上慢慢磨炼起来。

明朝建立后，太祖朱元璋更加注重对州县首席的挑选任命，其区别于过去的做法是不再拘泥于非科举出身的资格不可，而是把主要功夫下在严格的考核上。《明史·职官志》上说，“洪武元年（1368 年），征天下贤才为府、州、县职，敕命厚赐，以励其廉耻，又敕谕之至于再。”全国共有 1 170 余个知县，几乎都在赴任前接受过朱元璋的亲自接见和告诫。上任以后，凡清廉正直的，朝廷还要派专人前往慰劳，增加俸禄或额外给一笔奖金。任期满后考核优异者，就可以调到京里当六部主事一类的官职，也算是熬出了升迁资格。清朝沿用明朝的办法，雍正皇帝有一篇专门告诫州县官的训话，翻译成白话就是：“国家最重视吏治，你们都是州牧县令，乃‘亲民之官’，是吏治的起始。一个行省的吏治，也就同一所房子的建造一样。总督、巡抚是栋梁，司官道员是围墙，州牧县令，就是基础。《书》云，‘民为邦本，本固邦宁。’所以说固邦本者在吏治，而吏治之本在州县。假如州县官的品行不端，就是基础没立好，于是房子也不会牢固。先皇（即康熙）临御六十一年，洞察州县官的重要，所以才特别创行引见制度，当面咨询考察，至详至慎啊！”（单士魁《清代档案丛谈》）请特别注意“亲民之官”的提法，在皇帝看来，国家的一切政事庶务，诸如理财、劝农、赋税、兴学、教化、讼狱、保甲、祀神、驿递、水利、仓库等等，无一不从州县开始做起，虽说好多职掌也都分派了专人，但总领而稽核的，还是州县首席，从而成为代表皇上直接与民众打交道的象征。所谓“亲民之官”，正是这个含义。深刻体会了这层含义，也就不难理解历朝各代对州县主官的选任何以会越来越重视了。

明清地方官员的选派

明清时全国所有的州县长官都是由朝廷吏部选派的，这种选派叫作“铨选”。地方官员任期三年，三年任期届满，他们还都要回到京都报到，根据其政绩，再次参加这种“铨选”，奔赴新的任所。这种铨选与赴任形成了官员的不停流动。在每一年里，总有一千四五百名知州、知县在任上，同时又有五六百名知州、知县在回京述职或离京赴任的途中，还有大约相同数量的知州、知县正因犯罪被革职，或正因致仕（退休）或正因丁忧之类的原因离开州县大堂的岗位，全国的知州、知县总数有几千名。

明初规定各衙门要定期向朝廷吏部申报本衙门因任满、病、老、罢、丁忧等缘故而空缺出来的官职职位。吏部就根据这些空缺官职位置分配排队的官员。后来索性就把所有的官职职位都称为“官缺”，排队等候就叫“候缺”，铨选选任官职就叫“补缺”。

中国地域宽广，各地州县政务繁忙难易程度完全不一样，虽然所有的州县长官的品级都是一样的，但是按照同样的标准委派官员的话，因为各位官员的能力不同，就会造成处理政务不适应的问题。为此，明朝在将州县官品级划一后不久，洪武十四年（1381 年）就按照各州县负担的赋税数量来确定“繁”或“简”。凡征粮七万石以上的州，三万石以上的县就是“繁”，在这数额以下的就是“简”，在挑选任命州县长官时，要考虑到繁、简的因素。到隆庆元年（1567 年）吏部奉旨将天下府州县按照“大小、繁简、冲僻、难易”四项标准划分上、中、下三个等级。

清朝入关仍然按照明朝制度，划分等级的标准简化为四个方面：冲、繁、疲、难。到雍正六年（1728 年）又进一步明确：“地当孔道者为冲，政务纷纭者为繁，赋多逋欠者为疲，民刁俗悍、命盗案多者为难。”按照这四项标准进行划分，将州县缺分成简缺、中缺、要缺、最要缺四个等级。

一个地方这四个等级都占的，就是“最要缺”，要有过州县长官经历，而且考核成绩不错的人才可以担任；占三个的，就是“要缺”，也要有过州县长官经历的人担任；有两个的，是为中缺，可由有佐贰官经历或在朝考中成绩较好的人担任；只有一个字或一个字都不沾边的州县，就是“简缺”，可以由初选官的人来担任。凡最要缺、要缺往往由熟悉当地情况的地方督抚来任命，而中缺、简缺由朝廷吏部直接任命。每个省的州县等级划分必须经过朝廷的批准。根据《清史稿·地理志》来统计，清末全国大约有 5% 的州县定为“最要缺”，将近 20% 的州县定为“要缺”，30% 左右的州县为“中缺”，“简缺”有 45% 左右。

明清时虽然所有的州县长官“缺”，在官品上都是平级的，但是官品只表示朝廷发给的那一点微薄的俸禄，每个州县的贫富，税收的多少才决定当官的真实收入水平，所以在官场上很早就把各地州县官缺分为“肥缺”“瘦缺”。有些地方算不上最贫困，但种种差事会让州县长官疲于应付，动辄得咎，就叫“苦缺”。

吏部的文选清吏司掌管着所有州县官的铨选。根据候选人自己所开列的籍贯、履历，首先是要考虑地域回避。至少从隋唐开始，中国地方官任职都是要回避本籍的，明初曾规定“南人官北，北人官南”，后来觉得这样做选择余地太少，改为必须回避本省。清朝进一步规定，州县长官的幕友也要回避本府。另外，如果有亲属在某省现任官职，也必须自行申请回避。

理论上，吏部文选清吏司应该根据候选人的资历、能力、健康情况来决定派到哪一个州县任职，可是这样做难免会被人指责任人唯亲，难服众人之口。所以，明中叶后就把官缺和候选人大致分几个档次，由候选人在自己的那个档次“拈阄”，拈到哪个州县就是哪个州县。可就是这样还是不能使众多的选官人满意；到了万历年间，吏部尚书孙丕扬创立“掣签法”，把官缺写在竹签上，由候缺人当场掣签决定，这样实现了相对“公平”，掣签得缺成为定局，经过修改后一直沿用到清朝末年。

清朝把参加掣签的所有候缺官员再分成六班：“除班”，就是上述已经排到了位的头一次选官者；“补班”，是因种种原因去职后复职的人；“转班”，应在同一衙门转任同品级但地位较高的职务；“改班”，应改任其他官署同品级官职；“升班”，由低品升到高品官职；“调班”，应调往其他官署任同样官职的人。

清朝每逢单月为“急选”，由补、改、转、调班掣签；每逢双月为“大选”，由除、升班掣签。日期为每月的月初某日，掣签的地点就在天安门前的金水河畔、东面的华表前。掣签由吏部的一员侍郎主持，由都察院的监察御史监视，候缺人向天安门叩头后就到公案上的竹筒里掣签，签上写有各地的官缺。清末改为仅写各省名称。《不下带编》里记录了当时掣签人的口诀：“时运通，掣二东（山东、广东）；通又通，掣广东。时运低，掣四西（陕西、山西、江西、广西）；低又低，掣广西。”当时广东地方富庶，又有全国最早的对外开放口岸（广州），海关收入的盈余较多，地方财政较好，被视为肥缺较多的地方。山东有大运河，为最重要的全国南北交通枢纽，城市繁华，号为丰润。“四西”中的山西、江西不算最穷，但被认为是“民风刁玩”，号为难治，也被官场视为畏途。

按郎瑛《七修类稿》的说法，明朝时在铨选得官后，新任官员都要到吏部“画字”三天，练习把自己的姓名用草体写成一个花体字，这种字体千变万化，已经很难认出原来是什么字，仅仅是一个符号。习惯上，这种“花押”主体都是上下各有一横，寓意“地成天平”。三天的练习养成书写花押的习惯，万一有必要时就可以吏部存档的花押练习底稿进行对照。铨选的过程结束，新任的官员就可以到吏部去领取“凭照”，这是前往该省的通行证。制度上规定，官员在领取凭照后的 15 天内必须要启程赴任。

明清时，皇帝全面加强了对各级官员的控制，所有的官员在铨选得官后，都会受到皇帝的接见，表示他们是由皇帝亲自派出的。清朝制度，凡是初次任用的官员，或是被地方大员保举的官员，在铨选后都要由吏部引见皇帝，这是在掣签结束后就要进行的。皇帝接见过后，官员就要立刻上任。

链接

选任知县的七项标准

在清代，官员选拔资格的考核达七项之多。

一是别其流品。流品，即官员的出身。入仕者必须身家清白。凡八旗户下人、汉人家奴、长随、娼、优(卖艺人)、皂隶等人之子孙,概不准入仕籍。

二是观其身言。即要品貌端正,言谈流利,身体健康,年貌相符,并现场陈述政见,书写履历,以考察其实际能力。

三是核其事故。事故,即有无不合例定之事,如有无未结之案,父母丧是否在身等。

四是论其资考。即查考俸期,升任官于升任内论俸,降补官于降补任内论俸,调任官准通算前任之俸,论俸必须计算准确。凡截缺、回避、丁忧服满、终养事毕、病痊销假,补缺后仍准接算前俸。

五是定其期限。所定之期限,系指学习期、试用期及办理铨选过程中规定的期限。如拔贡知县、教习知县分发试用者,皆以一年为期满。

六是密其回避。清代规定,本省人不能做本省的官,即使不同省而离原籍在五百里以内的,也必须回避;凡亲属不得在同一衙门任职,如遇及,由官小者回避,同级官,则后到者回避。

七是验其文凭。文凭,泛指各方面证件。如考取进士、举人的证件,贡、监生学业期满考职,部发的证件;役满书吏的证件;捐输人员,户部发给的证件,等等。

“凡考课之法有四善:一曰德义有闻;二曰清慎明著;三曰公平可称;四曰恪勤匪懈。善状之外,有二十七最。其一曰,献可替否,拾遗补阙,为近侍之最(至二十七,余略,即各个职位的评价标准)。一最以上有四善,为上上;一最以上有三善,或无最而有四善,为上中;一最以上而有二善,或无最而有三善为上下。一最以上而有一善,或无最而有二善为中上;一最以上或无最而有一善为中中;职事粗理,善最不闻,为中下。爱憎任情,处断乖理为下上,背公向私,职务废阙,为下中;居官谄诈,贪浊存状,为下下。”——《旧唐书》记载的唐朝考官制度中考核的条目。

“一曰身,体貌丰伟;二曰言,言辞辨证;三曰书,楷法遒美;四曰判,文理优长。四事皆可取,则先德行,德均以才,才均以劳。得者为留,不得者为放。”——《新唐书》记载唐时择人之法。

凡大选,曰色目,曰状貌,曰才行,曰封赠,曰袭荫。考官其目有三,曰称职,曰平常,曰不称职。洪武十一年命吏部考排朝觐官员“殿最”,称职而无过者为上,赐坐而宴。有过而称职者为中宴而不坐。有过而不称职者为下,不预宴,序立于门,宴者出,然后退。此朝觐考核之始也。——《明史》记载的选官。

官员任官回避

所谓回避制度,是我国古代在任用官员时,为了避免亲友邻里请托徇情,制定出一定的限制条约,以防患于未然的一种制度。这种制度起始于东汉,沿用至清末。民国以来,以至当今,仍有沿用,但回避地域范围越来越小。

回避制度起始于东汉的“三互法”,规定婚姻之家及两州人不得交互为官。唐朝规定不许任本籍州县官及本籍邻县官。北宋时,官员铨选中正式规定了任职须回避原籍,政和六年(1116 年)下诏规定"知县注选虽甚远,无过 30 驿"。古代一驿 30 里,30 驿为 900 里。可见北宋的地理回避制度以 900 里为限,其概数即为千里。北宋的这种制度为以后的历代王朝所沿用,至明代形成一种非常重要的人事制度。最重要的回避是地理回避和亲属回避,其次还有师生回避、拣选回避、科场回避和审判回避。

地理回避就是凡为官者不得在本地做官,即回避本籍。宋代,地方官员不仅须回避本籍,而且非本籍而有地产的亦须回避。明代回避制度颇严,规定实行大区域回避,即北人官南,南人官北,或西部地区调任东部。清代对官员回避本籍的制度,打破传统的按行政区划分的做法,改以五百里为限,即官员虽在外省做官,但与原籍、寄籍在五百里以内的地区,都得回避,教职只回避本府州县。如应该回避的官员,本人隐瞒不说的、假报亲属、师生关系或里程不实、借回避之名挑选官缺的,都有相应的处分条款。但确系家庭困难,也有申请获准近省任职的,称为"告近"。

亲属回避,是指一种以血缘为纽带的社会关系,有这种亲属关系的人不得在同一地区或同一衙门做官。如遇及,则官小者回避,同级官,后到者回避。

科场回避,就是主考官及同考官的子弟不得同入试场,此后回避对象延及到五服之内及亲姑、姐妹之夫与子,母、妻之亲兄弟子侄等。

审判回避,即主审官凡遇有亲属诉讼案件,或主审官与当事人素为仇隙之人,此案审理则须更换他人为主审官。

回避制度发展到清代形成了三个特点:一是较之历代更全面、更具体、更严密;二是满州官员较汉官为宽;三是外官严于京官,文官严于武官,内地严于边疆,内陆严于海防。

第二节 辅佐之官县丞

县丞,在官职上仅仅比知县次一等,凡一县之政,都应当过问,是县令的重要佐官。

县丞的官职,远在春秋时就有了,到秦汉时成为普遍制度,"凡县令之下,皆有丞"(《汉书·百官公卿表》)。在一些重要的地方如京县和特级县的衙署里,还要设置两个或两个以上的县丞,如东汉时洛阳令下置三丞,唐朝时长安、万年、河南、洛阳、太原、晋阳六县各置两县丞。县丞多了,当然不能个个都是"二掌柜"的角色,于是便有分工,比如明朝时宛平有粮马县丞和军匠县丞各一员,这就算具体职掌了。其实,即便是在只设一个县丞的普通县份里,果真和县令一样每件事物都管的现象也不多见,一般都具体再分掌一个或几个方面的公务。如东汉时多以县丞统管文书或者管理仓库,明朝时多以县丞分掌粮马、巡捕。假如县令一职因发生告病、丁忧、解任、调任、殉职等种种情况而暂时空缺的话,县丞便有代理县令综理一切的责任。

县丞也是县级官员,其来历和县令一样,也都是由朝廷委派的。《后汉书·安帝本纪》上说,汉元初六年(119 年)春天,皇帝诏三府在掾属中选拔 15 人,光禄勋与中郎将在孝廉郎中选拔 50 人,一起派到地方上去出任县令、县长、县丞、县尉,两汉时地方官署中正佐官员皆由君主任命。隋唐时实行科举制度后，县丞、县尉、主簿等官员，就多从进士里选拔。宋金时对县丞的选任更严格一些，如宋朝规定，县丞必须是取得科举中殿试及第出身，并担任过幕职官员的，才能充任。南宋大文学家杨万里的仕宦起家，就是这么一个经历：先于绍兴二十四年(1154 年)中进士，然后去赣州当了一段时间的幕职官，管理户口，接着才调到永州任零陵县县丞。他离去零陵时，已是绍兴三十二年(1162 年)了。一个新科进士登第已有 8 年，也只不过在州县衙门中当个县丞。金朝时，干脆把科举等次和佐贰官选派直接挂钩，凡进士下甲及第的，授予县丞；凡特赐同进士出身的，先授下县主簿，二授中县主簿，三任方得为县丞。明清时的县丞，主要从监生中选拔，不过还是由朝廷直接任命。

链接

喜爱韩愈文章的读者，应该欣赏过《蓝田县丞厅壁记》这一篇文章，总共才三百来字，选家颂为“韩愈散文艺术中的一颗明珠”。这篇短文，是元和十年(815 年)韩愈出任考功郎中知制诰时，应其在蓝田县丞任上的好友崔斯立所请而写了寄去的。壁记是古代的一种文体，据《封氏闻见记》载：“朝廷百司诸厅，皆有壁记，叙官秩创置及迁授始末。”州县衙门里的官，各有各的廨署官厅，墙上也少不了一篇乃至几篇壁记。诸如李白的《兖州任城县令厅壁记》、白居易的《许昌县令新厅壁记》、杜牧的《同州澄城县功仓户尉厅壁记》，以及柳宗元的《武功县丞厅壁记》等，都和韩愈的这篇壁况一样，堪称州县衙门文化中的传世名作，也是后人研究古代社会基层官吏的宝贵资料。

蓝田县丞厅壁记

韩愈

丞之职所以贰令，于一邑无所不当问。其下主簿、尉，主簿、尉乃有分职。丞位高而逼，例以嫌不可否事。文书行，吏抱成案诣丞，卷其前，钳以左手，右手摘纸尾，雁鹜行以进，平立睨丞曰：“当署。”丞涉笔占位，署惟谨，目吏，问：“可不可？”吏曰：“得。”则退。不敢略省，漫不知何事。官虽尊，力势反出主簿、尉下。谚数慢，必曰“丞”。至以相訾謷。丞之设，岂端使然哉？

博陵崔斯立，种学绩文，以蓄其有，泓涵演迤，日大以肆。贞元初，挟其能战艺于京师，再进再屈千人。元和初，以前大理评事言得失黜官，再转而为丞兹邑。始至，喟曰：“官无卑，顾材不足塞职。”既噤不得施用，又喟曰：“丞哉，丞哉！余不负丞，而丞负余。”则尽枿去牙角，一蹑故迹，破崖岸而为之。

丞厅故有记，坏漏污不可读。斯立易桷与瓦，墁治壁，悉书前任人名氏。庭有老槐四行，南墙巨竹千梃，俨立若相持，水灖灖循除鸣。斯立痡扫溉，对树二松，日吟哦其间。有问者，辄对曰：“余方有公事，子姑去。”

考功郎中知制诰韩愈记。

译文： 县丞一职是用以辅佐县令的，对于一县的政事没有什么不应过问。其下是主簿、尉，主簿和尉才各有专职。县丞的地位高于主簿、尉，逼近县令，照例为了避嫌疑而对公事不加可否。在公文发出之前，吏胥怀抱已拟成的案卷，到丞那儿去，卷起前面的内容，用左手夹住，右手摘出纸尾签名处，像鹅和鸭那样摇摇摆摆地进来，直立斜视，对县丞说："您还要署一下名。"县丞拿笔望着应由自己署名的位置，谨慎地签上名字。抬头望着小吏，问："可以了吗？"小吏说："就这样。"然后退下。县丞不敢稍稍了解一下公文的内容，茫然不知道是什么事情。官位虽较高，实权和势力反而在主簿、尉之下。民间谚语列举闲散多余的官职，一定说到县丞，甚至把丞作为相互谩骂的话。设立县丞一职，难道本意就是如此吗？

博陵人崔斯立，勤学苦练，以积累学问，他的学问包容宏深，境界广阔，每天都有长进，并且逐步显露出来。贞元初年，他怀藏本领，在京城与人较量文艺，两次得中，两次折服众人。元和初年，他任大理评事，因为上疏论朝政得失而被贬官，经过两次迁谪，来到这里做县丞。刚到时，他叹息说："官无大小，只怕自己的能力不能称职。"在只能闭口无言、无所作为的现实面前，他又感慨地说："县丞啊，我没有对不起县丞，县丞却对不起我！"于是完全去掉棱角，一概按照旧例，平平庸庸地去做这县丞。

县丞的办公处原来刻有一篇壁记，但因房屋损坏、漏水而遭污损，已无法阅读。崔斯立为之换椽易瓦，粉刷墙壁，将前任县丞的名氏全部写上。庭院里有老槐四行，南墙有大竹千株，昂首挺立，好像不相上下，水声汩汩绕庭阶而鸣。斯立把厅屋里外打扫干净，种上两棵相对的松树，每日在庭中吟诗。有人问他，他就回答说："我正有公事，您暂请离开这里。"

考功郎中知制诰韩愈记。

第三节 掌管文书的主簿

主簿是主管文书簿记的官。官府衙门是靠书面文件来沟通的，也就少不了主簿一职。主簿是一个历史悠久的官职，秦汉以后的每朝每代，每一个官府衙门，上至朝廷六部，下至州县镇戍，几乎都设主簿一职。在县级衙署里，主簿由贡监及吏员拔擢除授，掌管县衙的文书和账簿，是知县的佐贰官，别称"书记""三尹"等，品级为正九品。

链接

《文献通考》卷六十三："盖古者官府皆有主簿一官，上自三公及御史府，下至九寺五监以至郡县皆有之。"隋、唐以前，主簿是长官的亲吏，权势颇重。魏、晋以下统兵开府之大臣幕府中，主簿常参机要，总领府事。习凿齿曾为桓温的主簿，时人曰“三十年看儒书不如一诣习主簿”。此为主簿权势最盛之时。隋、唐以后，主簿是部分官署与地方政府的事务官。隋、唐三省六部不设主簿，惟御史台、诸寺等署有之。唐诸州以录事参军取代主簿。南宋中叶后，御史台也不设主簿。元诸寺、监、院有关人员，或称主簿，或改称典簿，县主簿简称为簿。明、清太仆、鸿胪二寺及钦天监称主簿，太常、光禄二寺及国子监称典簿，县署则仍称主簿，均系低级之事务官。

寻溯原始，主簿本是汉以后的通用官名，以管理文书为职掌。不过朝廷三省和六部各府司中的主簿和州县衙门中的主簿，实在是大不相同的：前者相当于主任秘书，后者则是正规的事务官，负责户籍、赋税等具体工作。

主簿是隋唐及宋金时科举出身者初入宦途的起点。当时政府依土地资产的多少来区定民籍为五等，又根据五等版簿来科派赋役。这种五等版簿的修造工作，照例由州县主簿领导。有钱的人家为求降低户等减免赋役，便塞钱送礼给主簿行贿；没钱行贿的小百姓呢，主簿便会伙同吏胥，把你家里的农具、鸡鸭等全估成资产，让你无端地升一个户等。再如征收赋税时，勾销名簿的工作也该由主簿负责，表明税额已经交清。

主簿的品秩，又要比县丞低一等，到明清时，一般县份的主簿，都是正九品，而且名不副实，不再掌握文书簿记，只是配合县令分管某一方面，如粮马、治安等具体事务。

第四节　捕廉老爷典史

典史的官职起源于县尉，掌管全县的兵马和刑狱等事务，在县衙中，县尉排在主簿之后，排行第四。明朝开始，县尉这个职称取消了，另以典史敷充其职，老百姓在习惯上叫作“四老典”或“四爷”。

县尉是秦汉时就已确立下来的官职。紧随东汉，魏、蜀、吴三国的缔造者，都是县署丞尉出身。《三国志·吴书·孙坚传》记，孙坚先是受朝廷除授任盐渎县丞，几年后调任盱眙县丞，又转任下邳县丞。曹操的起家是“举孝廉，为郎，除洛阳北部尉”（《三国志·魏书·武帝纪》），洛阳是京县，这种县尉有四个，曹操是分管北部治安的。据《三国志》裴注引《曹瞒传》说，曹操“初入尉廨，缮治四门。造五色棒，悬门左右各十余枚，有犯禁者，不避豪强，皆棒杀之”。甚至连权宦蹇硕的叔父亦不能幸免，因犯了不许夜行的禁令，被活活打死。皇帝周围的人讨厌他，又抓不到把柄中伤他，于是对他明升暗降，把他撵到顿丘去当县令。刘备是因镇压黄巾起义有功而被委派到安喜当县尉的。《三国志·蜀书·先主传》记“督邮以公事到县，先主求谒不通。直入缚督邮，杖二百，解绶系其颈著马柳，弃官亡命”。“解绶”的描写，说明当时的县尉就有印绶；“初入尉廨”，又说明县尉也有独自的衙署；至于杖杀权宦叔父的行迹，就更说明两汉时小小县尉的威风了。

隋唐时代，县尉的职掌依然承袭汉晋，还是主管一县治安。长安有四尉，大县有二尉，其他县则一县一尉。可是像汉晋时期那样，县尉曹操的那等威风，这会儿全没了，品秩则每况愈下，京县尉是从八品下，下县尉是从九品下，比主簿更卑微，挤到了九品十八级的底层。

这一时期，主簿和县尉品级虽然很低，但是科第出身之士人初入仕途，仍须由此而进。唐代的很多名人，都有当县尉的经历。比如白居易登第后，曾有“慈恩塔下题名处，十七人中最少年”的诗句，非常豪放得意，可是其实 806 年 4 月，白居易参加科举中的体用科考试，及第，只是授盩厔县（今西安周至县）尉；此外，像柳宗元当蓝田县尉，贾岛当长江县尉，温庭筠当随州县尉等，皆属此类。宋朝的制度，也因袭唐朝，宗泽的仕途便以馆陶县尉起家，专门带着人抓逃兵；还有那位权相蔡京，亦是从钱塘县尉做起，《夷坚志》上还记有他带人去阳村巡捕的故事。就连宋代的大书法家黄庭坚，早年都是从县尉做起，宋治平四年（1067 年），黄庭坚考中进士，初任余干县主簿，后调汝州叶县（今河南省叶县）县尉。

元朝时县尉官职依然存在，官廨称巡尉司，但同时又有了典史这种官称。从明朝起，县尉一职被取消了，原先县尉执掌的狱囚警逻等都归典史主管。清朝沿袭了明制，也是每个州县设典史一员，但又于分管范围外，常常充任县衙门里的事务官角色，故而又被叫作吏目。吏目是吏胥的头儿，又是官员行列的尾巴。尤其引人注目的变化是，明清时代的典史品秩更低下，连九品十八级中最后一级也没上，这叫“未入流”。不过“未入流”也还是官身，而且依循它前身是县尉的旧观念，通常也被看成是佐圈子内的一员，可以升转，也可能有代理主簿、县丞甚至是知县职务的机会。在明清史上，阎应元是典史辈中较出名的一位，后来江阴人还为他修了阎典史祠。

由于清代的典史，不仅掌管了刑狱等，有些还是六房书吏的头目，品级虽低却多有实惠，所谓“县官不如现管”，所以民间老百姓有句口头禅，云：“要钱典史，不要钱御史。”意思是御史有弹劾违纪之责，面子上总要做得清廉一点；而典史则不同，全无体制尊贵的顾忌，贪婪已成了他们的共性。清人李宝嘉所著《官场现形记》里，则塑造了几个文学形象的典史，对读者们了解典史是怎样搞钱肥私的，倒很有些价值。

第五节　亦师亦友说师爷

师爷又称“幕宾”“夫子”“西席”“幕友”等。明清时期，知县赴任之初，往往要私人聘请一些擅长刑律、能写会算、谙练宦海、智谋超人的读书人，作为心腹替自己出谋划策、处理公务，如斟酌断案、批答公文、办理文牍等。他们多是知县信得过又具有一定办事能力、屡试不第的文人，有的是知县从家乡聘来的，有的则是前任留下的。他们是知县的智囊团。

“师爷”之名，起自明，盛于清之民间。因为“师爷”并无官衔职称，与主人实属雇佣关系。故幕主尊之为“宾”、为“友”，“师爷”称主人为“东翁”“东家”。因师爷为幕主出谋划策，参与机要；起草文稿，代拟奏疏；处理案卷，裁行批复；奉命出使，联络官场等特殊身份，故署内衙役、仆从尊主官为“老爷”，其宾友为“师爷”。而后，师爷由各级地方行政官署扩展至士绅、工商家族，不仅称呼依旧，而且连其类似佐僚人员亦统统名为“师爷”。

明代是师爷的萌芽和酝酿阶段，但在明代政府文件中尚未提及幕友在政务上的作用，明末小说、戏曲里也没有“师爷”的形象。师爷作为一个独立的行业在明代尚未兴起，但已具体形。

明代，绍兴师爷已经开始萌芽。在明代，科举落第的绍兴人已盛行做衙门书吏。朝廷上自九卿，下至闲曹细局，书吏大部分都是绍兴人。明代小说《醒世恒言》里也说绍兴人把当书吏作为一项生意来做，以至于天下衙官（指州县的佐贰官）一大半出自绍兴。

清代是师爷的全盛时代，也是师爷活动的主要时代。清代地方主管官吏，上自总督、巡抚，下至知州、知县，一般都要聘请若干位师爷帮助自己处理政务。以州县而论，清代全国共有 1500 多个州县，绝大多数州县都聘有师爷。每一州县的师爷多则十数人，少则二三人，合计全国州县师爷不下万人。如果再加上总督、巡抚、布政司、按察司、知府等衙门中的师爷，数量就更多。费正清（美国学者）在《剑桥中国晚清史》中的说法是：“随着官员在省级或地方一级职责的加重，幕友的规模和人数也跟着增加。到十八世纪末，这些助手的总人数估计已达 7500 人。虽然没有可靠的调查统计数字，但可以假定他们的人数在十九世纪继续有所增长。”

清代师爷极为活跃，在清代官场和社会中的作用极为重要。他们是幕主的亲信、智囊、私人助理，幕主将他们倚为左右手，委以重任，不可或离。他们本身虽然不是官，但是所办的都是重要的官府公事。他们手中掌握了相当一部分官府的实际权力，虽说是佐官以治，实际却在很大程度上是代官出治。因此，当时社会上流行着一句谚语：无幕不成衙。

师爷以非在官之人而理在官之事，无俸禄和工食银两，年终知县给予束脩，和知县是宾朋关系，来去自由，“言从则留，言不从则去”。幕友因其管理范围不同，分为书启师爷、刑名师爷、钱粮师爷、教读师爷等。其办公的地方习称“刑钱处”“刑钱夫子房”或“幕友房”等。

钱粮师爷

钱粮师爷也叫“钱谷师爷”，所管事务较多，归户房管的：奏销、地丁、钱粮、税契、关税、采买、粮米、社谷、出借额谷、兵饷、鱼课、酒税、学税、贡品、盐课、杂收、引费、赈灾、孤寡、口粮、承追承办、争产争赈、抗欠、囚衣、囚粮、钱债、交盘、编审、报垦、漕粮、交代、救火、盘查仓库、刑钱年终汇奏、晴雨、粮价、收成分数、支给解款、各社副长、一切交代隐匿、一切差务银两、谷米出境、采买铜铅硝矿等。归礼房管的：育婴堂、养济院等。归兵房管的：炖台、营房、驿站、铺司等。归刑房管的：盗买盗卖、擅食人瓜菜。归工房管的：捐修、庙宇、器械、建修工程、拆毁或修筑城垣、水利设施等。

书启师爷

书启师爷也称“书禀”，主管来往书札、红白禀帖，上传下达邮件，并要写一清单，注明上宪各官官衔、姓名号行；立《同官录》一本，注明同乡邻县同级各官之姓名；立上宪太太、老太爷、老太太生日单，文武同寅生日单，地方大绅士及其太太生日单。由此便于知县祝寿、庆贺用。

刑名师爷

刑名师爷又称“刑席”“刑慕”等，主要职责包括：

拟律：知县公开升堂听讼，刑名师爷负责安排知县升堂前后对案件的审理决断，引用律例条款，对案犯定罪量刑，此称为“拟罪”或“拟律”。

批答案牍：知县在民刑案件的公文上批写的判词、断语，由幕友代笔，刑名师爷将案情的批答情况告知知县即可。当然也有一些熟谙律例、英明能干的知县，要亲自批阅案牍。

链接

历史上有名的师爷

《佐治药言》作者汪辉祖当过十六位幕主的师爷，《聊斋志异》的作者蒲松龄当过江苏宝应县令孙惠的师爷，林则徐当过两江总督百龄和福建巡抚张师诚的师爷，李鸿章当过曾国藩的师爷，左宗棠当过骆秉章的师爷，戊戌六君子之一的杨锐当过张之洞的师爷，袁世凯和刘鹗都当过山东巡抚张曜的师爷，秋瑾之父秋桐豫当过东三省总督赵尔巽的师爷。

第六节 刀笔书吏

书吏是衙门里的“职员”“办事人员”，也是衙门里的重要角色。中国人发明文字之后，即将行政上的文书提升成为一种艺术。无论是朝廷还是地方，有无数的报告、记录和各种文件，通常还需要制作各种副本。每种文件都有独特格式，不得有丝毫偏差。科举制度培养选拔官员，只诵读皇家规定的四书五经，与当官的业务没有关系。当官以后，必须从头学习管理行政的知识，因此一般都是官员掌管印信签发命令，书吏执笔作文书。在古代没有纸张的时代，官府的指令文书都是写在竹木简上的，书吏一手执笔一手执刀，发现写错了，就用刀把竹木简削去一层重写，用笔用刀是书吏的专长，因此“刀笔”二字也就成了书吏的代称。即使到了普遍用纸的时代，这个代称依旧在使用。

按照制度，明清时州县衙门设置吏、户、礼、兵、刑、工“六房”。根据本地政务特点及历史沿革，一般在六房以外还会设一些特别的房科。每房、科的主管书吏称为“司吏”，普通的书吏称“典吏”“承发”。在各房、科从事誊录、抄写的叫“书手”“书办”，不算正式的书吏。两者往往统称为“吏书”，不作具体细分。老百姓对书吏也有种种尊称。明初一般沿用宋元时的称呼，叫“押司”，或沿古称叫“令史”，尊称“提控”。有的地方称呼书吏为“外郎”，也有的地方称“师傅”，或尊称“相公”。对于年纪大的尊称“老先生”。

州县衙门的书吏都是有编制的，编制内的为“经制吏”。这种编制是很紧缩的，按照清末光绪年间的《大清会典》统计，全国 1 448 个州、县、厅（设于少数民族聚居地区、和州县平级的行政机构），共有经制典吏 15 809 人，平均每个州县还不到 11 人。不过实际上这种编制都是开国时期定下的，后来的官员甚至皇帝都不愿背上违反祖制的罪名，尽量不予修改。虽然随着人口增加、社会发展，衙门事务越加庞杂，但书吏的编制数额总不见长。衙门里为了办事就招不少“贴书”“贴写”“帮差”等名目的人员，总称“非经制吏”。还有很多人为了逃避官府差役，出钱在衙门书吏的“卯册”（点名册）上买一个书吏的名义，这叫“挂名书吏”。所以，实际上州县衙门里的书吏要比官多得多，一般总有上百名。

理论上，书吏应该是当地百姓承担的一项差役，所以叫“吏役”。国家发放的报酬称为“役俸”，有别于官员们的“俸禄”。明代一般每月的俸米在一石到五斗之间，清朝改发银两，也不过每年十几两。书手、书办的待遇更差，每年只有七八两“工食银”。顾名思义，工食银是给他们在工作时的食物费用，恰似今天的伙食补贴。到了清朝康熙元年（1662 年），以书办自有“陋规”收入为理由，将其工食银一概革除。

做书吏有莫大的好处。首先，作书吏就可以免除自身的其他种种差役，获得一个免役的权利。其次，书吏的社会地位毕竟要高于一般的百姓。仅就衣着而言，就可以和平民不同。法律上他们可以穿长衫（不过颜色只能是黑色的），和秀才一样结一根长长的“儒绦”衣带，脚蹬靴子。而普通百姓就只能穿短衫、穿高帮鞋。明朝时，书吏头戴一种有着前仰后俯方顶的帽子，两旁还伸出一对小翅，有点像官员的乌纱帽，走在路上俨然高人一等。最后，书吏毕竟是步入特权阶层的一个门道，尽管这个门道已被压缩得非常之艰难，可仍然是通往做官这一目标的一条小路。明朝制度规定，书吏在服役供职一定年限后，经考核无过错，即为“考满”，获得做官的出身。起初，朝廷各衙门书吏考满要五六年，地方衙门书吏考满要 9 年，以后改为朝廷 5 年、地方 6 年。

明清时，书吏还是社会上一些识字人不错的出路，以至于明清时实际上书吏的位置都要用钱买的，付出一笔几十两甚至上百两银子的“顶首银”才能名登卯册。

书吏在衙门里长期“公干”，熟悉当地的种种风俗习惯，熟悉衙门里的种种故事陋规。州县长官都是外来人，对当地情形两眼一抹黑，有的连当地话也听不懂，所以“任你官清似水，难逃吏滑如油”，衙门的实际操作，往往掌握在书吏的手中。“强龙难斗地头蛇”，外来的长官很难斗过书吏。比如一部《明史 · 循吏传》就有很多清官和书吏玩猫捉老鼠把戏的事例。

第七节　八班衙役

衙役是衙门里的“差人”,除大家熟悉的壮快皂捕四班外,还包括看守管理监狱的禁卒牢头;执行死刑的刽子手;检验尸、伤的仵作,巡夜的更夫,看管仓库的斗级库丁,以及报时的钟鼓夫、养马的马夫、烧饭的伙夫等。

衙役也有定额编制,据史载:清代大兴县衙役定额为,门子 2 人,皂隶 16 人,马夫 12 人,禁卒 8 人,轿夫与伞扇夫 7 人,灯夫 4 人,库卒 4 人,仓夫 4 人,民壮 50 人。但实际上的衙役数量,都超过了编制。一般来说,一名正式衙役,手下往往有三四名“白役”。通常,小县有衙役数百人,大县甚至有上千人。

清代密县县衙衙役分为四班,即壮班、快班、皂班和捕班,每班又分为两个班次,因此俗称“八班”。服务于县署,担负站堂、行刑、拘捕、查赃、催科、征比、解囚等差事,享有国家规定的低微工食银。

壮班,又称民壮,承担力差,负责把守城门、衙门、仓库、监狱等要害部位,巡逻城乡道路等。壮班衙役在民间往往被称为“都头”,《水浒传》里的美髯公朱仝,插翅虎雷横,行者武松等都是壮班衙役。

快班,负责缉奸捕盗、破案、解囚、奔走联络等。其中有马快和步快之分。

皂班,类似今天的法警,审判时站立大堂两侧,维持纪律,押送罪犯,执行刑讯及笞杖刑。知县外出时,跟随长官左右,护卫开道。密县县衙清朝时期共设皂隶 20 名,其中为知县听差的 16 名,为典史听差的 4 名。

捕班,捕班又叫“捕役”,类似于今天的刑事警察,负责传唤被告、证人、侦缉罪犯、搜寻证据等。捕班在民间往往被称为“观察”。

第八节　话说胥吏

胥吏主要是对各官府机构中的各种秘书、文书和办事人员的统称,所谓“处官府职簿书”者为吏,“任奔走供役使”者为胥。“吏”指在官府中承办具体事务的人员,“胥”指衙门内奔走的衙役。从身份上讲,胥既要听命于官,也要听命于吏,等次更低一档;从制度上讲,吏是一种固定的职,有一定的俸禄;胥是一种轮换性质的差,没有俸禄,是古代社会中农民服役的一种形式。

胥吏没有品级,但他们是历代衙门中官与民交接的枢纽,封建政权之根基,历代衙门中凡起草文书、整理案卷、造服册籍、核算账目等事,皆由胥吏承办。统治者要依靠这个群体体现国家的意志,这样,百姓才能从他们的活动中感受到国家的存在和法律的威严。因此,在一定的意义上胥吏衙役的行政能力,会影响到一方的稳定,乃至国家的长治久安。

胥吏起源

从实行科举制度之后，官员都是通过科举选拔，而这些官员读书读的都是四书五经，没有学习行政知识。由于胥吏精通这些烦琐的细节，他们遂成为官僚体制内不可或缺的角色。

胥吏分类

在县级地方政府，胥吏按照工作性质大致可归为三类：第一类是衙门里以“六房”为代表的机关工作人员，这是文化层次和政治地位最高的胥吏；第二类从事的大多是一些技术性工作，如征收赋税的里正、户长，管理仓库的库史、称子、斗子、库子，驿站的驿卒，掌管拘捕缉拿和维持地方治安的“捕班”成员如弓手、曹长、壮丁、司狱、牢史等；第三类是县衙“八班”中负责长官护卫和仪仗的“皂班”“壮班”，此类胥吏不需要文化，简单训练一下即可上岗就业，因而这种胥吏在衙门与人们心目中的社会地位最低。

胥吏称谓演变

“胥”本义为“有才智”；“吏”为古代百官的通称。周曰府史胥徒，秦曰令史（刀笔史），唐宋曰吏胥，明清称胥吏。《大清会典》称胥吏为“设在官之人以治其房科之事”，是衙门里没有品级而供事于官的人。

胥吏存在的必要性

科举制度培养选拔官员，只是皇家规定的四书五经，与当官的业务没有关系。当官以后，必须从头学习管理行政的知识。在具体的业务上，状元、进士实际是启蒙的儿童。另外，官员任期短，地方官尚未清楚了解一个地方的详细情况，就要被调往别的地方任职，专制皇权造成的法例烦琐，使官员无法熟悉法例。面对地方烦琐的具体事务，官员不懂得怎么做，只得求助于熟悉地方事务和详细法例的胥吏。

出身

哪怕是品秩极低乃至未入流的杂职官，都有所谓“一命之荣”，照例是君主任命或吏部除授，列入政府正规编制，并可依法享受不同的政治待遇，同时也受到诸如籍贯回避、京察大计等制度的约束；但吏则不同，在多数情况下，他们都是政府雇用人员的性质，特别是州县衙门内的吏员，一般均从地方上拣取“有德”“有才”的人充任。“有德”的标准是循良无过，“有才”的标准是书写计算。

虽然大多数胥吏没有受过正式教育，但他们却能够靠自己的努力学得工作所需的基本文书和算数技能。他们对于繁文缛节的了解，一部分是从工作中一点一滴累积起来的，一部分是得自其亲戚或其他人的私下传授。有些关键性的程序通常是父子相传，或者可以用一笔可观的代价售予新人。他们之所以能够在制度中操纵自如，显然是因为对当时的政治气候有通盘的了解。

选拔

自古胥吏选取的方式是由“耆老”公议或考选纳赀，就是由有地位的地方乡绅和有资格的胥吏推荐，再通过考试录用；后来还有通过捐钱得到职位的。

地位

吏和官是“两股道上跑的车”，转个轨道极不容易。秦汉时，以吏补官的事例还有一些，秦始皇甚至做过“以吏为师”的决定，多少有助于吏的社会地位提高。可是有了科举制后，由吏入官的希望便渺茫了，“攻经史”就是为了应科举，只有失败者才考虑去做吏，更何况还有教书、游幕等其他出路可以选择。元朝时有一段时间停了科考，吏员的出路一下子广阔起来，许多官职都从这些人中间提拔。从整个中国古代官场史来看，算是例外，但即便如此，许多胸怀大志的儒生仍然不肯轻易迈出这一步。

宋人吕居仁曾写过一部《官箴》，开卷就提出当官的须“事君如事亲，事官长如事兄，与同僚如家人，待群吏如奴仆，爱百姓如妻子”。既然是低人一等的“奴仆”，所以一旦进入吏道之后，除了有本事去考个功名来以外，甚至花钱捐官的资格还不及平民。

明代宪宗时，山东发生饥荒，为筹措救济费用，国家大开捐银买官之门，不少州县吏员都趁机出钱，买个当官的出身。御史杨守随专折建言，以为“爵赏不可以无律，名器不可以假人”，要拍卖官爵也不能卖给做吏的人，“其于害政，莫此为甚！”这话怎么讲？很简单，区区小吏，哪来这么多钱捐纳买官？不消说，都是非法收入，他们越有钱，意味着官场越腐败，所以明宪宗对此折的批语是：“朕患吏道不清，严考试以为进退。今若募胥吏入赀赈饥，免考登仕，是教吏贪也。御史言是，其亟罢此例。”（《典故纪闻》卷15）从此，吏员买官的通道又被堵住了。清循明制，最初时在这一道关卡上把持得也很严，但越到后来越松弛。不过官场中观念未变，还是瞧不起吏道出身的。

俸禄

古代官吏从魏晋开始评定品级，九品以上称为“流内”，其他地称为“流外”“未入流”。“流内”人员是政府的正式官员，享受中央财政待遇。“流外”为吏，胥吏就是“流外”人员，他们不享受中央财政待遇，其俸禄从所在机关的财政中划拨。县级官府仅给予书吏微薄的纸笔费、抄写费，衙役只能领到少量的工食银。清代只有少数胥吏头目有俸禄和养廉银，普通吏员仅有工食银。吏员生活来源主要依靠陋规，即应差办案的各项收费。

任期

胥吏和文官最大的不同之处，是他们通常在自己的家乡任职，相当了解当地的风土民情；虽然政府明令规定其任期只有五年，许多人都能规避这项限制，有些人甚至能将其工作延展而成为终身职务。

过去有一种说法叫“官不封建而吏封建”，所谓“封建”指的就是“世袭”。以师爷为例，有刑名师爷、钱粮师爷之分。前者是管司法判案的，后者主要管征税，牵涉会计知识，可见这种吏的专业性很强，往往容易形成世袭，专业的技能知识他们只传自己的儿子、孙子。行业有行业的规矩，也有很多“不传之秘”，也可以称这些是古代的“潜规则”。

监督管理

自秦汉以来，历代统治者为维护封建政权，对胥吏的管理无不绞尽脑汁，采取措施严加防范，其解决之道，也不外下列三途：对罪证确凿的过失加重刑罚；扩大侦查并且检举作奸犯科者；改进监督管制的方式以吓阻或避免胥吏的恶行。

要求胥吏衙役相互结保，不得泄露机密；又试图采取集中居住的方法，减少舞弊勾结事件的发展。明代中叶以后，有些县官聘请幕友、师爷，意在通过亲信监督胥吏衙役。另外，对胥吏衙役的职责范围也有明确规定，极力完善吏制。但衙门积弊由来已久，即使严酷的刑法，也难以根治。

有时中央政府也会采取某些措施鼓励官员严格督导并管制胥吏，例如，宋代末期便曾经刊行一些小册子，传授监督管制的特殊技巧。刘子健提到，书中推荐的手法包括“突击检查、详细核对、档案管制、质问技巧、报表传递和决定轻重缓急与一般日程”。可是由于这些手法实行起来必然会给官员带来“巨大的工作负担”，有些手册也主张采行宽大、容忍的放任策略。

另外一项监督并管制胥吏的办法是由官员聘用熟谙行政流程，而且了解方言民情的私人秘书。这些私人秘书必须随时督促日常行政工作的进度，同时借由定期报告，以减轻官员对胥吏的依赖。实际情况却往往正好相反。他们时常和胥吏狼狈为奸，结果不过是在原来的体制中加入一个新的阶层。

对于胥吏弄权乱政，唐代最高统治者也是很清楚的，多次下诏要求地方刺史认真治理。但从整体上看，唐代从中央到地方并没有建立起对胥吏的有效管理机制，胥吏弄权乱政在唐代中后期实际上是一种较为普遍的现象。对刺史来说，由于胥吏是其完成刺史多种职责不可或缺的得力助手，因而也就难以采取有效措施限制胥吏的不法行为。而且，胥吏是一个庞大的群体，刺史以一己之力与庞大的胥吏群体做斗争，实际上往往是力不从心的。此外，刺史的很多事务包括某些私事都要依靠胥吏来完成，有时不免有把柄被胥吏抓住，就更不可能严格管束胥吏。地方胥吏的违法行为颇多，成为唐代后期十分严重的社会现象。胥吏弄权乱政的突出表现之一就是操纵赋役。杜牧担任黄州刺史，目睹黄州胥吏“公取于民”“侵窃十倍”的景象，百姓惨遭盘剥。针对胥吏弄权乱政的现象，部分勤政的刺史也使出了浑身解数。比如杜牧，他曾任睦州、池州、黄州等多地刺史，对地方胥吏之害有深刻认识。他为了遏制胥吏舞弊，于是“自置板簿”，调发赋役皆以“板簿”所书为依据，在实际执行过程中还亲自监督，通过“自检自查”以防止胥吏舞弊。杜牧的做法在当时并非孤例。然而，躬亲事务以防止奸猾胥吏舞弊的刺史毕竟只是极少数。而这些刺史亲力亲为、勤政无比本身也说明了当时胥吏弄权乱政现象的严重性。

宋代大政治家王安石曾经提出涵盖范围十分广泛的改革方案，并且其中一部分方案曾经付诸实施。他的方案中，有关防止胥吏弊病的措施，比其他任何补救办法都更能够正本清源。他了解到，只要官员无法掌握实际行政的细节，他们便只能继续听凭属下摆布；同时，只要胥吏继续处于体制之外，而且必须依赖各种手腕来谋求生活，他们一定会继续为本身的私利而设法把持体制。因此，王安石主张，公职人员的教育和考试应该朝着比较实用的方向改弦更张。

在文官教育的改革方面，王安石主张，即将出任公职的人都应当先担任胥吏的职务，让他们预先学习将来自己所要指导和监督的工作。其次，他主张提高胥吏和下级僚属的地位，以消弭或缩短他们被隔绝于文官制度之外所造成的差距，希望将他们纳入儒家伦理和社会规范的约束之下，并启发他们忠诚奉献的精神。当时他的确曾将胥吏纳入支领国家薪饷的行列。可是，不久以后，他的政敌便将这项成就和他的其他改革措施一起废止，他们提出的替代方案，仍然只是加重处罚公职人员的不法行为而已。

明朝人对胥吏的问题看得很重，可就是没办法解决。黄宗羲是个很有见识的人，可他所希望的解决办法，就是让那些读书人去做胥吏。在他看来，读书人总比胥吏有道德。

明清时期，胥吏对整个官僚制度的把持更是达到了令人瞠目结舌的地步。明清之际大儒顾炎武曾经这样说：“百官者虚名，而柄国者吏胥而已。”晚清中兴名臣胡林翼也说：“六部之胥，无异宰相之柄。”

第九节 州县官长随

长随亦称“家丁”“家人”，广义地讲，还包括州县官的亲属，即所谓“官亲”。清代州县官之所以要依靠长随办理公务，同当时正印官独任制的治理结构有关。

长随的作用

清代州县官更调无常，州县衙署常设机构只有“六房”，即所谓“铁打的衙门，流水的官”。但是，“六房”胥吏职责仅仅在于办理、保存文书档案，不能承担职能机构的全部行政功能，而在正印官独任制下，佐贰又被淡出主体性行政系统，不介入田赋杂税征收、词讼审理等主要行政事务。州县官以一人之身没有精力同时与“六房”（很多州县不止六房）打交道；对于一些重要公务（如与上司衙门的行政来往、诉状审查和越讼审理、赋税征收等），六房不能承担或独立承担；须由六房胥吏和四班衙役共同办理的事务缺乏领导者和协调者;无法对胥吏和差役实行有效监督;衙署内务无人料理。

正是这些矛盾的存在,使得州县官延聘幕友和招募长随。州县官除通过幕友办理某些重要公务外,通过长随联系、监察六房书吏和四班衙役,协调、监督各种行政事务的办理及料理衙署内杂务。

长随的名目种类

州县官任用长随的数目多寡不一,归纳起来,清代州县的长随大致有以下名目:司阍;稿案及签押、挂号;跟班、执帖;值堂;监狱班管;差总;驿站管号;管仓;管厨;坐省长随。

司阍:一般是指宅门门房,也称门子,是州县长随中最重要的职务。司阍的主要职责有:收发、检核文书;稽查各种人员出入;向本官禀报公务、事件,具体布置本官需要亲自办理或命令他人办理的事件;参与词讼审理事务;为官员处理各种人际来往;负责衙署内治安;访查、掌握本州县各方面情况,为主官施政和处理公务服务。

稿案及签押、挂号:在内衙之中负责主官、幕友、司阍及用印、值堂等长随之间的文书传递,其主要职责是对文书进行登记、用印并承转;除承转文书外,他们还需责成六房各就自己所管事务备送册簿、文书。

跟班、执帖:跟班的职责包括随官下乡、拜客,挡驾、伺候来访上司等。在有些州县,访查、掌握本州县各方面情况的职能和安排官员外务活动的职能,不由司阍负责,而另外设立"执帖"执掌。

值堂:值堂的职能第一在于为州县官审案准备文件;第二在于在诉讼活动中监视书吏、差役,防止其舞弊。

监狱班管:州县监狱监禁人犯,由刑房管理其档案,由禁卒负责看守。而州县官到任,必另派长随做监狱班管,其职责在于监视书役,代表主官负全面责任。

差总:差总专管组织支应各种差务,包括衙署陈设、修缮等事项。

驿站管号:管理一切驿站事务。

管仓:管理粮仓,其职责包括早晚查验封条,每月亲自发兵米;办理仓库交代;调度平粜散赈;同管仓斗级搞好关系。

管厨:负责衙署内厨房事务,官价采买肉米油炭等物;查验署内官员和其他人员的饮食。

坐省长随:许多州县官派遣长随,常驻省城,打探各种消息。

长随的招募

州县官的长随就广义而言可分为三个部分:一是官亲,即官员的父、子、侄、甥、婿等亲属;二是家丁,即官员的家养奴仆;三是自外招募的长随,一般系上司、同僚、亲友所嘱托推荐;还有一种所谓"带驮子"长随,实际上是州县的债主。

第六章　官员服饰

第一节　服饰演变

商周时期的衣服，有长及足部的长袍，也有分为两截的上衣下裳。衣一般以对襟为主，也有偏衽的式样，窄袖、紧口、领子缘有宽边。裳是一种长齐小腿的裙子，腰间束带，腹前悬挂一块长方形的“黼黻”。当时没有裤子，只在小腿上缠绕裹腿。冬天要加穿各种兽皮制成的皮裘。贵族们的礼服是狐皮裘袍，特别是白狐袍。为显示礼仪，还在毛裘外面罩上丝织的锦衣，叫作“裼”。有时在裼衣上还可以再加上一层外衣，叫作正服，这是在重大礼仪中穿的礼服外衣。

西周礼仪制度确定了各个等级的不同服装式样，而且不同礼仪要穿着不同的服饰。帝王的服装花纹共分成 12 种，只有在天子的服装上才会全部出现。诸侯们只能使用龙以下的纹样，使用藻纹与火纹。大夫的服装上可加上粉米纹。

秦代废除了原有的六种冕服，仅留下一种黑色的玄冕供祭祀时使用。秦始皇在位时规定官员三品以上穿绿袍、深衣，庶人白袍，多以绢制作。

西汉各级官员的官服一年到头都是黑色的长袍，官职的不同则用冠帽和绶带来加以区分。魏晋南北朝时期的官服基本上沿袭汉代的式样。

隋唐时期帝王官员礼服制度十分完备，且等级森严。隋朝改革了北周的冕服形式后将它定型，隋代末年，隋炀帝又下令用颜色来区分官员和平民的衣着，限定五品以上的官员可以穿紫袍，六品以下的官员分别用红、绿两色，小吏们用青色，平民用白色，屠夫、商人只许穿黑色衣服，士兵穿黄袍。

唐代继承了隋代的冕服定制。规定了群臣的礼服有 10 种，只在盛大的典礼中穿。在其他的日子里，皇帝百官都另外穿统一规定的朝服、公服及常服。朝服，是朝见时穿的服装，只限七品以上的官员穿用。公服又叫省服，它与朝服基本相同，但更为简便一些。常服是一种圆领窄袖，左右开衩的长袍。

唐朝官服也分颜色：三品以上紫袍；五品以上绯袍；六品以下绿袍。官吏有职务高而品级低的，仍按照原品服色。这种服色制度，到清代才完全废除。

宋代官服面料以罗为主，官服服色沿袭唐制，三品以上服紫，五品以上服朱，七品以上服绿，九品以上服青，式样仍与唐代朝服相同，仅将冠绶改由官员职位决定服饰，共分为七等冠绶。从宋代开始，官员穿朝服，必定在脖子上套一个上圆下方的饰物，叫做方心圆领。宋代的常服继承了唐代的衣饰，并和唐代一样，常服靠颜色来区别品级。

元代在唐宋官服式样的基础上确定了和它们大致相似的冕服、朝服、公服。

明朝官员的服饰制度完备而繁缛。帝王服装上增加了团龙纹，这是明代才开始形成的礼仪制度。龙纹成了帝王的专用徽记。明代给每级官员都设计了一种动物图案做标志，把它绣在两块正方形的锦缎上，官员常服的前胸后背各缀一块，这种就是补子，这种官服就叫补服。文武百官的朝服都沿袭唐宋朝服的式样，外穿红罗上衣、下裳和蔽膝，内穿白纱单衣，足蹬白袜黑履，腰束革带和佩绶，头戴有梁冠。官员的等级通过冠的梁数和绶带的不同纹饰表示。明代官员们在重大朝会的场合要穿公服。公服由展脚硬幞头和盘领宽袖长袍组成。袍服的颜色根据官品而定。

清代官服，顺治九年（1652 年），钦定《服色肩舆条例》颁行，废除了服色制度，主要品种为长袍马褂。只在帽顶及补服上分别品级，服饰颜色不论职位高低，原则上都是蓝色，只在庆典时可用绛色；外褂在平时都是红青色，素服时，改用黑色。皇室袍子开四衩，官员百姓的袍褂只许在前后开两衩。袍子均为圆领，右衽。皇帝的礼服袍子用明黄色，绣有龙纹。官员和命妇们穿绣有蟒纹的袍子。在袍服外面加穿外褂，也是满族服装的一大特征。外褂比袍子短，一般是对襟、圆领、袖子较宽松，袖口平齐。马褂是一种非常短小的外褂，长不及腰，袖子不过肘部。对襟马褂也经常被当作宫中礼服穿用。黄色的马褂最为尊贵。与马褂相近的还有马甲，这也是由骑射生活决定的衣服式样。马甲没有袖子，主要贴穿，用以保暖，后来逐渐成了外衣。

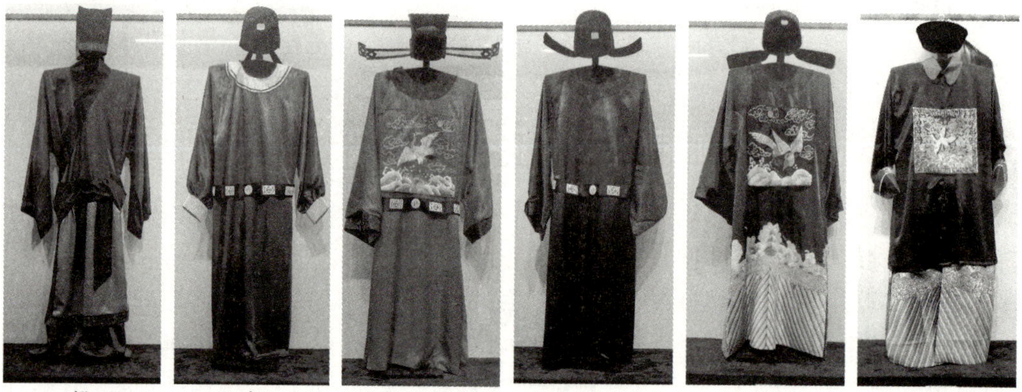

汉　　唐　　宋　　元　　明　　清

历代县令服饰图

第二节　清代官员舆服

官吏等级的表现形式除了品级俸禄之外，在章服、仪仗、乘马坐轿等方面都有严格规定。

清代官服俗称“补服”，这是因为清代直接承袭明代官服的装饰特色，在官服的胸前和后背补上一块表示职别和官阶的标志性图案，称为补子。补子一般长 34 厘米，宽 36.5 厘米，皇室成员用圆形补子，各级官员均用方形补子。

官服的造型特点是：圆领，对襟，平袖，袖与肘齐，衣长至膝下。门襟有五颗纽扣，是一种宽松肥大的石青色外衣，当时也称为“外套”。清代补服的补子纹样分皇族和百官两大类。历代都规定以黄色和龙作为皇帝的专用服饰，禁止品官使用。皇族补服纹样为：五爪金龙或四爪蟒。文武官服饰按九品划分三个档次，一品、二品为九蟒五爪袍，三至五品为八蟒五爪袍，六至九品为五蟒四爪袍。各品级文武官员补服上面织有禽兽两种图案，文官用禽，武官用兽。文官一品用仙鹤，二品用锦鸡，三品用孔雀，四品用云雁，五品用白鹇，六品用鹭鸶，七品用鸂鶒，八品用鹌鹑，九品用练鹊；武官一品用麒麟，二品用狮子，三品用豹，四品用虎，五品用熊，六品用彪，七品、八品用犀牛，九品用海马。

百官帽子的顶部装有顶珠，原料多为宝石，颜色有红、蓝、白、金等。顶珠是区别官职的重要标志。按照清朝礼仪，一品官员顶珠用红宝石，二品用珊瑚，三品用蓝宝石，四品用青金石，五品用水晶石，六品用砗磲，七品用素金顶，八品用阴文镂花金，九品用阳文镂花金。无顶珠者，即无品级。

清代官帽，一般在顶珠之下都装有一支6 ~7 厘米长的、用白玉或翡翠制作的翎管，翎管主要是用来安插翎枝的。清朝的翎子有花翎、蓝翎之别，以花翎为贵。花翎用孔雀翎毛，有一眼、二眼、三眼之分。所谓“眼”，就是指翎毛尾梢的彩色斑纹。孔雀翎中，又以三眼最贵；蓝翎则以鹖羽为之，无眼。清朝翎子的装法是将翎子拖在脑后。

按清代冠服制度，穿礼服时必于胸前挂朝珠。朝珠由108 粒珠贯穿而成。每隔27 颗穿入一颗材质不同的大珠，称为“佛头”，与垂于胸前正中的那颗“佛头”相对的一颗大珠叫“佛头塔”，由佛头塔缀黄绦，中穿背云，末端坠一葫芦形佛嘴。背云和佛嘴垂于背后。在佛头塔两侧缀有三串小珠，每串10 颗小珠。一侧缀两串，另一侧缀一串；男的两串在左，女的两串在右。朝珠的质料以产于松花江的东珠为最贵重，此外还有翡翠、玛瑙、白玉等。

清代规定，“皇帝出行一般要乘十六人抬的大轿，大驾时乘三十二人大轿；郡王亲王可乘八人抬的大轿；京官一二品也只能乘四人抬的中轿；外官总督、巡抚（一二品）舆夫八人，司道（布政使、道员为三四品）以下教职以上舆夫四人，杂职乘马。”由以上规定可知，作为七品官的知县，只能乘四人抬的轿子。由于官轿是权力的象征，因此出轿仪式也异常威风，如州县官下乡巡视，乘四人蓝轿，有呵道衙役在前鸣锣开道（敲三锤半），扛官衔牌的顶前而行，衙役捕快高擎州县官通用的仪仗，“青旗四、蓝伞一、青扇一、桐棍、皮槊各二，肃静牌二”，前呼后拥而行，百姓见之必须肃静、回避。

第七章　县署历史记忆

◇ 密县志序

顺治五年　李芝兰

余宰密阅三载，抚念凋残，殚精生聚，朝夕饮冰，毋敢逸豫。忆入境之始，蒿莱满目，而兹且田塍睾如矣；瓦砾纷披，而兹且室庐精繍错矣；及循览古迹，岁时礼祀，奔走榛莽之间，顾瞻狐兔之踪，而兹且轮奂丹垩，次第兴复矣。虽民社之责百不塞一，然迴视筮仕初心，庶几天大陨越。岂区区谫劣是为，亦得之贤士大夫之指示，故老遗文之考稽者多也。其地方利病之源，风俗淳浇之故，民情诚伪之端，间有疑隙，则取县志繙阅之，核故实镜，疑綮问途，已经窃取成宪，每孜孜不倦。第密之志，成于成化甲辰，修于万历癸酉及崇祯甲戌；然皆简率挂漏，而甲戌以来，更不胜缺略之叹。际国朝鼎盛，诸务维新，国史郡乘，均属巨典，而简命严于日星，典制视若弁髦，其谓之何？公事之余，因与绍之韩孝廉，鉴空张明经，议修密志，蒐讨故实，博咨舆论，芟芜存真，輶文崇质，铅椠劼密，阅两月而告竣。两君子洎诸士民，咸谓密蕞尔一隅，文献寥寥。兹者举要综凡，详而不蔓，信尔不诬，匪啻昭往，洵足诏来已。余曰：唯唯，否否。天下事有成于偶然，而隳于必然，得之脱略，而失之明备者。密固善地也，僻处万山之中，简绝四应之繁。在昔户口鳞集，建制栉比，风气醇良，人文炳蔚，令此土者，得以悠游簿书，从容卧理。然前之从事者，尚未释不明不备之憾。况至今日，时经改革，屡际兵燹，户口建置，风气人文，视昔不及什佰之一。余不佞，数年滥竽，瞿瞿汲汲，心神之所劘划，教令之所敷宣，惟期逭于罪戾。即修志之役，集思广益，据事直书。亦惟矢不得不然之虑，以觊免脱落之失。而诸君子亟称之，未足昭往，安所诏来，抑信而不诬则可谓云尔已矣。

◇ 重修密县志序

康熙三十一年　袁良怡

《周礼》小史掌邦国之志，外史掌四方之志。又有职方氏掌天下之图，以辨其邦国都鄙，人民与财用九谷之数。迨秦坏乱古法，变井田而开阡陌，废封建而立郡邑，则今之邑令竟如古五等诸侯子男之国也；今之邑志，竟如古职方氏所掌天下之图也。且今之邑志，其志方域、志建置以及志人物、文艺等目，又竟如古辨邦国、都鄙、人民与财用九谷之数也。不佞治镛八年，兹忽补密，甫越月，兼摄阳城。阎大中丞檄将密邑衷、王两令，所修旧志，参阅纂辑，缮稿以呈。居无何，而阎中丞往镇古黔。不佞自省寡闻孤陋，踌躇未果。迩则复摄东里，日奔走于车尘马足间，更未遑从事。而李大中丞又手书趋上邑乘，因与两斋学博商曰：怡尝于簿书之暇读史，至周灵王己亥，晋侯与诸候伐郑会于萧鱼。注载萧鱼在开封之密。乃自受事以来，访之故老，故老不知，稽之旧志，旧志不传，由斯以观，则今日之役政如古人论纪事之难，必得人如刘知几，所谓具才学、识三者之长，然后可以文质相称，本末兼该也。用是遴选诸生入局，相与统任採辑，广收博取，缕析条分。其于名山佳水几何所，则必书，盖曰此搜奇揽胜之所系也；其于沃壤瘠土几何区，则必书，盖曰此两税三限之所关也；其于聚庐而居者几何族，联镳而起者几何氏，则必书，盖曰此钟灵毓秀之所属也；其于目下李感恩循声岭海，郑贞烈缢殉穴圹，则亦必书，盖曰此密之文明日起，气化日开，为后来者之所则效也。他若忠臣、孝子，贞女、贞妇，与夫白松仙踪，云岩帝迹，久经前人歌咏而讨论者，尤必援古证今，务使尽协舆论，而后方敢大书特书焉。斯志也，衷君盖励厥始矣，诸君盖勤厥中矣，不佞盖慎厥终矣。然不识古职方所掌者，为何如也哉！

◇ 重修密县志序

乾隆十五年　秦勷

邑之有志也，凡山川之壮丽，田赋之多寡，户口之盛衰，职官之贤否，物产风俗之异同美恶，邑人士女之潜德懿行，皆备载之。所以述往事诏来者，昭法戒而垂劝惩也。至国家典制现所遵行，尤宜详载。使莅任伊始者，可按籍而稽焉，岂非令之所宜首务哉！予自庚午承乏密邑，检阅前志，云始于成化甲辰，而不著其名氏，江陵萧公、河朔苗公，相继纂修，旧本皆不存。惟本朝以来，李公芝兰修于顺治癸巳，体制虽具，近于简略。袁公良怡修于康熙乙亥，则浮文太盛，嫌于繁冗。思删其浮、补其缺，增丙子以后六十年事迹，备一邑典故。值鸾舆巡幸中州，办理台站，东西奔驰；既又奉檄修御射亭、常十塚，事多棘手，日不暇给，未遑及也。既而邵郡尊将修府志，檄取县事，谋采访。邑绅士进而请曰：密志之不修也，历年所矣，若复数年，故老既没，虽欲从事记载，孰从而问之，此诚巨典，不可以缓。予曰：是吾志也。于是张明经蕴升载笔，韩生星源，与阿咸丹复，蔡生麟洲，共勷厥事，而予为之笔削订正焉。稿甫就未及授梓，而予以越狱挂吏，议此事付度外矣。来几史蓼亭先生以江左名儒，来莅兹土，复以相委，固辞不获。乃重拣前稿，详慎增损，期于文简而事备。大约删袁志之冗泛者十之三，增两志之未备者半之，乃厘为十二卷，付诸剞劂焉。或见之曰：“漕米也，礼乐也，里保风俗也，驻防也，封荫也，凡例也，增之可也。若恩旨不独为密，载之邑志，毋乃僭省志体乎？”予曰：“不独为密，而密亦被之可载，其不及于密者，自不载也，何僭焉？”且我朝典制，超越前古。如续增人丁，永不加赋，丁徭入田赋，嘉惠茕独；建忠义、节孝祠，以磨厉世俗；立先农坛、置藉田、举农官以劝农事。厚生正德，诚求保赤之思，无微不入，皆前代所未有也，而密人实身被焉。虽不独为密，而密可忘诸乎？详于志中，使穷乡僻壤，稍识之无者，一展卷而皆知深仁厚泽之所由，击壤鼓腹，咏帝德而歌王风。惰农知劝，薄俗知兴，此亦令之责也。予方以必不可入邑志者，不及尽载为憾，而乃以为僭乎哉！惟是才识弇鄙，学殖荒陋，谫劣无文之讥，诚所不免。则以俟博雅者修饰而润泽之，是所望于后来之君子。

◇ 密县志序

嘉庆二十年 景纶

今之州县，古国也。今之州县志，古土训、诵训之方志也。州县志合而为郡志，郡志合而为省志，省志合而为一统志，所以诏地事观事者实始于此。志顾不重欤！

密为古郐地，见于诗，著于传，束发受书，即口诵耳熟焉。顾其君逍遥在堂，其士女闲游水滨，秉蕑赠芍。上与下奢淫怠惰，遂至困苦垫隘，而羡苌楚之夭沃，此季札之所以无讥也。

乃余自尹兹以来，见其士勤占毕，农服先畴，山居朴僿，不见异物，竞尚节啬，有枢榆蟋蟀之风。方之经传所刺，迥乎其不相侔。盖东周历今二千六百载，其风俗既已移易，而又躬逢圣世，涵濡德泽百余年之久，故俗美化行若此也。然则上下古今，幸际其盛，彰往训来，以资治理，尤惟志焉是赖。县旧有志，窃病其失手于俚，不协史裁。且六十余年未修，文献将湮，亟宜及时纂辑。

丙子冬，延同年友武进谢君仲伟来密，属总其事。相与讨论古今，斟酌名例，求合于史法而变通之，不为空虚无用之言。于是正其伪，补其阙，薙其庞杂，于明备之中，寓谨严之旨。阅八月而书成。为图九、表三、志十、录二，都十有六卷。一邑之事，庶几犁然在目。且夫胪掌故，明纪纲；简户口之息耗，总财赋之盈绌；辨人才之盛衰，识政治之贤否；览山川之形胜阨塞，知俗尚之淳浇好恶。与夫褒扬哲义，振芳烈，励懦顽，皆守土者之责也。能从事于此，则制治得其原，而一张一弛，因地异宜，风俗且蒸蒸日上矣。愧余有志焉，而未能逮也。而是志既成，可以备輶轩之采，为观事地事之诏；其后之官斯土者，亦得考镜得失焉，或不无小补云尔。

◎ 重修密县志序

中华民国十二年三月　河南省长张凤台

县之有志，犹国之有史也，史事繁而例概举，凡一代之大经大法宏纲钜目无不备纪。而典章彝物以及一切政教礼俗制度文，为其漏而未载者，往往散见于志乘之书，志之所关不綦重哉？然必信必征，始克传后，固未可张皇该博，摭拾浮华以夸耀为能敷衍塞责也。密县东邻新郑，西毗登封，南连禹县，北接荥阳，境内有密岵大隗诸山，溱洧诸水，形势极称险隘，士习谨厚，民安耕凿，其中名贤懿轨，轶见逸闻，不乏可法可传之故实，倘弗及时征集亟为编订不惟无以供国史之采辑，亦何以扬近世之休嘉，况文治之升降，徭赋之盈虚，风俗之醇驳，兵刑礼乐之变易，教育实业之兴衰，尤不能不广谘博采，一一登录，以资考镜县志之修，又乌容已乎。本省长重绾乡邦政符，适值师旅饥馑，纷至沓来，筹赈筹抚，安民察吏，亟亟不遑，固已寝食无暇，然一念及改革之后，世衰道微，两河文献渐就沦湮，不禁惕然以惧用，特设局，重修省志，然省志之稿必以县志为基，县志不完，省志奚赖。密县汪知事忠，奉令纂修，就旧志悉心考订，视其略者补之，误者勘之，凌乱者整齐之，漫漶者厘定而详明之，博而不支，简而能尽，条举目张，使阅者知所从政，其有裨于治化，非浅鲜也。韩婴曰：不习为吏视已成事。司马子长曰：前事不忘惟后事师。后之莅兹土者，藉鉴得失，措施裕如庶，和氏之璧不专耀彩于郢庭，夜明之珠不独呈光于随掌，始不负汪知事修志之衷怀及本省长绪言之期望也，是为叙。

◎ 密县重修县治碑记

康熙二十三年 衷鲲化

令承天子命，宰一邑，将以和神人，齐上下，除彫瘵之弊，开乐利之源。其临民听治之地，必规模方正，堂阶高朗，以尊朝廷而肃体统。密旧治毁于兵，瓦砾荡然。迨我圣清定鼎，草昧初开，履任者以西分司代之，相循四十余年。偪隘殊甚，且介在庙寺间，阳陷乎阴，往往多不利。则旧制当复，不待智者而决也。然或以为传舍，或以为不动公帑，则损己而贾怨，余心窃非之。念前人不为，而待之今，今复不为，而待之后，是终无可为之日也。夫无藉而创者，难为力；有藉而兴者，易为功。今见在官舍诸材尚多可用，遂毅然详请各宪，卜吉于旧址兴作焉。区画丈计，董役分工；木料之梡朽者易之，砖石之破缺者补之；邑绅士复乐意急公，量输物料。计用旧材十之七，增新材十之三。虽层檐鳞次，不下百五十楹，不两月而落成。援命役瀵除洒扫，洁牲牢，祀司土。礼毕，肃吾冠带，登堂视事。既退，不禁慨然太息曰："嗟乎！是焕然一新者，即向者瓦砾之场也。"萍踪宦迹，孰为乐此以淹岁月？然乘时则速，借便则省，正可为异日惜经费、纾民力而还其旧观，即所以尊朝廷而肃体统也。则斯役也，讵容视为缓图哉！是为记。

◇ 萧曹庙碑记

乾隆三十八年　邱景云

萧曹二公祠之建,其为吏者师乎? 曰:“二公尝相汉矣,非可以吏名也。然则其建于各州县治也,奈何?”曰:“萧(曹)为沛主吏椽,而曹则沛狱椽也。”吏艳之曰:“此中固有发迹其人,则奉以为师,争自谨守,以庶几无过眚已矣。”密邑僻在山陬,风淳而牍简,九房书吏向置主于房中祀焉。乾隆癸巳(一七七三年)二月,前令张君倡率官吏,建祠于治之东偏,塑二公相,合诸吏以祀之。是年四月,余莅兹邑,迨九月落成,丐余文以记。余闻二公之相汉也,民歌之曰:“萧何为法,较若画一;曹参代之,守而无失;载其清静,民以宁一。”然则清净固二公之所以为治者乎? 夫谨守管龠者为吏,而舞文弄法者非吏;木诎长厚者为吏,而深刻务名者非吏。观二公所行与所择吏之事,其堪为吏法可知也。昔卓君之莅兹土也,余不知其倡吏者何若,然史称其吏民亲爱不忍欺之。余不敏,治绩未能如古,而爱民之心则一。窃愿为吏者慎持文法,谨身寡过,体余无欺之心以不欺于民驯,至民输诚以献,无情不得尽辞,而友助亲睦,共享太平之福。岂惟尔吏能法萧曹而进身有阶哉? 即以几于汉治近古也,当无不可。

◇ 冯玉祥施政碑

中华民国十六年　冯玉祥

我们一定要把贪官污吏土豪劣绅扫除净尽，我们誓为人民建立极为清廉的政府，我们为人民除水患、兴水利、修道路、种树木及做种种有益的事，我们要使人人均有受教育读书识字的机会，我们训练军队的标准是为人民谋利益，我们的军队是人民的武力。

密县县长杨龙准　政治宣传处立

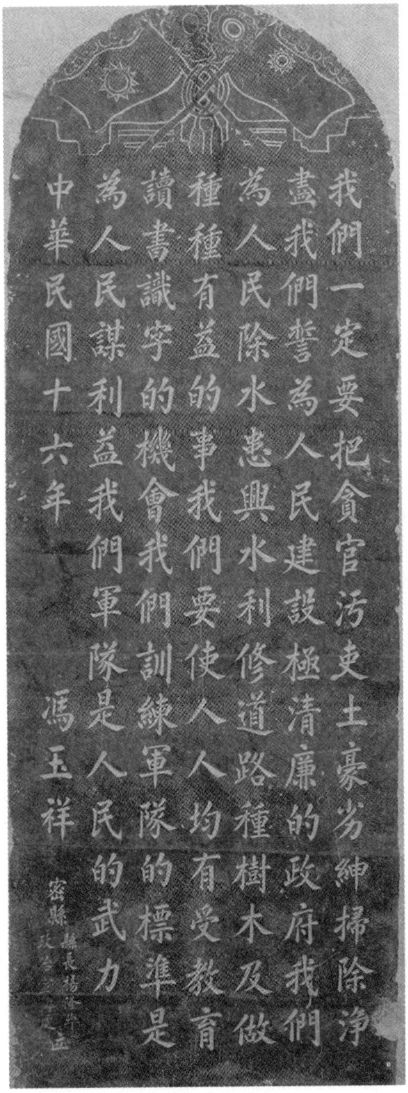

碑刻——冯玉祥

◇ 重建县城碑记

中华民国三十五年　李绪庆

粤自隋炀帝大业十二年移密城於兹，已千有余年矣。唐、宋、明、清代有修筑几臻美备，奠基以石，筑墙以□□□。东西南北四门皆设重门，各有楼。东南建制胜□，壮丽宏广，高耸入云，表其右建崇文阁，巍峨雄伟，与楼并峙，东□□□鼎足矗立，峭□插天，则此城虽蕞尔弹丸，但襟嵩、带洧，万山耸翠亦桧阳之大观也；讵意七七变起，倭寇□□□已届燎原，空袭几无虚日，战术变成立体，城垣宣告失效。为扫除障碍便於防空计，念八年春二月上□□□壤，惟恐不力。□是崇楼峻阁化归乌有。□城深池顿属平地，乱石参差，瓦砾满目，令人不忍卒睹。千余□□□晶不阅月而□底尽矣。三十三年四月日犯中原，密城沦落敌手，犹复凿池筑城，赖以掩护，惟城不及□□□残喘而已。於三十四年九月九日暴□□□，县城收复，适值□苻遍地，风鹤惊人，县长高公□□□躏，饱尝惊恐，□□余孑遗鸠工庀材□□城池。藉资防御。并成筑城委员会，集思广益，专责经营。旧□□□城内旷地过□□墙迤逦，迂远不易□护，经全县士坤之一再研讨，及移北城墙於桧阳书院之后，东西□□□高度四丈五□，城基四丈五尺，城上平面宽度一丈八尺，城壕宽度四丈，深度二丈。城垣周围六里零十□□□个，□台十一个，四门各建门楼一座，四门外壕各建水洞一处，南城墙建水洞两处。动工万人，历时经年。□□□城要地，复就原有地址，改建碉堡。修文讲武以重守备。因时间仓猝，筑城惟土。四门兼甃砖石，迨时和□□□复旧观，自易□也，余不文忝，主县府笔政，谨就客观事实达於毫素，用勒贞珉以志不忘云尔。

密县县长高万青重建

密县县政府秘书李绪庆文

清庠生河南法政学校毕业王苇卿书

密县筑城委员会委员　周镇镛　刘志凌　朱子亭　李豫五　郑子五　孙西侯　高子玉　李丹亭　常翔万　杨锡九督

铁笔匠　□□□

中华民国三十五年岁次丙戌嘉平月上浣谷旦

◇ 重修密县县署记

二零一五年一月　李铁城

县署乃封建时代基层行政机构，集政事、钱粮、司法、文教于一体，为县令（即知县）理事之所，故为后人明史知世、知往鉴今不可或缺之地。密县自汉二年（公元前205年）置县至今已二二二零年，县署于隋大业十二年（公元616年）由大隗移于此亦有一三九九年。布局合理，结构严谨，功能齐全，规模宏大，其年代之久远，文化积淀之深厚，为国内所罕见。故自古迄今屡毁屡建。元毁于火而明洪武间知县冯万金于旧址重建；明遭兵燹，清康熙廿二年知县衷鲲化又重修。此距今又三百二十二年矣，其间岁月消磨，风雨剥蚀，不复旧貌。中华人民共和国建国后更为重视文物保护，公元两千年以降，南街村民率众先行修护，市委、市政府为继承弘扬传统文化并以旅游兴市计于二零一零年六月成立新密市古城县衙开发建设管理委员会，并拨出巨资，聘专家、觅工匠，精心设计，认真施工；又广辑文物，缺者补，损者修，污者清，光其门楣，实其内涵，四易寒暑，复其旧制，如其原貌，于是虽为旧筑而焕然一新矣。二零一三年三月五日被国务院公布为全国重点文物保护单位，县署将因此获更佳之保护以传承后世，并为远近民众提供一旅游休闲之地，此为县署建立以来之大事，特为之记，以为后来者所资也。

新密市古城县衙开发建设管理委员会

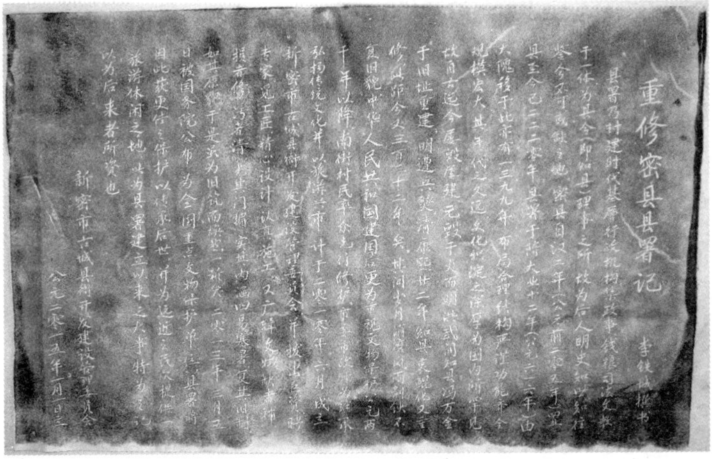
重修密县县署记

重修密县县署记图

第二编　循吏官迹

新密，历史悠久，文化丰富，于公元前205年置县，1994年经国务院批准撤县建市，更名为新密市。在这块肥沃的土地上，旧石器遗存时有发现，羲皇以下八千年历史延续不断，黄帝文化遗迹数量之多国内罕见，溱洧二水不仅孕育了《诗经》名篇，更成为华夏文明之源。在新密的历史长河中，不乏勤政廉政、政绩卓著的执政者，他们为官从政的民生情怀和廉洁操守，为后人留下了宝贵的精神财富。

自汉置密县以来，历经二千余年，在密莅任县令者不下千人。为官一任，造福一方，实为当官者之誓言，然能做到者则为当中一部分而已。为何？或因无能，或因平庸，或因世俗，或因贪欲。非但不能造福，反成地方之害。要么为百姓唾弃，要么被历史遗忘，实为当官之悲者也。

民，社稷之本，为民办事乃执政者之本分，官受民拥戴者，或爱民，或勤政，或清廉，或才智。为百姓忧而忧，为百姓乐而乐，百姓苦而救之，百姓难而解之，百姓急而援之，百姓愚而化之，如卓茂、李芝兰、杨炳堃等，体察民情，修桥铺路，兴修水利，兴办义学，赈济灾民，政绩卓著，深受密人之爱戴，堪为后世之楷模。

本编重点介绍建国以前在密任职的二十位循吏的事迹，他们均清廉有为，勤政为民，有着为人称颂的政绩。子曰："见贤思齐焉，见不贤而内自省也。"本编旨在激励后人，以古为镜，勤政为民。

第一章 县令的楷模卓茂

卓茂

卓茂(？—28年),字子康,南阳郡宛县(今河南省南阳市)人,是两汉时期一代名宦,公元2年任密县令,后官至太傅,封褒德侯。卓茂宽仁恭爱,廉政爱民,政绩卓著。

卓茂是密县历史上很有名气的县令,在南朝历史学家范晔编撰的《后汉书》中,就有专门为卓茂立的传记。

卓茂先后担任过丞相府史、黄门侍郎、密县县令、京部丞、侍中祭酒、太傅等官职,一路顺风顺水,从衙门小吏,到位列三公。在《辞源》等词典中,我们可以查到"卓鲁""茂宰"两个典故,它们皆由东汉密县县令卓茂引申而来。卓茂因为宽仁恭爱而名重于世,因为在密县县令的位置上廉政爱民,政绩卓著,从而名垂青史。

爱民如子,彰显智慧

拱木环遗寝,空山走部民,循良思旧德,执节表淳臣。

几杖中兴礼,丹青御座亲,至今传俎豆,长接大隗春。

这是明代思想家顾炎武途经新密市大隗镇赞颂密县第一位县令卓茂时写的诗,名为《题大隗卓茂祠》。

西汉元帝时,卓茂求学于京师长安,从师博士江翁,学习诗赋、礼仪、经学、历算;他深入钻研,融会贯通,成为博学多闻的学者。据载,他性格宽厚仁慈,乡里亲友都很喜欢他。初被任命为丞相府的史官,在丞相孔光属下任职,被孔光尊为长者。由于卓茂对儒学造诣甚深,被推为侍郎,在黄门任事,成为常侍皇帝左右的近臣,后为密县县令。

在密县任县令期间,卓茂大胆改革,修订法律,并且洁身自好,事迹感人,在新密人的心目中占有重要地位。为了纪念他的功绩,新密人在大隗镇修有卓茂祠,隋朝以后,在新密古城(法桥堡)又修了第二个卓茂祠。明朝时,后人为他建有卓君庙,在新密老城县治东北。清朝时,又把他移入密县名宦祠,荣享后世尊崇。

他调入京城离任密县时,老百姓奔走相告,在他启程那一天,聚在道路两旁,泣不成声,依依不舍。《后汉书》对他的事迹有详细记载。

审贪污受贿案

卓茂因精通儒学而升任为给事黄门侍郎，之后又升迁密县令。在任期间，敦厚忠谨，与人为善，以德育人，视民如子，反对滥用刑罚，善于发现别人的优点，说服人从不大声怒斥，官吏们都十分敬爱他，敢于向他报告实情，从不欺骗他。所以，至今密地一直流传有他在密县任县令时的几则故事。

卓茂刚刚上任不久，有一百姓状告一亭长贪污受贿，接受他送的米肉等物。亭长，是一种官名，秦、汉时在乡村每十里设一亭。亭有亭长，掌治安警卫，兼管停留旅客，治理民事，多以服兵役已满期之人充任。汉高祖刘邦曾在秦时担任亭长。

平时，卓茂知道这位亭长是位好官，这到底是怎么回事呢？卓茂为弄清楚情况，非常重视，让左右人退避，独自问这位告状的人："你这次送礼是亭长主动索要呢，还是你主动向他送的？还是平时你们相处得很好，他给了你什么恩惠，你才送呢？"

这个百姓回答说："都不是，是我送给他的人情。"

卓茂又问："既然如此，你为什么反过来又要告他呢？"

这个百姓说："因为想求他以后对我好一点，才送东西与他。后来，我又听说，官吏不准从老百姓那里收受一点东西，所以才来告他。"

卓茂耐心地解释说："你这样讲，就太不明白人情世故，太孤陋寡闻了，人之所以比禽兽高贵，就是因为人人皆有一颗怜悯万物的仁爱之心，知道人与人之间要相互尊重，相互爱戴。同一乡的乡绅士族、寻常百姓尚且互致馈赠，何况官与民呢？这正是人与人的情义呀！当然，当权者切不可以权势凌人，向百姓强夺豪取。人生活在这广宇的世界之中，或者群居一地，或者散居四方，靠什么来使人与人和睦相处、相敬如宾呢？就是靠礼义仁爱呀！你状告的那位亭长是位好官，年终时送他一些东西，这符合圣人所提倡的礼呀！"

这个百姓又说："既然如此，那么法律为什么要加以禁止呢？"

卓茂微微一笑说："法律上设置大法是用来惩治犯罪的，礼仪上则讲究合乎人之常情。就拿今天的事情来说吧，我用礼仪来开导你，你不会怨恨于我，若用法律来惩治你，恐怕你就接受不了了。在此官衙内，你告发亭长这件事，往小处说，可以判罪，往大处说可以斩首，你暂且回家好好想想吧。"

等状告之人走后，卓茂又叫来那位亭长告诉他，不可因小失大，不可因一点私得而坏了自己的名声。自此，百姓都听从卓茂的教诲，而属吏感怀知遇之恩，更加勤奋工作，上下齐心，把密县治理得非常好。

智审父子讼案

一日天近午时，有一位姓张的老汉扭送着儿子来到县衙，状告他的儿子不孝。卓茂在大堂进行询问，得知父子两代都是木匠，家住大隗村。父亲说儿子不守本分，跟着自己学了木匠，却不愿干活，整日在外游荡，家里常常缺米少柴。

卓茂说："你们爷俩吃过午饭没有呀？"都回答说没有。于是，卓茂吩咐衙役，给父子俩每人发了一百文钱，说："天眼看就要晌午了，你们也该吃饭了，先下去吃饭吧，吃过了再来听审。"

父亲说："早听说卓老爷是一位仁慈的好官，果不其然。就谢谢大老爷了。"父子俩谢过，下去吃饭去了。

等到下午，俩人又来到大堂上。卓茂先叫过父亲，问他："吃过饭了吗？"父亲回答："谢谢老爷恩赏，已经吃过了。"

卓茂接着问："一百文钱用去了多少呀？"回答："用去八十，还剩下二十文。""你吃饭吃菜了吗？""吃了，炒了一盘豆腐，味道不错。""哦，那你的饭量怎么样呀？""俺都是老年人了，一碗饭就够了。"

卓茂说："豆腐菜并不贵，饭只吃了一碗，那么为何用去了八十文钱呢？""这个——"那位父亲的脸一下就红了，叩头回答说："我有一个毛病，就是饭后爱玩一下六博，结果输了五十文。"六博是中国最早的一种赌博方式，早在西周时期就有了，汉代时已经在社会上十分流行。

问完父亲，卓茂又把儿子叫到跟前，问他："吃过饭了吗？"儿子回答："已经吃过了。"问："一百文钱用去了多少呀？"回答："只用去了二十文，还剩下八十文。"又问："你为什么这么俭省呢？"回答说："饭只要吃饱就行了，用不着多花钱呀。"

卓茂转身对那位父亲说："情况已经很清楚了，凡是爱赌博的人，必定懒惰，你儿子做木匠，收入能有多少呀？想必不足以应付你的需求吧，并不是他不孝呀！你如果恨他不能满足你的需求而控告他，那么做你的儿子也就太为难了。"

父亲争辩说："不是啊，老爷，我的儿子确实是不守本分，喜欢游荡，状告他是出于不得已啊。"

卓茂说："凡是好游荡的人，花销必大。现在你的儿子吃一顿饭只用去了二十文钱，而你却只剩下二十文，你平日里的花费可想而知。你的儿子只是一名木匠，整日必定忙碌不停，所挣供不上你的花费，从哪一点能看出来他不守本分呢？"父亲支支吾吾，无言以对。

卓茂说："今天，我即使不惩罚你的欺骗之罪，也应当惩罚你赌博。"

这时，儿子说："老爷，求您开恩，就饶过我的老父亲吧。"

卓茂说："当着儿子的面给父亲用刑，我不忍心这样做呀，就是你的儿子，也不忍心看你受刑，这不符合德教和风化。你回去后，应当妥善处理好父子的关系，努力做一个好父亲。"

这个做父亲的极为感动，抱住儿子哭泣起来。随后，父子两人叩头拜谢而去。

两碗寿春面巧断案

一天下午，城里有个富太太扯着儿媳刘氏来到县衙，状告儿媳的不孝之罪。

卓茂刚一发问，富太太就哭诉起来："卓老爷啊，你不知道，我平常过的都是什么日子，不是遭受儿媳的冷言冷语，就是吃儿媳的剩菜剩饭。今天是我四十六岁的寿辰，见她买回了鸡鸭鱼肉，我是满心欢喜，还认为她变好了呢。谁曾想，该吃晌午饭了，她却把鸡鸭鱼肉端到自己屋里享用，只给我端来了粉条萝卜菜。大老爷呀，你想想，儿媳如此不孝，我可怎么活呀？望青天大老爷为我做主呀！"

卓茂听完，皱起了眉头，心想，"我治理的地方还有如此不孝的儿媳？"内心很是自责。于是，就询问儿媳刘氏是怎么回事。谁知这一问不打紧，那刘氏也抽抽搭搭哭了起来。婆媳俩"嗷嗷呜呜"地哭成一片，两旁的衙役无不暗自发笑。

可卓茂却笑不起来。俗话说，清官难断家务事。此话不虚，一向果断的卓茂也为难了。但看那婆婆，穿得体面，面色红润，一副富态相。再看那媳妇，身材单薄，面带菜色。他思忖片刻，和善地对富太太说："你儿媳不孝，应该入狱受罚啊。不过，本县身为一方父母，也应负教化不明之责。这样吧，今天是你的寿辰，是个喜日子，打一场官司也不好看。常言说，家和万事兴，本县今天特意为你们备下两碗寿面，一来为你祝寿，二来愿你们今天能够婆媳和好，三来祝你们今后家庭和睦。你看如何呀？"

富太太见县官老爷亲自为自己祝寿，觉得脸面光彩，十分得意。没过多久，衙役便端上两碗热气腾腾、香味扑鼻的寿面来。卓茂对这俩婆媳说："你们就不必拘束了，趁热快吃吧。"富太太也不客气，端起来便大口吃起来了。媳妇迟疑了一下，也端碗进餐。

不料，刚吃完不久，婆媳俩肚子便疼起来了。先是婆婆"哇啦"一口，呕吐在大堂上，接着媳妇也捧着肚子，呕吐起来。片刻工夫，两人便把中午吃的食物全部倾泻到了大堂之上。卓茂上前查看，只见婆婆吐出来的食物里有鸡鸭鱼肉，而儿媳吐出来的却是粉条萝卜。原来，卓茂让衙役在寿面里放了呕吐药。

婆婆羞愧难当，面如红布，趴在地上不敢抬头。卓茂对她说："这样看来，媳妇应该是对你不差了。""是，是，媳妇是个孝顺媳妇。""身为婆婆，理应为媳妇做个好榜样，怎么反而诬陷自己的儿媳呢？这样吧，你应在这里向儿媳赔礼道歉才是。"婆婆便当堂向媳妇认了错。

卓茂说："按律，应该判你诬陷罪，入狱十天。"这时，儿媳忙为婆婆求情说："俺婆婆已经知道错了，老爷就饶过她吧。"卓茂说："既然儿媳为你求情，这十天刑狱可以暂且记下，以观后效。只要你回去之后能够与儿媳和睦相处，本官也会不去追究的。"婆婆羞愧难当地说："是俺错了，今后一定改正。"

经过这场官司，反倒使婆媳关系好转起来。

审理绸缎案

城里一家绸缎庄的伙计张小虎背了两匹绸缎，到超化集去送货，走到半路，天突然下起了雨，张小虎就躲到路边的一座凉棚里避雨，恰巧里面已经有了一位村民在避雨。

过了一会儿，雨停了，张小虎背起绸缎就要走，不料那位村民突然上来就要抢这两匹绸缎，并说："这些本是我的货物。"张小虎不忿，就和他理论，这位村民却怎么也不改口。这时，过路围观的人逐渐多起来，却不知道支持哪一个好。最后两人只好告到了县衙。

卓茂问明了两人告状的原委，吩咐衙役："把这两匹绸缎都打开，这里面肯定有证据，我要仔细检查一下。"

于是，两匹绸缎就被抖散了，堆放在堂前的席子上，卓茂上前，仔细地审看了一遍。

看后，他对两人说：“我已经很仔细地看过了，却找不出丝绸属于谁的证据，这样吧，你们一人一匹，再把绸缎叠起来，我再给你们判断谁是谁非。”

张小虎和那位村民走上前，开始叠绸缎。小虎手脚麻利，将一匹绸缎很快就叠好了。这时，村民叠着叠着手脚慌乱，汗就下来了。

卓茂立即喝令把村民带到跟前，对他说：“一看就知道你要抢夺别人的绸缎，还有什么话说？”

村民只好磕头服罪。随后，卓茂把这位村民从轻责罚，教育后就释放了。

“丢马还马”的传说

卓茂被征召到丞相府时，担任府史，侍奉丞相孔光，孔光称他为人诚实、厚道。

有一次外出，有人忽然拦住他的马车，指着卓茂的马说：“你骑的马是我丢的马。”卓茂十分诧异，问道：“你的马什么时候丢的？”那人说：“一个多月了。”卓茂想，这马我已用了好几年了，心里知道对方肯定是认错了。但他还是把马从车上卸下来，送给对方，临走时，回头对那人说：“如果您发觉不是自己的马，劳您的大驾，请到丞相府把马还给我。”然后，自己拉着车子回了府。

之后不久，失马的人在别处找到了自己的马，于是到丞相府，把马还给了卓茂，并叩头谢罪，卓茂也毫不怪罪。卓茂生性不喜与人争执，竟到了如此程度。

“蝗不入密”的故事

卓茂初到密县任县令时，废旧立新，更新吏治，但同行们都暗暗讥笑他，毗邻各县的人都嘲讽卓茂无能。为此，河南郡守也认为卓茂能力不济，特为密县增派了一个守令。卓茂不惧流言和上司的不信任，坚持己见，几年后，密县出现了道不拾遗、夜不闭户的良好风气。

汉平帝时，密县出现了蝗灾，蝗虫遮天蔽日，所到之处，草木无存，河南郡 20 多个县都受到蝗虫的严重侵害。卓茂事先了解到这一蝗灾即将到来时，不信神，不信鬼，号召全县人民利用各种办法，大力灭蝗，这样，蝗虫没有给密县造成大的灾害。当时，他的上司发现各地蝗灾如此严重，可唯独密县未受其害，十分诧异，就将这一情况上报河南郡太守，太守也不相信，就亲自到密县察看实情。到密县后，郡太守果然见密县未受蝗灾，人民生活安定，秩序良好，方深以为信。当时人们认为蝗虫是神虫，所到之处无一人敢扑打，蝗虫之所以没给密县造成灾害，是卓茂的所作所为感动了上神，而不知是卓茂以民计为先，不计个人得失，不怕得罪鬼神，灭蝗抗灾所取得的成效。

历经两汉，卓太傅因德封侯

王莽当权后，设立大司农六部丞，掌管农牧桑蚕的事情，卓茂被提升为京都丞。公元 8 年，王莽篡汉称帝，卓茂称病辞职回家。公元 23 年，刘玄称帝，任命卓茂为侍中祭酒。

王莽政权被推翻，他跟从刘玄到了长安。卓茂看到刘玄生活腐化，杀戮功臣，大封同姓，政治混乱，觉事不可为，借口年老，请示退职，返回故里。

公元25年，光武帝刘秀登基后，留心文学，重用高节之士。他首先访求卓茂。卓茂到洛阳晋见皇帝，刘秀下诏书宣布："前密县县令卓茂，洁身自好。坚守晚节，不屈从于王莽，能做到一般人所不能做到的事情，受到天下人的敬仰，像这样的人，理应受到国家的最高奖赏。"于是任命卓茂为太傅，封褒德侯，食邑二千户，赐给他几、杖、车、马、单夹衣服，絮棉五百斤。建武四年(28年)，卓茂辞世，光武帝刘秀身穿素服亲自为其送葬。

后人念之，重修卓君庙

密人祭祀的官吏，最早的就是汉代的卓茂，可以说，卓茂就是密邑古代县官的标杆，受到历代县官的尊崇，其高风亮节影响着一代又一代密邑官吏和广大人民。

东汉时，密县人民在县城大隗东门外修建了卓茂衣冠冢和卓茂祠，又称卓君庙，历代祭祀修葺不绝，史书中多有记载，并在多次毁祠中得以保存。《后汉书·王涣传》记载："桓帝毁诸旁祀，诏密县存卓茂庙。"汉桓帝时，规范祀典，各地祠堂被毁无数，特意留下了密县卓茂、洛阳王涣两座祠堂。

隋大业十二年(616年)，密县县治从大隗迁到法桥堡城，新上任的县令仍要奔赴三十里外的大隗镇祭祀卓茂。直到九百多年后的明嘉靖七年(1528年)，知县郑濂为了便于祭祀，在县城东北隅重建卓君庙。

清顺治十四年(1567年)重修卓君庙，明崇祯举人江苏沛人翁深撰文《重修卓君庙碑记》曰：密城内东北隅，有卓君庙，盖汉太傅卓子康旧祠也。子康，曾为密令，称循吏，密人思之，思之故祠之，宜也。岁久罹兵燹，庙毁。富平李君来令密。考邑乘，修废典，不旁募士民，独出其俸余鼎新之。君子曰：李君可谓通经博古，事鬼不淫者矣。《礼》，士大夫之飨祀者有二，里居以高洁盛德，惠泽桑梓者，则祀之于其乡。服官能使教化大行，著异政，捍灾患者，则祀之于其筮仕之郡县外。是非则诬，狄怀英黜淫祀以千计，特存四家，江南韪之。

今《汉史》载：子康，新莽时托病去官者十五六年。建武初，征为太傅，封褒德侯，节可谓高矣。乡人误认其马，辄不较；虽学近黄老，然亦人所难者；密人讼其长吏，不绳以大法，而譬之以人情，其人惭悔去，教化大行；蝗起河南诸郡国，独不入密境。岂非谓著异政、捍灾患者耶？夫如是，有何忒于飨祀也耶？余又尝读《汉史》，自宣帝严二千石之选，综核名实，得人为盛，然以武健从事，往往失之过察，卓以长者之意矫之，不特惠密，亦以救汉治之衰也。如此则凡为守令者，皆当于此乎取则焉？又何疑于李君之追崇之也。或曰：何不书太傅，书褒德侯，而必书君？曰：太傅，天子之上公；褒德者，朝廷之大爵；非密人之所敢私也，且其为密令时，无此官，无此封也。密人亦祀密之君而已。故曰：宜也。嗟乎！卓君往矣，自汉迄今，凡两千年，密之人犹君之，密之令犹追崇之，密可谓不负卓君哉！然皆自卓君不负密始也。后之君于密者，其亦有感于斯举也乎！丁酉十月书。

重修卓君庙新建瑞春书院合记

传有合而记无合，何也？传者传其人，其人类，故可以合；记者记其事，其事不类，故不可以合也。然则事若相类，固无妨，与比而合矣。余于卓君庙与瑞春书院是也。

卓君者，汉密令也。史称其习诗礼及历算，究极师法，称为通儒。其令密也，视人如子，煦若春和；其敷治也，教化大厅，浏若清风。密人之德君也深，故禋祀至于今不废。然而，殿堂圮毁，瓦桷倾颓，无以崇庙貌而肃观瞻。癸巳孟夏，余莅此邑，谒君庙而心戚焉。因思，所以新厥庙者，而士庶民曹犹能追念旧德，乐捐助以既厥成。盖越甲午初冬而庙已焕然改观也。而余建书院之心亦遂怦然动矣。

夫密地非无书院，然近市嚣尘，房屋湫隘，不若庙中之幽邃，旷远城市而山林也。今使学者讲贯啸歌于卓君之侧，即俨然有名师在而胸次洒落，俯仰与寸心俱远。其进学也，宁有方乎！买地于庙之后院，辟为讲堂，而定庙之前后东西房为读书室。时讲堂已植基矣，命余次子人凤往视之，复曰：斯庙东偏，地高而爽，似较庙后为佳。吾亲盍再观焉？余往而遍览其地，果然，遂更买地与卓君庙为比连。其外墙左右前后方圆若一。计上下堂宇、东西厢及大门房、斋厨凡二十有五间。以孟冬启宇至仲冬尽而院成，颜之曰：《瑞春书院》。是院也，经始之日，教谕张君可象，亲见其有瑞气。而地居城之东偏，东方者春，春之为言蠢也。

凡学圣人之道者，真积力久，则待雨化沐浴至教，如坐春风。学之日进无疆，不有如草木欣欣向荣而生生不已者乎！大哉乾元，万物所以资始，而不知其通四序之令，一年贯之也。也则春之为义，即学之所以成始而成终也。矧将来发祥尤将于斯地徵美瑞哉！是院方作，天气常晴，既成，而冬雪四降，越春，又缠绵大雨雪。昌黎云：瑞雪跌降，来年必丰。

余年斯言，深期五谷丰盈，人民乐业，得以肆志于诗书，而使密地家弦户诵，孝友姻睦，其瑞应孰大。于是，即何嫌侈言发祥，而信为此日之有明徵哉！是役也，方勷义举，则有待封文林郎陈大敬，盐大使周彬如，训导赵执桓，贡生张居东、李梦题，监生裴绍灏、韩培、王津、冉襟嵩、皇甫彬、陈从吉、孟坪与民郭旺其人；其舍麦苗，贻我土坯，则有监生李长林其人；其冒风寒以课兴作，则有廪生韩坤，监生程良，痒生张凤翱、陈建勋、徐钧其人，是皆可嘉也。院成，改旧院为《育婴堂》，俾学者知保赤之义。卓君其有灵乎！此都之人可与式谷抑，且长明禋以弗替矣。时余长子人龙三子人麒北上公车同至，因命人龙书余言以勒兹石。

敕授文林郎知密县事加一级永春邱景云撰文

男人龙书丹

密县石匠王永基刻立

乾隆四十年岁次乙未二月上浣吉旦

功勋卓著，后汉立传

南朝宋史学家、文学家范晔在《后汉书》专门为卓茂立传，原文如下：

卓茂，字子康，南阳宛人也。父祖皆至郡守。茂，元帝时学于长安，事博士江生，习《诗》《礼》及历算。究极师法，称为通儒。性宽仁恭爱。乡党故旧，虽行能与茂不同，而皆爱慕欣欣焉。

初辟丞相府史，事孔光，光称为长者。时尝出行，有人认其马。茂问曰："子亡马几何时？"

对曰："月余日矣。"

茂有马数年，心知其谬，默解与之，挽车而去，顾曰："若非公马，幸至丞相府归我。"他日，马主别得亡者，乃诣府送马，叩头谢之。茂性不好争如此。

后以儒术举为侍郎，给事黄门，迁密令。劳心谆谆，视人如子，举善而教，口无恶言，吏人亲爱而不忍欺之。人尝有言部亭长受其米肉遗者，茂辟左右问之曰："亭长为从汝求乎？为汝有事嘱之而受乎？"

人曰："往遗之耳。"

茂曰："遗之而受，何故言邪？"

人曰："窃闻贤明之君，使人不畏吏，吏不取人。今我畏吏，是以遗之，吏既卒受，故来言耳。"

茂曰："汝为敝人矣。凡人所以贵于禽兽者，以有仁爱，知相敬事也。今邻里长老尚致馈遗，此乃人道所以相亲，况吏与民乎？吏顾不当乘威力强请求耳。凡人之生，群居杂处，故有经纪礼仪以相交接。汝独不欲修之，宁能高飞远走，不在人间邪？亭长素善吏，岁时遗之，礼也。"

人曰："苟如此，律何故禁之？"

茂笑曰："律设大法，礼顺人情。今我以礼教汝，汝必无怨恶；以律治汝，何所措其手足乎？一门之内，小者可论，大者可杀也。且归念之！"

于是人纳其训，吏怀其恩。初，茂到县，有所废置，吏人笑之，邻城闻者皆嗤其不能。河南郡为置守令，茂不能嫌，理事自若。数年，教化大行，道不拾遗。平帝时，天下大蝗，河南二十余县皆被其灾，独不入密县界。督邮言之，太守不信，自出案行，见乃服焉。

是时，王莽秉政，置大司农六部丞，劝课农桑。迁茂为京部丞，密人老少皆涕泣随送。及莽居摄，以病免归郡，常为门下掾祭酒，不肯作职吏。

更始立，以茂为侍中祭酒，从至长安，知更始政乱，以年老乞骸骨归。

时，光武初即位，先访求茂，茂诣河阳谒见。乃下诏曰："前密令卓茂，束身自修，执节淳固，诚能为人所不能为。夫名冠天下，当受天下重赏，故武王诛纣，封比干之墓，表商容之闾。今以茂为太傅，封褒德侯，食邑二千户，赐几杖、车马，衣一袭，絮五百斤。"复以茂长子戎为太中大夫，次子崇为中郎，给事黄门。建武四年，薨，赐棺椁冢地，车驾素服亲临送葬。

子崇嗣，徙封汎乡侯，官至大司农。崇卒，子棽嗣。棽卒，子訢嗣。訢卒，子隆嗣。永元十五年，隆卒，无子，国除。

初，茂与同县孔休、陈留蔡勋、安众刘宣、楚国龚胜、上党鲍宣六人同志，不仕王莽时，并名重当时。休字子泉，哀帝初，守新都令。后王莽秉权，休去官归家。及莽篡位，遣使赍玄纁、束帛，请为国师，遂欧血托病，杜门自绝。光武即位，求休、勋子孙，赐谷以旌显之。刘宣，字子高，安众侯崇之从弟，知王莽当篡，乃变名姓，抱经书隐避林薮。建武初乃出，光武以宣袭封安众侯。擢龚胜子赐为上谷太守。胜、鲍宣事在《前书》。勋事在玄孙邕传。

论曰：建武之初，雄豪方扰，虓呼者连响，婴城者相望，斯固倥偬不暇给之日。卓茂断断小宰，无它庸能，时已七十余矣，而首加聘命，优辞重礼，其与周、燕之君表闾立馆何异哉？于是蕴愤归道之宾，越关阻，捐宗族，以排金门者众矣。夫厚性宽中近于仁，犯而不校邻于恕，率斯道也，怨悔曷其至乎！（原载《后汉书·卷五十五》）

《资治通鉴》对卓茂的记载

初，宛人卓茂，宽仁恭爱，恬荡乐道，雅实不为华貌，行己在于清浊之间，自束发至白首，未尝与人有争竞，乡党故旧，虽行能与茂不同，而皆爱慕欣欣焉。哀、平间为密令，视民如子，举善而教，口无恶言，吏民亲爱，不忍欺之。民尝有言部亭长受其米肉遗者，茂曰："亭长为从汝求乎，为汝有事嘱之而受乎，将平居自以恩意遗之乎？"

民曰："往遗之耳。"

茂曰："遗之而受，何故言邪？"

民曰："窃闻贤明之君，使民不畏吏，吏不取民。今我畏吏，是以遗之；吏既卒受，故来言耳。"

茂曰："汝为敝民矣！凡人所以群居不乱，异于禽兽者，以有仁爱礼义，知相敬事也。汝独不欲修之，宁能高飞远走，不在人间邪！吏顾不当乘威力强请求耳。亭长素善吏，岁时遗之，礼也。"

民曰："苟如此，律何故禁之？"

茂笑曰："律设大法，礼顺人情。今我以礼教汝，汝必无怨恶；以律治汝，汝何所措其手足乎！一门之内，小者可论，大者可杀也。且归念之！"

初，茂到县，有所废置，吏民笑之，邻城闻者皆蚩其不能。河南郡为置守令；茂不为嫌，治事自若。数年，教化大行，道不拾遗；迁京部丞，密人老少皆涕泣随送。及王莽居摄，以病免归。上即位，先访求茂，茂时年七十余。甲申，诏曰："夫名冠天下，当受天下重赏。今以茂为太傅，封褒德侯。"

臣光曰：孔子称"举善而教不能则劝。"是以舜举皋陶，汤举伊尹，而不仁者远，有德故也。光武即位之初，群雄竞逐，四海鼎沸，彼摧坚陷敌之人，权略诡辩之士，方见重于世，而独能取忠厚之臣，旌循良之吏，拔于草莱之中，实诸群公之首，宜其光复旧物，享祚久长，盖由知所先务而得其本原故也。（原载《资治通鉴·四十卷》）

清王夫之对卓茂评价

王夫之(1619-1692 年),明末清初之际思想家、史学家、学者。他在《读通鉴论 · 光武》中对卓茂这样评价:

效卓茂之为,可以化今之人乎?曰:何为其不可也。效卓茂之为,遂可以化人乎?曰:何为其可也。所以然者何也?素履无咎,居心无伪,而抑于大节不失焉,则行之也,和顺而无矫物之情,笃实而不期功名之立,动之以天而物弗能违矣。非然,则严诩之以乱颍川者,所谓“乡原德之贼也”。王莽之当国,上下相率以伪,效茂之迹以夸德化者,非直一严诩也;莽皆乐推之以诱天下,彼亦乐附莽而成其利达。莽居摄而茂以病免,名不照于当时,而莽无求焉。自拔于流俗,而居约以自汙,敦实行而远虚名,茂自此远矣。

且其谕部民之言曰:“人所以群居不乱异于禽兽者,以有仁爱礼义,知相敬事也。”扩愚贱之昏瞀,而示以天理流行之实,夫岂托迹宽仁以干誉者之所能及此乎?茂唯有此,虽无皦皦之名,而志终不降;虽违物情之顺,而不爽天性之贞。自非然者,恭而谄,宽而弛,朴而鄙,无得于心,不全其大,徒饰为从容平易之容,石建以之猎显名厚实,而不保其子之令终。天不可罔,人固不可重欺也。故欲学茂者,无但求之事为之迹也。

李铁城撰汉太傅卓茂之碑

卓茂者,字子廉,汉宛人也。东汉光武帝即位,以茂为太傅,封褒德侯,食邑两千户,并以高爵封其二子。薨,帝车驾素服送葬,可谓生前位极人臣,殁后备极哀荣,两千年来褒誉于史册,享祀于民间。《后汉书》《资治通鉴》中皆以“宽仁恭爱”四字论之。

察其生平,为丞相府吏时,途中人误认其马为己马,茂不辨诬而予之,后彼获己马而诣茂叩谢。哀、平二帝时为密令,其间,有人告亭长受礼,茂为其辨明是非,不可将人情正常往来视为受贿。上任后多有兴废,人初笑之,茂不为所动,坚持不懈,数年后道不拾遗,教化大行,升迁时,民涕泣送行,甚至有蝗不入境之说。可见,人望之高。

所谓“宽仁恭爱”者,乃慈爱待人,宽容厚道,谦卑敬慎也,此等人易流为“乡愿”,是非混淆,随波逐流,故孔子曰:“乡愿,德之贼也。”然茂则不然,平日既能忍屈俯人,亦能循循善诱,以德化人,更能避仕隐退,不附新莽,对汉忠贞不贰,更始帝时虽官高禄厚,却急流勇退,不附浊流,临大事守义有则。故光武中兴,崇以三公,千秋后世,仰怀德风,名冠古今,岂不宜哉!(二零一四年五月二十三日)

第二章 “黄牛县令”时苗

时苗(约150—约220年),字德胄,河北巨鹿(今河北省平乡县)人,东汉时密县令,他在密任职三年,清正廉洁,爱民如子,处理公务,从不知疲倦,老百姓称赞不绝于口,至今流传有“时苗留犊”佳话。

在中国历史上,有一则“时苗留犊”的清官故事十分有名,并被收入《蒙求》《龙文鞭影》《幼学琼林》等蒙学类读物中。故事的主人公名叫时苗,相传曾经在密县历史上担任过密县县令,在牛店镇发生了“留犊”的故事。

据《三国志·魏书·常林传》注,他少清白,为人疾恶如仇。建安中,入丞相府,后担任寿春令。他为政令行风靡,不事权贵,与常林、吉茂和沐并四人以清介闻名。文献记载“时苗留犊”发生在安徽寿春,何以在密县也有“时苗留犊”的故事呢?这还得从牛店镇的来历说起。

时苗留犊与牛店镇的来历

在新密博物馆,保存有一块明代的“时苗留犊处”石刻,长1.6米,高0.4米,上款有小字“古开明村”,下款题小字“牛儿店镇”。这块石刻原来是牛店镇古牌坊上的一块横额。

“时苗留犊”这则流传千古的清廉故事,在《三国志》《魏略》《太平广记》上均有记载。《三国志》注引《魏略·清介传》曰:“(时苗)居官岁余,牛生一犊。及其去,留其犊。”

东汉末年,时苗从安徽寿春县令改任密县县令。时苗在密县任职一年多时,他带来的母牛生下了一只小牛犊。到了第三年,由于时苗治理密县政绩卓著,升任太官令。太官令又作大官令,为京城少府属官,掌管着宫廷膳食、酒果等事务。

时苗赴京都洛阳任职,为了不打扰百姓,他穿上便服,驾上牛车,不声不响地就离开了位于大隗镇的密县县城。一路上,小牛犊滴滴溜溜跟随在母牛身旁,时不时地叫一声。当走到开明村时,日已近午,时苗就找了一家小店休息,把那头母牛拴在屋外窗下。吃饭时,有眼尖的百姓喊道:“这不是时老爷吗?”时苗被百姓认出,人们纷纷聚拢过来,端来了水酒、糕点和水果,时苗便起身和大家话别。

半日过后,激动的人们才慢慢散去。时苗坐在窗前,深感欣慰和惭愧,他再次反躬自省。这时,窗外的母牛“哞”地叫了一声,小牛犊也“哞”地和了一声。时苗听后吃了一惊,想当年自己来密县时,是只身一人驾牛车而来,三年过去了,要离开密县,却多出一头牛犊来。这头牛犊是在密地出生的,是吃了密县的粮草、喝了溱洧水长大的,应该属于密县啊,我怎么能够带走它呢?于是,时苗就把牛犊留下,只身套上牛车离开了密县。

后人感念时苗恩德，便将他当年歇息的小店改名为牛儿店，开明村也更名为牛儿店村，后来发展成为牛店镇。明代时，人们还在镇中心树立了一座高大的纪念石牌坊，坊上横额题写“时苗留犊处”五个大字。可惜的是，这座象征着时苗高风亮节的牌坊，因 1958 年王庄煤矿从外地运回一台锅拖机，过不去而被拆除，仅留下“时苗留犊处”石匾一块，目前保存在新密博物馆。

上司原来是个“酒徒”

时苗于建安时期入丞相府供职，建安十八年(213 年)因孝廉举荐为寿春令。时苗去上任时，遇到了一件尴尬事。三国时期魏国人鱼豢在《魏略》一书中记述道：“(时苗)出为寿春令，令行风靡。扬州治在其县，时蒋济为治中。苗以初至往谒济，济素嗜酒，适会其醉，不能见苗。苗恚恨还，刻木为人，署曰‘酒徒蒋济’，置之墙下，旦夕射之。州郡虽知其所为不恪，然以其履行过人，无若之何。”宋代的《太平广记》一书还在“酣醉”一条中做了相同的描述。

“治中”是西汉元帝时始置的官职，全称“治中从事史”，亦称“治中从事”，是州刺史的高级佐官之一，主管一个州的官吏任用迁转与记录功过，类似于今天的组织部长。时苗初到寿春上任，去拜见郡里的“治中”蒋济，可这位长官平素嗜酒如命，正碰到他喝得酩酊大醉，不能正常接见。时苗气恨之下，回到衙门里就刻了一个木人，署名“酒徒蒋济”，放置于墙根，早晚有空了就拉开弓箭射它。州郡里的官吏后来知道了这件事，尽管认为时苗对上级很不恭敬，但由于时苗为官行得端、走得正，也拿他没有什么办法。

但这位嗜酒如命的蒋济，却很会做官，后来做到了中央掌管军事的最高官员“太尉”，位列三公(太尉、司徒、司空)之一，可谓位高权重。一般看来，得罪过这么一位高官，时苗是要吃苦头了，但“蒋济不以时苗前毁己为嫌，时苗不以济贵更屈意”。看来蒋济还是有一些肚量的，并不因为时苗当初的行为而怨恨他，而时苗更是为官严于律己，并不因为蒋济做了高官而去曲意逢迎。

乘牛车赴任

东汉末年，时苗从安徽寿春县令改任密县县令。时苗家里世代务农，家境并不富裕。时苗到密县赴任时，套上自家喂养的黄牛，拉着大车，载着铺盖、衣物就上任来了。

上任以后，时苗的黄牛就在县衙的马房内喂养，平时就拴在县衙门口的木桩上，并在旁边贴出告示，贫困、无牲畜的农户，可以免费使用黄牛。这样，就不断有附近的村民前来牵走黄牛使用，只要和守门的衙役说一声，用完后送回就可以了。

时苗在处理完公事之后，经常下乡察看民情，他一不要鸣锣开道，二不要衙役陪同，自己脱下官服，换上便装，牵上黄牛就下乡去了。老百姓只要一见到这头黄牛，就知道是县老爷下来巡视了。

来到乡下，时苗便帮着贫苦农民干活，犁地、打场、播种、收庄稼……一边干活，一边和大家唠嗑，了解群众的生产生活情况，熟悉民风民俗，人们都高兴地称他为“黄牛县令”。时苗在密县执政三年，清正廉洁，爱民如子，处理公务，从不知疲倦，老百姓没有不称赞的。

为民证婚

在密县老县城大隗镇，流传着一个时苗体贴百姓、“为民证婚”的故事。

一天，时苗到城西的五里堡村帮农民干活，口渴了，就到村头一户人家找水喝。这家只有娘儿俩，老婆婆有六七十岁的样子，儿子有二十多岁了。时苗喝着水，看着这娘儿俩一直唉声叹气，就问他们家出了啥事儿。老婆婆不知道他是县老爷，就说：“甭问这个了，你管不了俺家的事。”时苗说：“到底有啥难事？对我说了，兴许能管得了。”

老婆婆打量了一阵子，看他不像当地人，就“唉”了一声说：“你没见村那头娶媳妇吗？娶的本来应该是俺家的儿媳妇啊！俺和她家是从小定的亲，这几年俺们家里穷，娶不起人家，她家就把闺女另许他人了。”

时苗就问：“那闺女跟你儿子有没有情意呀？”

老婆婆说：“就是有天大的情意又有啥用？咱娶不起人家，不是白搭！”

时苗说：“要是那闺女跟你儿子有意，我去说说看，兴许还能挽回来。”

老婆婆说：“你要是真能办圆这个事，俺娘儿俩就给你磕响头了！”

时苗立即去找那两家当事人商量，说愿意出钱替老婆婆家娶亲，又答应替女家退还男家的彩礼，劝男家另寻一门亲事。两家人见县令亲自来说情，事情合于情理，就都答应了。

时苗成全了老婆婆儿子的婚事，还做了证婚人，娘俩高兴得千恩万谢。这件事情传开来，全县的百姓都很赞成时苗的做法，感觉这件事县令办得好。

巧断金牛案

在大隗镇，还流传着一则时苗巧断金牛的故事。相传有一天，一位叫李成的贫民来到县衙告状，状纸上说他挖地挖到一只小金牛，只砸下了一只牛蹄，就换了十几贯铜钱。某天有事外出，就把这只金牛寄存在邻居王大娘家里。可是等他回来后问大娘要，王大娘却不承认有这回事，所以请求官府为他追查。

李成见时苗看完状纸，说：“时老爷，那只金牛好着呢，一到晚上，金牛的两只眼睛就会闪闪发光，把整个阔大的房屋照得通明。”“那可不是。”这时，随同李成一块来的一位乡绅说：“李成挖出金牛的地方可神奇了，我几次夜里经过那里，都会看到地里闪出金光。不成想，那里竟然埋着一只小金牛。”两个人说得时苗将信将疑。

随后，时苗命衙役下去，将王大娘传唤到了大堂。时苗问：“这位大娘，你是如何赖着李成的金牛不给，能否讲上一讲？”王大娘说：“大老爷，我是冤枉啊！这个李成从小没了爹娘，四处流浪，养成了不少坏毛病，长大也是好吃懒做，弄得家里很穷困。我作为邻居，凭着家底厚实一些，经常接济他。昨天他问我借十贯钱，我没有借给他，不成想，他竟然诬告我藏了他的金牛，可谁知道金牛是个什么样子啊！”

时苗说："时间不早了，今天的官司暂且审到这里。后天巳时，你们准时到县衙来，我将再次审理此案。"说完就退堂了。

第二天，时苗让衙役找来一个金塑匠，让他看着自己带来的黄牛，用泥塑了一只小牛，外面涂上金粉，在阳光下一照，还真是金光闪闪的。

到了第三天上午巳时，李成和老大娘准时来到县衙大堂。附近的群众听说时老爷要审理金牛案，纷纷来到县衙观看，大堂外被围得水泄不通。

时苗指着案桌上的"金牛"问李成："李成，你看看这只金牛，可是被大娘藏匿起来的那只？"李成看见金牛，脸上马上乐开了花，说："不错，老爷，这正是我挖出的那只金牛。"说完磕了头，上前就要抱"金牛"。

时苗笑着说："李成，你可要看仔细了，你不是说你那头金牛少了一条牛蹄吗，怎么这一只是四只牛蹄齐全呢？""这个——"时苗把"金牛"往大堂中间一扔，只听哗啦一声响，"金牛"摔成了数块，露出了里面的泥坯。大堂内外立刻哄笑成一团。

李成脑袋一下子耷拉下来，只好认错受罚。

读着"时苗留犊"成长

时苗作为古代清官的典范，一直为人们所推崇。在中国古代，为少年儿童求学编著了很多蒙学类读物，"时苗留犊"被众多读物收入书中，启迪着一代代青少年健康成长。

唐朝时，诗人、进士李翰编著了一本以介绍掌故和各科知识为主要内容的儿童识字课本《蒙求》。全书用四言韵文，每四个字一个短句，上下两句成为对偶句，各讲一个掌故。其中讲道："时苗留犊，羊续悬鱼。"

自李翰首创《蒙求》一千多年来，蒙书迭出，其共同特点是整齐押韵，便于诵读，即达到了识字的目的，同时又增长了儿童的知识。后来的蒙学读物《龙文鞭影》《幼学琼林》等，也都载有"时苗留犊"的掌故。

《龙文鞭影》是中国古代非常有名的儿童启蒙读物，原名《蒙养故事》，由明朝万历年间进士萧良有编撰，后来杨臣诤进行了增补修订，更名为《龙文鞭影》。龙文是古代一种千里马的名称，它只要看见鞭子的影子就会奔跑。作者的寓意是，看了这本《龙文鞭影》，青少年就有可能成为"千里马"。《龙文鞭影》卷三中说："悬鱼羊续，留犊时苗。贵妃捧砚，弄玉吹箫。"

另一本儿童启蒙读物《幼学琼林》由明末程登吉（字允升）编著，卷四"鸟兽"一节中说："辕门传号令，李将军椎飨士之牛；邑士起讴歌，时令尹留去官之犊。"

宋元时期，文人画兴盛起来，尤其是山水人物画兴盛之后，大量清官戏、冤案戏日益盛行，于是也有大量的文人画家对类似"时苗留犊""赵汴入蜀"等清官典故进行了热情创作颂扬，以此表达民众对清平世道的渴望。

在台北故宫博物院中，收藏有一幅托名元代画家钱选、创作于 17 世纪的《时苗留犊图》。钱选（1239—1299 年），活动于 13 世纪后半叶，是宋末元初的遗民画家，善画山水、花鸟，画风古雅。《时苗留犊图》描绘了时苗离任时，众乡民惜别相送、难舍难离的情景。图中一架牛车正由驭手牵住待发，时苗站立于牛车旁，正在向送别的众乡民躬身拱手，谦让劝止；乡民们扶老携幼前来相送。

时苗留犊图

相传，元代画家赵孟頫也曾绘制过一幅《时苗留犊图》，北京故宫博物院藏有其仿品。清乾隆年间成书的清宫珍藏历代书画图录《石渠宝笈初编》中，收录有一幅赵孟頫的《留犊图》，被专家鉴定为后仿品。在《石渠宝笈二编》中，则收录有另外一幅同样被今人认为是古人假托赵孟頫名款的画作《寿春令留犊图》，乾隆皇帝在这幅画上还特意题写了一首《题赵孟頫时苗留犊图》诗。

在河北省邯郸市博物馆中，收藏有一方元代磁州窑白地黑花时苗留犊图长方枕。瓷枕枕面正中绘有两棵比肩并立的古松，古松下一辆由驭手牵驻待发的牛车，车后站立着时苗夫妇，时苗正在向三个乡民躬身摊手，谦让劝止。三个乡民或躬身捧食，或端立奉壶，或趋步献果，远处一位童子正手执一根细木棍与一头小牛嬉戏。而树下驾车拉套的老牛正深情地回头顾盼寻觅，表现出凄婉呼唤、不忍离舍的情状。

遗爱能令去后思

三国时期，魏国郎中鱼豢私撰的《魏略》一书，叙事颇注重品节作风。鱼豢把时苗列在《清介传》里，体现了他对时苗的高度赞赏。对于"清介"的解释，三国时魏人刘劭《人物志·体别》称："清介廉洁，节在俭固，失在拘扃。"

"时苗留犊"的故事在中国历史上产生了深远的影响。自东汉以来，世人常以"留犊"作为为官清廉的代名词，以教后人，历代文人雅士尤其推崇备至。在西晋时期，还出现了一位"留犊刺史"——羊篇。

据《晋书·卷三十四·羊祜传》记载，巨平侯羊篇"历官清慎，有私牛于官舍产犊，及迁而留之"。

羊篇为羊祜(221-278年)长兄羊发之子，因为羊祜无子，后奉诏出嗣羊祜。羊门之中，世出廉吏，羊篇的曾祖父羊续曾任东汉南阳太守，为官清廉，有"悬鱼拒贿"的事迹，世称"悬鱼太守"。前述《蒙求》所载"时苗留犊，羊续悬鱼"即此。羊篇自幼受到严格的家庭教育，他严格自律，为官清慎，成为西晋一代循吏，而"留犊"便是最为人们所乐道的一件轶事。史载羊篇出任青州(今山东青州)刺史时，带着自家的牛赴任，后来此牛在官舍中产下一犊，羊篇迁官时，仿效先贤时苗，认为牛犊系在官舍所生，就将它留在了府衙中。

由于时苗留犊的故事影响深远，历代文人墨客留下了许多赞颂时苗的诗篇。南朝梁元帝萧绎《后临荆州》诗曰："所冀方留犊，行当息饮羊。"北宋苏东坡在一首诗中写道："幽人独来带残酒，偶听黄牛第一声。"元代监察御史王恽《题时苗留犊》诗中，有"清白居官志不贪，故教留犊在淮南"之句。明人张軏《留犊池诗》云："来一牛来去一牛，清风高节至今留。"汤鼐《留犊池》诗曰："爱民政高向时著，留犊名从去后传。"尤其是明代寿州主事董豫所作的《留犊池》一诗，读来令人深思：

去任无惭到任时，独留一犊饮斯池。
廉名不持当时重，遗爱能令去后思。
千载清风垂古史，半池明月映荒祠。
停骖几度池边立，漫剔苍苔诵勒诗。

相传，时苗死后葬于家乡河北省平乡县田付村乡官庄村小漳河之滨，当地群众称其墓冢为"牛令圪塔"。清代文人孔庆珪有《太平乡》诗："留犊语父老，清廉近何如。佳墓巍然存，大木风萧疏。爱此太平乡，醇风还古初。"新中国成立后，时苗墓被平乡县列为县级文物保护单位。时苗后裔世居平乡县大时村，该村前街大部分为"时"姓，现在时家还存有他的宗案。

在安徽省寿春，目前保存有祭祀时苗的时公祠、留犊池等遗迹；在河南省新密市，保存有"时苗留犊处"牌坊石刻。不管是寿春还是新密，都表达了人们对一名清官的敬仰和怀念，表达了人们对于清风正气品格的弘扬和向往。

第三章　洛州密县令冯孝约

冯孝约，字叔俭。贞观十三年（639 年），起家太子千牛备身，贞观十八年（644 年），出为光州司户、寻除简州司户、洛州密县令。以显庆四年（659 年）终于官舍，春秋四十有七，于龙朔三年（663 年）归葬于户县长乐乡之旧茔。

墓志铭发现唐密县令

为配合陕西西咸北环线高速公路建设，从 2014 年 11 月至 2015 年 4 月，陕西省考古研究院对公路经过的户县大王镇段进行了考古发掘工作，发掘过程中，在一座唐代砖室墓中发现有墓志一合，墓主姓冯讳孝约，为唐代洛州密县令。

《大唐故洛州密县令冯君》墓志出土于墓室内，分为志盖和志石两部分，志石位于墓室南口处，志盖位于其北部，背翻上。志盖为方形，盝顶，上刻篆书，四行，行三字，"大唐故洛州密县令冯君墓志"；志石为方形，上刻楷书，三十八行，满行三十八字，共计 1 400 字。志文分为墓志和墓志铭两部分，记载了墓主祖上情况、个人生平及夫人姜氏生平。现将墓志内容录文如下：

大唐故洛州密县令冯君墓志铭并序：

公讳孝约字叔俭，其先居于信都长乐。高祖章因官徙植，遂迁于弘农，今为弘农陕人也。毕万受邑于魏，实表其勋，子孙食菜于冯，始更其姓。唐为都尉，以仕汉亭，拜太守，以匡韩学，综群书从事，蓄凌云之志，武闲兵法，将军摽大树之名。或行着因循家声自远，或才忧市义人望攸推，其后云气朝凝，天门夜辟，横北燕以统极，正南面以称尊，贻厥孙谋，无忝祖德。曾祖迁，周党州陕州刺史，护府司录，隆山郡公。祖恕，周开府仪同三司，平寇县开国伯，隋骠骑大将军，陕州刺史，改封平寇县开国公，并才高三鍜，位登四岳，徒秩迁高，征梦合悬刀之验，褰襜杖节，故乡腾衣锦之辉。毕元宾之继父，职荣称魏，代邵公奭之宣王化，誉穆甘棠，以今方古，千载暗合。父宝，皇朝将作监丞，转加朝散大夫，授蓝田县令，九成宫总监。器宇汪汪而不测，容心轩轩以遐举，拂嵇凤而孤峙，临岳峤以高翔。饰卫辟以澄明，入蓝田而并耀，韩士起之通德，既昌阜于晋年，臧哀伯之余庆，其有后于鲁国，君之继出，不亦宜乎。

公山岳奇精，风尘外物，抟摇灵鸟，从北冥来，长离异禽，自南方至，超然独立，卓尔孤迈，挺黄中于弱冠，禀素履于成童，令望月将音徽，渊塞识包今古，尺庄卷而悬同，志狎丘坟寸禹，阴而勿弃，辟以豫章奇木，夙挺笼云，喻若丰城宝剑，由来照斗。学忧从仕，利用登朝。贞观十三年，起家太子千牛备身，公进退无违，折旋有则，天姿朗照，裴令公之玉山，风神秀发，王太尉之琼树，故得端簪鹤，禁鸣皋之誉载，驰曳绂龙，楼平舆之光遂，远属摇岳，挺妓戾宫为逆，入未央而矫节，发武库以征兵，主辱于前，臣黜于后。贞观十八年，出为光州司户，寻除简州司户，地称折坂，人异王阳，不忧束马之危，直上回鸟之崿，功曹徐稚，礼敌邦君，从事鲍恢，名流上国，寻除洛州密县令，屈棲梧之羽，来游枳棘，临武城之邑，且奏弦歌，形德兼施，宽猛合随机之义，周旋有度，动静由折中之涂，罚恶将秽草先除，进贤与流水同至，游人遇锦惧，高危而不纳，女子争丝仰，明察而悬辩，执规正下，十手由其自圆，提纲于上，万目从而克举，由是至德感天，洛阳之甘雨旋降，虔诚叩地，江凌之灭尖逃销。异乎渐陆，行当补究，惜哉时不遇，既滞留于积薪，福兮祸所伏，遂奄忽于过隙。以显庆四年(659 年)二月三曰终于官舍。春秋四十有七。文楚既殁，独传裂帛之书，玄晏遗谋，使葬不毛之地。以龙朔三年(663 年)七月二十三日葬于户县长乐乡之旧茔，礼也。夜台何处，茔开百二之郊，白日全赊，年在三千之外。畴昔何曾之旧友，顾埋玉而缠哀，平生张翰之深交，遂援琴而益恨。

公幼而奔放，早摽特达，方朔生于汉，曰实有大臣之才，王忱起在晋年，爰檀后来之秀，义标人俊，包温庚之雨名，文笔清谈，总潘乐之双美，洶洶其趣，汪汪其量，事必变通之谓智，行必合弘之谓宽，合其道，虽薜萝不轻也，非其义，虽富贵不重也，由是朝野倾心，亲朋瞩目，蔡侯倒屐为较仲宣，谢氏开筵唯邀武子。悠悠，上帝谓之平兮而不乎。昂昂，哲人随逝川而永逝。

夫人姜氏，陇西天水人也，德侔天地，鞭草木以称皇. 地列熊罴，舍皤磎而入佐。诗以孝着，飞泉降玄象之征，肱以友称，夜被荇在原之咏。祖谟，皇朝秦州都督长道公，父皇朝左卫大将军，郧国公。夫人含章，内映澄明，外洁有若，桂魄流辉，历霜天而转镜，桃溪散绮，照春苑以摇葩，婺诉遐临，烁珠光而窃比，美虹斜照，恶其状以潜收。十五而笄，二十而嫁，移天作偶，遂称来妇。初鸡告旦，肃纷悦以承颜，沉乌入夕，捧饴蜜而先意，年方妓丽，即遇孀居，离鹄悲鸣，山鸡独舞，养篁筠于器宇，不易四时，泛柏舟于心源，宁论再适。幽忧致疾，沉痼经年，般浩奇方不能驻九天之魄，负局仙药不能营再造之魂，以永隆元年(679 年)九月八日终于私第，春秋五十四，以二年(680 年)二月二十四日同合葬于旧坟焉。式尊同穴，即请西阶之葬，永瞻遗范，徒留东海之规。

铭日咨茂族之雄杰，伟失君之英胄，簪黼垂乎地绪，敏畅总乎天授，拥森森之矛戟，檀棠棠之领袖，爰从班于储禁，俄出替于蕃条，励冰霜而抚毗俗，勋谦顺而狎朋僚，以太丘之道广，从中牟之政术，方高步而登荣，奄潜行而永毕，数万里之京兆，三千年之白日，魂兮魄兮不可招，于嗟于嗟居此室。

冯孝约生平考

墓志中对冯孝约生平的介绍，以“贞观十三年，起家太子千牛备身”和“贞观十八年，出为光州司户”两句较为重要。贞观时的太子即李世民长子李承乾，李世民即位时便立承乾为太子。千牛备身，唐为正六品下官职，《旧唐书·职官志》对千牛卫的解释为“宋谢绰《拾遗》有千牛刀，即人主防身刀也。后魏有千牛备身，取《庄子》庖丁解牛之义，后代因之。隋置左右千牛备身二十人，掌供御弓箭，备身六十人，掌宿卫侍从”，对千牛备身则说“凡千牛备身左右，执弓箭以宿卫，主仗守戎服器物。凡受朝之日，则领备身左右升殿，而侍列于御坐之左右。”此外，《旧唐书·职官志》中还记载：“凡千牛备身左右及太子千牛备身，皆取三品已上职事官子孙，四品清官子，仪容端正，武艺可称者充”，且是“卫官已上王公已下高品子孙起家为之”。因此，由上述文献记载可知，千牛备身多“高品子孙起家为之”，需“仪容端正，武艺可称”，职责为“执弓箭以宿卫”。而墓主冯孝约起家太子千牛备身，正表明其乃贵胄子弟中的青年才俊，作为太子侍卫其前途也应一片光明，可却于“贞观十八年，出为光州司户”，成了地方上掌管户籍、记账之事的司户。出为光州司户的原因志文中并未有明确的记载，但其贬黜的时间即贞观十八年却为我们解释这一原因提供了一定线索。

查阅史料，太子李承乾因谋反之事败露，而被废为庶人，当是贞观十八年前后发生的重要历史事件。李承乾为太宗与长孙皇后长子，时年八岁，即为太子，李泰为太宗与长孙皇后次子，据《旧唐书·列传第二十六·太宗诸子》中记载，由于李泰受李世民宠爱且“潜怀夺嫡之计”，太子承乾“恐有废立，甚忌之”，曾令刺客刺杀李泰“不克而止”，随后即与汉王李元昌、兵部尚书侯君集、左屯卫中郎将李安伊、洋州刺史赵节、驸马都尉杜荷等谋反，计划“纵兵入西宫”，后因纥干承基向唐太宗告密而事发。“事皆明验，废承乾为庶人，徙黔州”，“元昌赐令自尽，侯君集等咸伏诛”，李承乾也于贞观十九年“卒于徙所”。可见李承乾谋反一事牵连人数众多，唐太宗李世民的弟弟汉王李元昌被赐自尽，而以兵部尚书侯君集为首的诸多大臣也皆被处死，冯孝约作为太子侍卫，正因太子被废受到影响而于“贞观十八年，出为光州司户”。此外，慕志中“入未央而矫节，发武库以征兵”一句正是借汉武帝太子刘据因巫蛊之事受江充等人陷害而起兵反抗一事，暗喻太子李承乾的宫廷政变，其后一句“主辱于前，臣黜于后”则隐晦指出了墓主被贬一事的真因，即作为太子侍卫受到了其“主”谋反被废之事的牵连。

冯孝约受此次事件牵连，一生命运也受到了影响。于贞观十八年被贬为光州司户后不久又为简州司户，最后成为洛州密县县令，最终于“显庆四年终于官舍”，死在了密县令的任上。在密县令任职时间从贞观十八年（644 年）到显庆四年（659 年），约有十五年。在这十几年的时间里虽也取得了不错的政绩，如志文中所说“至德感天，洛阳之甘雨旋降，虔诚叩地，江凌之灾尖逃销”，但最终还是因为受太子谋反之事的影响，仕途中再也无法更进一步，本可“行当补衮”，却“滞留于积薪”，最终“奄忽于过隙”，郁郁而终。其死后也未得到很好的安葬，志文中言及“玄晏遗谋，使葬不毛之地”，意味着其所葬之地为事先被人指定的不毛之地，而直到四年之后（663 年）才得以归葬户县。

第四章　断虎县令索长官

索长官,五代时任密县县令,多有良政。至今在坊间流传有索长官断虎为王母养老之凄美传说。

位列名宦,荣享祀典

"绝代循良迹,于今尚见之。人间怀旧德,山侧拥新祠。白石悬萝带,清风净竹枝。幽禽时一语,助我夜来思。"这是一首咏赞县令索长官的诗,由明嘉靖进士潘恩所作,表达了人们对索县令的怀念和敬仰之情。

索长官,五代时任密县县令,多有良政。因年代久远,事迹多无从考证。索长官死后,葬在老城西南湾子河西侧的岭上,建有祠庙两处。清嘉庆《密县志·建置志》载:"一在县城西北隅,宋景佑二年(1035 年)建,有梁佐庙碑;一在菜园沟口河上,'断虎祠',相传虎衔谍处。"

《密县志·人物志》记索长官曰:"不知何代人。旧传虎入境,噬孀妇王氏子,妇具诉长官,遣役执牒追之。役惧不敢近,投牒径中,虎衔牒跪廷下如伏罪状。长官曰:能养妇终了可免。虎颔谢。自是日衔一兽以报妇,妇死乃出境。"

现今,当地仍有坟址,高约 5 米,宽约 5 米,长约 10 米。墓前有清代嘉庆十七年(1812 年)密县知县景纶为他立的石碑,碑现存于湾子河村龙王庙内,坟上只剩碑座。碑文曰:

"余以辛未秋始来治密,阅县志,邑西南三里许,有五代索长官墓,越明年,展拜其地,墓旁卧残碑,剜苔洗藓,俨然当年谳虎像,断化久矣,雨淋日炙,樵牧磨磷,是虞乃议移于城内西北隅之长官祠,俾工龛植而嵌于壁焉。第徙而墓无志,则后莫辨认,爰就其址树石表之,若长官事迹具载志乘,兹不录也。因作七律一章以寄感云:小队行郊拜古坟,残碑空卧故城闉。千秋盛迹遗前史,五季昏时没此人。图画幸传慈惠貌,威仪常现宰官身。我来拂拭苍苔裳,凭吊当年虎尽训。"

清嘉庆三年(1798 年),知县杨泰起在县城黉学文庙前,建"名宦祠",请索县令入祠,在汉代以来有史记载的200 余名县令中,入祠者有 10 人,索长官即为其一。由此可见,大凡爱民如子、多有善政的为官者,人民都会永久纪念,为其建祠修庙,列入名宦,荣享祀典。

民间故事:索长官断虎

由于年代久远,史料匮乏,记载索县令事迹的文字寥寥数语,但在民间,人们为什么对他如此尊崇有加呢? 原来,民间广为流传着一个“索长官断虎”的感人故事。

五代后晋末期,密县遍地是茂密的森林和荆棘,狼虫虎豹等野兽很多,对人畜时有伤害。相传,县城南不远的村庄住着一户两口之家,王小和母亲杨氏,终日以打柴为生。一天,王小吃过早饭,扛着扁担绳索,拿着斧头,告别母亲,去山林打柴去了。不到晌午,王小便砍了满满一担柴火,他又饥又累,就躺在林中大石头上休息。躺下不久,听到林中一声吼叫,接着阵风骤起,树叶哗哗,王小自觉不对头,起身挑起柴火就走。忽见一只猛虎从林中直奔自己而来,王小不知所措,吓得拿起了砍柴的斧头。说话不及,老虎已到眼前,这是一只成年雌虎,足有八尺来长,三尺来高,看来像是数日没有吃东西了,瞪着鸡蛋大的双眼,张着血盆大嘴,朝王小扑来。王小急忙往旁边闪,老虎扑了个空,急转身,又向王小扑来,王小抡起斧头,向老虎砍去,老虎疯了似的,向王小冲扑。王小终因体力不支,被老虎吃掉。

此时,天已过午,王母杨氏不见儿子回来,非常着急,便在村头呼叫寻找,眼看日已偏西,仍不见儿子踪影,心急如焚,一直等在村头。忽有一同村王大叔,急急忙忙地跑到杨氏跟前,气喘吁吁地说:“大嫂,不好了! 我从林中回来,看见林中地上一片血迹和骨架,仔细一看,是王小的衣服和斧头。”王母一听,当时就瘫软在地不省人事了,在邻居的相助下,才慢慢醒来。

王小家境贫寒,早年丧父,母亲已过古稀,无兄弟姐妹,独自一人养活老母,虽已过而立之年,仍无婚配,母子二人相依为命,艰苦度日。虽然生活贫穷,可也悠闲自在。这下王小被老虎吃了,撇下年迈老母一人就无法生活了。杨氏一夜没睡,她在想如何为儿子申冤。人说索长官爱民如子,执法如山,清如水,明如镜,杨氏决定去县衙告状。第二天一早,她带上儿子的骨架,到密县县衙告状去了。这天,刮着刺骨的寒风,杨氏踉踉跄跄来到县衙门口击鼓喊冤。索长官听到有人击鼓喊冤,便立即升堂,长官问:“堂下跪何人?”杨氏答:“城南五里杨氏。”“你有何冤?”杨氏答:“昨日我儿王小外出打柴,不幸被恶虎吃掉,留下我年迈老人,无依无靠,无法度日,望索大人捉拿恶虎,为民除害,为我儿申冤。”说罢,杨氏将儿子的骨架呈于堂上,号啕大哭。

索长官看到骨架,大吃一惊,状告老虎的案件还是第一次,该咋办呢? 如不管,杨氏的冤情怎平呢? 思索片刻,忽然想起,百兽归山神管,何不求于山神相助? 便大喝一声:“衙役们!”“有!”“命你人等速去东南岗山神庙与山神相商,将犯虎缉拿归案,山神如不肯答应,本县将铲平他的庙宇与神位。”说罢,让众衙役带着令牌与牒,直奔山神庙。衙役见到山神,说明来由,山神满口答应,随即与衙役一同去山林追查吃人罪虎的下落。山神对该辖区所有野兽的踪迹了如指掌,不到午时,便在山林一石洞中发现了吃人罪虎。老虎见山神到来,并跟随一帮带兵器的人,自知有罪,等待发落。山神看到该虎身上仍有血迹,面带羞愧,认定就是吃人罪虎,便向虎投牒,命虎归案。老虎见牒,便老老实实将绳索自套于颈,跟随山神、衙役归案伏法。罪虎押到县城后,索长官制一“吃王小罪虎”的牌子，挂于虎颈，由衙役押着，敲锣打鼓，在县城游街示众。衙役边走边喊："大家都来看！捉住吃王小的老虎喽！"市民和附近的乡民男女老少，你挤我扛，熙熙攘攘都来看稀奇，大家拍手叫好，连连称赞索县令为民除害大快人心，实为百姓的好父母官。

索长官决定在湾子河龙王庙南一石岩前审虎，于是，石岩就成为索长官断虎的审判台。这天，台前站满了十里八村前来看热闹的人群。开始断案了，首先请杨氏到场，索长官站在审判台上（石岩上），大喝一声："众衙役！""有！""将吃人罪虎带上来！"众衙役押着老虎立于岩前。索长官道："原告杨氏，将你的冤情讲述一遍，本县为你做主。"杨氏一五一十讲了儿子被虎吃的冤情。索长官问虎："昨天，王小可是你吃的？"虎点头三下。长官又问："你知罪吗？"虎又点头三下。索长官道："杀人者理当偿命，但杨氏仅有一子，被你吃了，无人赡养，你若能为杨氏养老送终，也念你能主动投案，可免你死罪，你看如何？"老虎连连点头，表示感谢不杀之恩。索长官当即将杨氏叫到台前，说明老虎已经伏法认罪，愿意为她养老，让她不要害怕，带虎回家。说罢，长官将自己的数两俸银付于杨氏，让她度日，杨氏感恩不尽。老虎怕王母不能原谅自己，害怕自己，便跪在王母跟前反复低头认罪，王母这才相信老虎，老虎让王母骑在自己的背上，回家去了。

索长官想，老虎是人皆惧怕的百兽之王，和村上百姓同在一起是不合适的，便另找了一处僻静的地方，即西关下河菜园沟口东岭土岩上有一洼地，东南北三面是丈余高的土岩，西面是深沟并有现成窑洞，老虎就在此养活王母。此后，老虎每天衔一小兽让王母吃，时间长了，王母将老虎当亲儿子看待，老虎经常卧在王母跟前嬉玩，王母为该虎梳理毛发，晚上老虎为王母守门，相处非常融洽。

有一天，杨氏发现老虎腿瘸了，便让老虎躺下看是咋回事，虎躺下将前腿伸于前，王母看到前脚趾扎入一根刺，已经肿起来。王母甚是心疼，就用针为虎挑刺。正挑时，王母用力过重，老虎猛一抖身，张嘴龇牙吼了一声，王母一下子被吓得昏死过去，再也没有醒来。老虎卧于王母身边，看着八十多岁的王母杨氏，伤心的泪水直往外流。王母葬后，老虎便离境而去。以后该洞就成为老虎养娘洞，湾子河审虎处就成为断虎岩，湾子河原来叫官司河，是因为索长官在此打老虎官司而得名，后人用谐音叫成湾子河。索长官死后，人们为纪念他，就把他葬在了老虎养娘洞对面的山岭上，好像永远守护着王小的母亲。

故事虽是一个传说，却令人十分感动。老虎本来是顽固无知的动物，当其藏身于森林之中，每天只想着逞强搏斗和如何抓取食物，生性爱吃肉，不管是人还是其他动物的肉。老虎是不知道法律的威严的，可是索长官却能够驯服它，使它俯首帖耳，就像一个顽固的人愿意悔改的样子。经过教训，老虎终身不敢再吃人。如果不是索长官"精诚所至，金石为开""信及豚鱼"仁心仁意，潜移默化地教育人，哪会有这种奇异的事情出现呢？老虎尚且能被索长官的威仪所驯服，可见索县令治理下的密县是怎样一番景象。

第五章　为民修路的县令侯一位

侯一位，明陕西长安举人，隆庆四年（1570年）始任密令。上任伊始，首先改革地方积弊，平冤狱、息词讼、重教化、劝农耕，轻徭薄赋、抑强扬善，使密邑政清人和，百姓安居乐业。为察民情、体民义、访民俗，他常常弃轿骑驴，便装出行，踏遍了密邑的山山水水。

巧断蹊跷案

侯一位任密县知县期间，一天，有个盲人前来县衙投案，说他打死了邻居，请求县太爷治他的罪。侯公于是带着衙役、仵作去了现场勘验，看到死者后脑被用砖头砸伤三处。伤痕的长短相差不多而排成一排，毫不错乱，不像是盲人打的。审问案件的时候，盲人却坚称是他打死的。侯公就说："人既然是你打死的，现在就要把你暂押监牢，等候处斩，你通知一下你的家人，可前来见上一面，作为诀别。"

他的儿子来了，看见父亲时惊慌失措，行为有些反常。于是，侯公就又对这个盲人说："有话早些说，以后就不得见面了。"盲人只是流泪，说不出话来，过了好久才告诫他的儿子道："以后要好好做人，别挂念你的父亲，我已经瞎了眼睛，不值得挂念了。"

儿子无话可答，而面色愈加惊慌不安。侯公命令他暂且退下。过了一会儿，便把儿子带上堂来，板起面孔对他说："你打死了你的邻居，又让瞎了眼睛的父亲来替你抵罪，这在杀人罪中又犯了忤逆罪！你父亲已供出了实情，你若不从实招来，将把你处以极刑！"

儿子惊慌地说："我的父亲自愿认罪，可不是我的主意，打死邻居，确实是我干的。"这件命案就此定了下来。原来盲人的儿子对邻居盖房时多占他家一墙之地感到气愤，所以把邻居打死了。

事后，门客问侯公说："你这桩案子是根据什么断定的？"侯公说："盲人在盛怒之下打人，拿起砖头乱砸，怎么能三道砖痕并列一起，伤痕的长短也都相差不多，而不错乱呢？勘验时心里已对此怀疑，所以叫他的家属来和他诀别，希望从中发现实情。他的儿子果然面色大变，就有意利用他惊慌不安的心理审问出实情罢了。"侯公的儿子之后来在太原升任山西督抚，大概也是对他遵循法制，不肯枉滥用刑，而大有治绩的善报吧！

古道漫漫忆侯公

出新密古城，沿密（新密）新（新郑）古道东南行五十里，到官泽湾（苏湾），过洧水南岸，古道像一条长蛇陡忽间钻进高崖夹峙的峡谷之中。这峡谷幽深坡长，两岸壁立十数丈。抬头仰望，天地一线，相向高耸的峭壁如两面将要倾倒的高墙向人迫来，使人心顿时紧张起来，不由加快脚步，紧走慢跑，想尽快走出峡谷。这谷中的古道并非大自然之功力，它是古代人们战胜自然的杰作。提起它，不由使人想起明隆庆、万历两朝任密令的侯一位、萧文言二位贤公。

传说隆庆五年（1571 年）二月，冰冻的大地还未开始消融，侯公就带着县丞和典史，骑着毛驴就踏上了出访的行程。他们过村穿寨，涉水爬山，不时下驴和路人同行，入户与村民谈心。问收成、询赋徭、访民俗、征民意。这一日，他们沿着净肠河河谷的崎岖小道来到闻名中州的古刹洪山庙。只见庙宇规模宏大，殿宇巍峨。尤其是重修于大明正德六年（1511 年）的洪山大殿，更是宏伟壮丽。斜山飞檐，挑角雕梁，九脊十兽，黄瓦饰顶，金碧辉煌。殿内，二十四根石柱擎立屋架，其洪山面大殿四根青石质蟠龙柱更是精雕细刻，巧夺天工，堪称绝品。那二十八幅戏剧壁画，人物唱念坐打，无不形神兼备，惟妙惟肖，更使人流连忘返。看完庙宇，观瞻碑刻，那通通碑刻既是神医洪山真人的丰碑，又是邑人文学书法篆刻艺术的荟萃，使他赞不绝口。他为真人悬壶济世、与人为善的精神所感动，更为邑人高超的建筑技术和深厚的文学艺术底蕴所叹服。

午后，春雨飘洒，侯公一行不能归署，夜宿庙中与道长孙友道秉烛夜谈。侯公询问了庙宇修建及香火情况，道长说洪山真人生前悬壶济世，与人为善，没后为神，声名远播，信士不远千里而来。尤其每岁清明庙会，会期月余。届时，川陕、湖广、晋冀、鲁皖等地客商信士云集于此。客商运来当地土特产商品与密邑药材、桑杈等农副产品交易。货物堆山、千人摩肩、万人接踵，这里成了密邑最大的物资交流大会。道长接着说，虽然会在一庙，却富了一方。侯公问何此一说，道长说，因为洪山真人名声大，庙会时间长，外地客商慕名而来，路途遥远，加之所带货物多，因此每年一过春分，就得动身前来，提前标名挂号，划定场地，租赁房舍仓库、用具，寄存货物。庙宇附近三里五村家家都住满了客商。会时，村民有的推车、肩担、人扛，帮客商运货、看场子，有的自搭席棚卖香表、丸子、包子、油馍、面条等，甚至挑担水卖卖都是钱，一般农户光庙会赚的钱就能维持一家人半年的温饱……听着道长的述说，侯公频频颔首。忽然道长长叹一声说："唉，怕好景不长啊！"侯公问其故，道长说："洪山四周皆沟，交通阻塞，仅沿净肠河河谷小道方可出入。市场交易拥塞于狭窄的河谷，市面铺陈不开，加之清明节前后，往往雨水纷纷，市面泥泞难行，客商苦不堪言。如不开拓道路、扩大市面，客商难免别就康庄……"道长的话使侯公陷入了深思。

一夜无语，第二天一早，侯公等由孙道长引导，察看了庙周围各村的地形地势，见洪山以东便是豫东平原，以西是嵩岳余脉延伸的深沟大川，洪山像一把大锁锁住了密邑东南通往外界的咽喉。他决计打开咽喉，开拓大道，沟通密邑内外，扩大庙会市场，繁荣地方经济，造福一方百姓。他雷厉风行，让县丞立即测绘新路，反复与堡里士绅耆老商议。为不占用村民田地，决定由县府施官地二十余亩作为占道用地，从洪山北洧水南岸依山就势，凿崖为坡，修筑官道。该年十月，调动谢村、官泽、歧固三堡民工。在崖上凿壕，平地挖沟，经一冬一春开挖，到隆庆六年（1572 年）春，官道皱形已具。隆庆六年冬，侯公离任，工程暂停。

万历元年（1573 年），湖广江陵举人萧文言任密令。"萧规曹随"，他以承继前任侯公未竟之业为己任，捐俸银五十两，又募银六百余两，继续施工。又历时二年终于完成了北坡壕长320弓，南坡壕长94弓，上宽8弓有5，路面宽4弓有2的浩大工程。为万世长久之计，重建净肠河桥为跨河单拱石桥，石砌了庙山门前的土坡，以防雨水冲刷。至此，这条全长近3华里，能双向通车马的官道，全部贯通。官道的开通，不但促进了洪山庙清明古会的繁荣发展，而且对密邑沟通内外物资交流，发展经济起到了巨大的推动作用。

因为这条路是官府施地并组织修筑，数百年来世人一直称为官路。当年，人们为了纪念侯、萧二位贤公的丰功，在洪山庙建了侯公（生）祠、萧公（生）祠（清嘉庆二十二年志），让其离世后永享人间香火。并在洧水南岸官路的入口处立碑一通，正面书“官路口”三个隶书大字，背阴记述开路始末。可惜该碑于20世纪50年代初修水利时被毁。

这正是：古道漫漫今犹在，侯萧二公已长眠。碑刻祠庙虽损毁，历史丰碑立心间。

第六章　一代贤公王崇雅

王崇雅，山西黎城人，明万历三十六年(1608 年)任密县令，在任期间整顿吏治，关注民生，并留有公案自署碑一通。自署：“不枉己不欺心，不伤财不害民，不援上不凌下，不怨天不尤人。”碑的两侧刻有对联一副：“策励于先改节于后官箴何在？取便于己贻害于民国法能容？”从这块碑的楹联可以看出，王崇雅严于律己、廉洁从政的执政理念一目了然。在任第二年(1609 年)，王崇雅把密县城墙由土墙改为砖墙。

遗爱祠彰显清廉政风

由于知县王崇雅政绩卓著，声名远播于后，后人为其建祠堂两座。一在大隗镇，一在老城西街法海寺中。至于祠堂建造如何，因时远年湮不知毁于何时，而无从谈起。今仅存遗爱祠石匾和王公画像自箴碑各一块，及清道光三年(1823 年)东街辛巳科举人杨彤如受贤侯杨炳堃指令所书，明邑侯黎城王公遗像记碑刻一块，系道光三年此碑在法海寺大雄宝殿东侧出土时所记。

此组碑刻于清嘉庆二十五年(1820 年)，出土后曾又丢失，后于 2008 年冬又在后街书院，城东十里之赵沟，县衙后花园三地出土，所以更显得弥足珍贵，今存新密市博物馆。

王公遗爱祠石匾图

王公遗爱祠石匾，宽 0.92 m，高 0.38 m，厚 0.15 m，正书“王公遗爱祠”古拙榜书五字。上款落“万历己酉岁夏月吉日”，下款落“阖县士民建”。无边饰，给人以庄严肃穆、古朴无华之感。

画像自箴碑,高 1.02m,宽 0.75m,厚 0.18m,青石质,中间线刻王公头戴乌纱,身着官服坐像一尊,坦然慈祥。右侧摆一明式独几,上放官印及一花插。上方四句寸楷自箴:不枉己不欺心,不伤财不害民,不援上不凌下,不怨天不尤人。用今天的话说就是不昧着良心虚报成绩来标榜自己。不上那些劳民伤财的项目以消耗民脂民膏。不做那逢迎上司欺凌百姓的赃官。至于升迁或降免都顺其自然而不怨天尤人。王公自箴数语,令人钦佩至极。百姓心里有杆秤,不管你是执政者或是基层官员,你能善待百姓,为民造福,百姓是不会忘记你的,并世代传颂。

遗像两边配有对联,更使人观之心服。上联题:策励于先改节于后官箴何在;下联对:取便于己贻害于民国法能容?横批四字:公案自署。下缀贤邑侯像赞,赞辞如下:

公案自署碑图

猗欤王侯,烨烨有声。董贯才华,卓鲁仪形。
冰霜比洁,日月同明。务民代刘,仓积如京。
谳讼类于,冤抑悉平。化尊酉伯,狡狯不争。
教法言偃,弦管户鸣。六案清肃,四野咸宁。
城垣聿新,黔黎怲懞。湛恩瀸泽,山海深重。
方初保障,何遽迁升。束装就道,琴般鹤影。
纾绋父老,扳留不能。建祠镌像,万古传名。
民不忘侯,侯心何宁。福星虽移,犹存图形。
遥祝贤侯,桂兰峥嵘。科第连捷,万里前程。
天子宠赫,辅弼公卿。余润施及,沾密苍生。

大明万历己酉岁夏六月吉日 阖邑同立

此赞词无撰书人姓名,边饰简单,工艺一般,字体粗犷朴拙。这恰恰说明当时建祠出于百姓自愿,更具真实性及历史研究价值。

明邑侯黎城王公遗像记图

明邑侯黎城王公遗像记,碑高0.46 m,宽0.76 m,厚0.13 m。天地边饰蚯蚓纹,左右两边饰缠枝牡丹花纹。工艺精湛,雕刻细腻。正文书馆阁小楷十七行,行十九至二十二字不等。其文曰:

按邑乘公讳崇雅,山西黎城人,岁贡生。以前明万历丙午莅密至己酉始迁去。在任凡四年,有遗像祠二,一在大隗镇,一在法海寺,未知废于何时。国朝嘉庆二十五年,署邑令李公创建义学,于法海寺佛殿之左得《王公遗爱祠》五字石额,复得断碑一,上镌遗像,旁列官箴,下缀赞辞。剥蚀漫涣,不可剖析。急命匠刮垢剔藓,重加洗拭,方能辨字成句。始知为黎城王公遗像也。意欲重建公祠而未果。今值贤侯杨老父台兴废举坠,首务创修书院。为作养人才起见,访知此事,即命克立等将王公遗像与原创书院邱公碑并立院中。使肄业诸子朝夕观摩,有所矜式焉。嗟乎!王公治我密也,流风善政,世更代迁,已不可得而详矣。观像赞及自箴数语,当年之弦歌雅化感被斯人者,犹可仿佛见之。后之人不得不心悦而诚服也。真精不掩,片石犹存,非得有心者为之阐发其幽光,其不至终于沦没者几希,贤哉!

杨侯其用心与王公后先同揆,允足媲美于千秋矣,是为记。

戊寅科副贡即用教谕冯克立撰文。

辛巳科举人候选知县杨彤如书丹。

石工白金城镌。

大清道光三年岁次癸未十月仲浣谷旦

第七章 心系密邑的县令朱敏汻

朱敏汻,《明史》作敏汀,山西太原人,明崇祯宗贡,崇祯十二年(1639 年)任密县知县。来密任职,时值旱、蝗灾害,粮食歉收,出现了人相食,朱公痛哭流涕,绘制"流民图"奏之朝廷,特为密县"蠲免正赋"。

绘制"流民图"

当时正值河南大旱,自打春以来没下过一滴雨,土地龟裂,田野荒芜,粮食歉收,再加上蝗虫灾害。到了第二年,灾害更为严重,很多人家里没粮可下,揭不开锅,纷纷外出逃荒,道路上饿死了很多人,更甚者出现了人吃人的现象,在这个现象中竟有父子、夫妇者相食。朱公义愤填膺,夜不能寐,痛哭流涕,三个日夜不曾合眼,亲手绘制"流民图"奏之朝廷,毅宗帝朱由检看后,大为感动,特为密县百姓"蠲免正赋",以舒民困。

崇祯十四年(1641 年)春,农民起义领袖李自成,由汴至密,从城东北隅,攻陷密城,据《明史·忠义传》记载:崇祯十四年正月,贼陷密县,知县朱敏汀及里居太仆卿魏持衡、举人马体健死之;敏汀妻张氏、一女、一孙及家藏数人俱死,赠佥事。生曰封,死曰赠。佥事,官名,在按察使下设佥事,以分领各道。

清嘉庆三年(1798 年)知县杨泰起,建"名宦祠",请朱公入祠,共享祀典。

智断铜钱案

从前，洧水岸边有个贫苦的钱老太太，丈夫死得早，同女儿相依为命。女儿长到十八岁，貌若天仙，说媒的人踏破了门槛。最后，女儿被邻村的一户富裕人家娶走。“嫁出去的女儿泼出去的水”，女儿出嫁后，由于公婆看不起钱家贫，便阻挠儿媳妇回娘家。钱老太太年老体衰，除了女儿就没有其他人可依靠。女儿心疼老母亲，便时常暗中接济。

这年端午节快到了，钱老太太见家中连包粽子用的糯米都没有，便去向女儿要些。在亲家的眼皮子底下，女儿给了她半袋糯米。把袋子交给老太太时，女儿意味深长地说：“娘可要背好袋子。”说完眨了眨眼睛。老太太明白女儿话里有话，点了点头，不敢多待，匆匆告别了亲家。

出了女儿家，老太太见前后没人，便打开装米的袋子，伸手进袋子一掏，竟掏出一串铜钱来，数一数足有八百文。她知道这是女儿平日里攒的私房钱，见女儿如此孝顺，她心里特别高兴，一口气赶了好几里路。

钱老太太毕竟年纪大了，几里路下来，觉得疲惫不堪，就坐在路边休息。歇了一会儿，有一个骑毛驴的女子经过。这女子是与钱老太太同村的杨二嫂，今天出门来走亲戚。杨二嫂见老太太累得满头大汗，就叫她把米袋子放到毛驴背上。钱老太太连忙感谢，将米袋子交给骑在驴背上的杨二嫂，自己则跟在毛驴后面走。

杨二嫂跟老太太商量，想抄条近路回村，老太太同意了。抄近路要过一条小河，小河虽然不深，但河面宽阔。杨二嫂骑着毛驴轻松地过了河，钱老太太则慢吞吞地脱下鞋子，挽起裤管，小心翼翼地过河。老太太本是小脚，加上河底的鹅卵石很滑，待老太太好容易到达对岸，杨二嫂已把她抛下老远了。老太太想着米袋子里的钱，赶紧穿上鞋，紧走几步追赶上去。

总算追上了杨二嫂，见米袋子安然无恙地还在毛驴背上，老太太这才松了口气。但她还有些不放心，叫杨二嫂停下。杨二嫂喝住了毛驴，钱老太太赶紧伸手进米袋子里一摸，却如何也摸不到铜钱！钱老太太不由脸色大变，随即与杨二嫂吵了起来。

钱老太太认定，是杨二嫂偷了她的钱，杨二嫂却死不承认。两个人一路吵着，就来到一家小酒店门前，店里一下子涌出许多人看热闹。老太太想，当着这么多人，杨二嫂不好赖账。这家小店的老板姓杜，是个淳朴厚道之人。他听钱老太太和杨二嫂的争吵，见两人各执一词，便提议请县令朱敏汻帮她们断案。这朱大人公正廉明，是个清官。

正说着，一辆马车跑过来，到了近前，那马车便停了下来。人们抬眼一看，巧了，从马车上下来的正是朱大人。

既然这样，众人便请朱大人评判此事。

朱县令问明情况后，便进店里坐下，暂将小店当公堂。钱老太太哭哭啼啼，杨二嫂也一脸委屈。那杜掌柜很想看看人称“小包公”的县令大人将如何审理这一没人证、二没物证的案子。杜掌柜一面给朱县令上茶，一面看他的脸色，朱县令却面无表情，一言不发。店门口来看热闹的人越聚越多。朱县令问老太太：“你说杨二嫂偷了你袋子里的钱，可是，你去女儿家讨米，米袋子里怎么会有钱呢？”

“我……那钱是我给女儿的，她不要，又还给我，我就随手放在了米袋子里……”老太太怕事传开，亲家责怪女儿贴补娘家，只好支支吾吾地说谎。“胡说，你穷得叮当响，哪有钱给女儿！”杨二嫂说道，“那袋子里哪有什么钱，是你冤枉我！”这时，一个衙役建议：“老爷，我看搜一搜杨二嫂的身不就知道了！”杨二嫂一听，脸顿时红了，浑身发起抖来。这时，朱县令“啪”的一声把茶碗放在桌子上，训斥衙役：“杨二嫂是清白之身，何需搜查？”

那衙役一听，赶忙躲到一边，不敢再说话。

停了一会儿，朱县令小声嘀咕一句：“这案子怕是一时半会搞不清了，不如先喝杯酒再说。”说完，从口袋里摸出几个铜钱，对店小二说：“打二斤酒来，待本县吃了酒再审案。”

店小二接过钱，不一会儿便把一壶酒放在朱县令面前。朱大人并没有立即饮酒，而是问杜掌柜店里有没有秤。杜掌柜连忙将秤拿来，县令把酒放在秤上称了一下，说：“这酒怎么少了一钱？”杜掌柜解释说：“二斤酒少一钱，不足为怪。”

朱县令又问：“你开店几年了？”

“两年零三个月。”

“每天卖多少酒？”

“约二十斤。”

朱县令听罢，扳起手指算了算：“二斤酒少一钱，二十斤就少一两，一两酒卖一文钱，两年三个月就赚了八百多文昧心钱，对不对？”杜掌柜一听傻了眼，说不出话。朱县令训斥道：“杜掌柜，看你是个诚实之人，却干出这等缺斤少两之事。本县今天不想为难你，只让你把多收的钱拿出来，捐给钱老太太，你看如何？”

杜掌柜无奈，只好拿出八百文钱，嘴里小声嘟囔：“张三喝酒，醉倒李四，怎么遇到这种糊涂官……”

没想到他的话被朱县令听到了，县令脸色一沉，说：“大胆！竟敢说本县坏话，再罚你一个时辰之内把路边的杂草给我铲了！”说完，气呼呼地坐上马车，又派衙役传话给杜掌柜，要他锄草一直锄到马车停下的位置。

杜掌柜被白白罚了一笔钱，又被命令锄草，心里好不窝火，他边锄草边骂：“昏官，糊涂官！”这样，杜掌柜抡着锄头忙了一个多时辰，眼看要锄到朱县令马车方才停下的位置，突然，他听到锄头一响，埋头一看，竟发现草丛里有一串铜钱，数了数，正好八百文，那串钱中还夹着米粒。杜掌柜一抬头，只见县令大人正在马车里掀开帘子，看着他笑。

原来，朱县令心中早已断定，是杨二嫂过河后发现米袋里有蹊跷，一时起了贪念，便偷了钱。没想到，朱县令乘马车路过，竟在酒馆中当众审案。

听衙役说要搜她的身，杨二嫂吓坏了，忙趁人不注意，把钱扔到了草丛里。

“您为何不当面拆穿杨二嫂？”衙役不解地问道。“只因我观察那老太太言语脸色，猜想那钱是她女儿的私房钱，并不想被人知道。不当面拆穿杨二嫂，一来是让这隐情不暴露，二来……杨二嫂因此落下贼名，今后怎么做人？”

杜掌柜顿时明白了朱县令的良苦用心，佩服不已。朱县令又说：“本官故意找你的茬，委屈了你，你将这八百文钱收好吧。”

事后，朱县令又托人传话给杨二嫂，要她今后务必戒除贪念。杨二嫂满心感激，叹道：“朱县令如此顾及民妇脸面，民妇以后一定好好做人。”

第八章　为民求雨的县令李芝兰

李芝兰，号毓秀，岁贡生，古营州辽东（今沈阳）铁岭卫人，于清顺治五年（1648 年）莅任密县知县，在密任五年，清白矢心，清廉为民，政通人和，赢得了新密人民的爱戴。

"民无禾无麦，系吾任也。"这是古时的一位县令对自己提出的要求，这种责任感即使在今天也让人感动。这位县令就是清初到密县任职的李芝兰，正是这种心忧黎民的无私胸怀，使他在任职的五年中，为老百姓做了太多的好事善事。所以，无论是《密县志》，还是新密现存的碑刻，甚至民间的口口相传，有关他的事迹和故事，都有特别详细的讲述。

敢于请命，为民豁免捐税

李芝兰被密县人尊称为李公，他来密时，正值明末清初。由于战乱长期蹂躏，灾荒四处侵袭，当时密县的民众多已流亡各地，城虚村僻，人烟稀少。再加上前任官员虚报了土地四百余顷，使田赋征收都难以完成。面对这样的烂摊子，李芝兰心急如焚，眼看老百姓闹饥荒，他顶着压力，如实上报情况，并建议免课三年。虽然上司多次奉公文严厉催促，并给予了处罚，但他最终没有妥协续报。

明朝的旧制中，农民承担了许多苛捐杂税，如钱粮柜头、阔布、浮费、官马喂养、民运漕米等，他上任后，都依据实情，一一予以革除，减轻了老百姓的负担，民心大振。对一些不合理的差赋，如平西王（吴三桂）家属西迁，乌金王北还等项目，虽然催得急如星火，他都想方设法，以各种理由，向上面一一交涉，或者干脆自己捐出俸资供应，也不愿扰民。

广施善政，整修惠政桥

清初，战乱初定，集镇空虚，商旅不通。为了重建秩序，繁荣商贾，李芝兰多方努力，动员老百姓入城生活，最后竟达五百多家。大隗、牛店两镇，经过连年战乱，成了穷乡僻壤。他设法劝民造房，打通交通，开展商贸，使城乡贸易渐渐有了起色。

当时，战争和灾荒尚未完全结束，道路两旁遗留了大量无人掩埋的尸骨。为了稳定民心，安抚民意，他特别划出土地，凿冢二十处，为全县每一保都留下一处。然后，又捐出俸禄，招募民工，掩埋尸骨，并设坛祈祷，告慰亡灵。

顺治六年（1649 年）夏秋之交，密境大旱。冒着七月暑热，李芝兰步行三十余里，到柏崖山下，敕封白龙王，痛自引咎，为民求雨。当时，祈雨刚毕，顷刻"霖雨沛作，岁成大熟，密绅衿国人欢呼"。祈雨大成，李芝兰又捐出俸银，命工匠重修白龙庙大殿、拜殿及三门，金像真身，并一同整修了圣母殿及卫房。

惠政桥图

顺治七年(1650 年),李芝兰又捐金五百余两、粮二百余石,重修老城西关桥。该桥原名广济桥,为邑人魏尚谦建,水冲后无存,李芝兰重建后改名惠政桥。此举让密人十分感动,当时密邑举人韩继文亲自撰写了《惠政桥记》,在记中,他对李芝兰莅密以来的亲民惠民行为十分感慨:“未曾持刑械而奸得,未曾于打罚而理颂,未曾以催科而赋足,未曾穷萑符而盗息,未曾姑息宽容而民爱之。客冬农隙,议修此桥,不烦士民,捐俸修建,改砖砌为石券,期垂永久。”

五载辛劳,整修县治

清初,各项事业百废待兴,衙门、庙宇、学校等各项建筑设施毁坏严重,都亟需一一整修。为广施教化,振兴一地文风,五年中,他不辞辛劳,完善了各种规制设备,在各地创建、整修了大量的文化设施,主要有:重修县衙,重建城门楼、角楼,补葺四面城墙垣,疏通护城壕,重建常平仓,增补孔夫子庙,重建奎星楼,重修观音阁,重修法海寺,创建白衣堂,重建广生祠,重修南关火神庙,创建元帝庙和三官庙,重建马王庙和虫王庙,移建朝阳寺于东店,创建西关关帝庙。这些事一件连一件,五年中,他几乎没有停歇过,这在当地留存的碑刻和志书上都有记载。

今天,来集镇李堂药庙尚保存有清光绪十八年(1892 年)“县尊李芝兰捐银重修药王庙”碑,记载了顺治八年(1651 年)李芝兰捐俸银数十两,广修大胜、拜殿、道室各三间。碑上还说明了此碑在顺治年间即立,只是因“咸丰年间皖匪窜扰,火焚已碎,诚善之举,不可湮没,重刻以劝善”。在苟堂南泉寺也有顺治九年(1652 年)“密知县事李公重修南泉寺碑记”一碑,载有“李公捐银重修,蠲免人役”之事。

李芝兰任密期间,也十分注重文化重建,使密县文化得以薪火相传,如修密县志这件事。密县旧志,殆修于明成化二十年(1484 年),后于万历、崇祯年间相继续修,但明末毁于兵火。李芝兰任密时,和邑举人韩继文征文考献,进行续修。为发展教育,他创立社学,建房九间,聘请社师授课。又在县西南置田50亩,牛二头,招佃收租,补贴社师。

在自撰的《关帝庙碑记》中,李芝兰真切表达了自己的志趣:"任密之政,拳拳于怀,迄今五载,恐任期届满,而志莫遂也。"不难看出李芝兰在任期间强烈的事业心和责任感,这样的县令自然值得人们铭记。

县令因祸得福

这是一段有关李芝兰初到密县任县令时鲜为人知的传奇故事。所谓传奇,即无从考证。

据说,清朝初年,密、荥、巩、登一带山区,社会治安很不稳定,既有反清复明的残余势力,又有匪患作乱,人民生活不得安宁,生产生活堪受其害。前两任知县均因无力扭转社会不安定局面而来去匆匆,在此情况下,开封府派东北铁岭卫岁贡李芝兰前来密县任知县。

李芝兰来密县赴任时,听说密县社会治安比较混乱,就从家乡铁岭卫带来一个贴身护卫,既当他的师爷,又兼任密县的团练总管,号称团总,这个人叫刘大鹏。此人不但武功高强,而且满腹经纶,精通易经,有未卜先知之能力,号称"刘半仙"。在李芝兰任密县县令期间,他在剿灭匪患和邪恶势力方面十分得力,深得李芝兰的赏识。

新密是个半山区,在过去的几百年中,山野之上植被茂密,林木葱郁。密县人大都不善经商和经营手工业,多数百姓以农耕纺织为生。当时距县城不远的韩庄、周楼、屈嘴村周围的丛林中,经常有野兽出没,伤害人畜,特别是青屏山一带,有一群恶狼为患,它们白天出没伤人害畜,老百姓的耕牛也被它们咬死。俗话说一头牛半份家业,老百姓家失去了耕牛就等于丢失了一半家业,无法耕地,就得饿肚子。狼群闹得周围百姓实在无法生活,无奈之下就将此事上禀县衙。知县李芝兰上任伊始,也曾听说过城北一带有恶狼为患,但不曾想如此严重,于是决心为民除患,就亲自出面上阵指挥,并命刘大鹏带领衙役兵丁数十人前往城北青屏山下安营扎寨剿杀恶狼。

哪知这群恶狼中有一只为首的狼头领,它灰毛褐顶盖,一双灵敏的白眼睛,人们叫它白眼狼。这只白眼狼是众狼之首,不但凶悍,而且很狡猾,在与官府的搏斗中,它带领群狼昼伏夜出,特别是在人困马乏的黎明时分,出其不意地伺机进攻,不少兵丁被其咬伤。有一天黎明,白眼狼乘护卫哨兵困乏之时,溜进李芝兰营帐,与知县大人较上了劲。幸亏他的贴身护卫刘大鹏就住在隔壁,狼嚎声惊醒了他,他及时冲进李芝兰营帐,将白眼狼斩杀。虽然李芝兰被及时赶来的刘大鹏救下,但在与狼搏斗的过程中,李芝兰的右耳朵被恶狼咬掉了一半,左手指也被恶狼咬掉一节,疼得李芝兰龇牙咧嘴,不停呻吟。刘大鹏见状,非但不赶快为其疗伤包扎,反而大笑道:"好,好事,大好事。"一派幸灾乐祸的言举,气得李芝兰浑身直打哆嗦,咬牙切齿,真想一刀劈了刘大鹏。可是李芝兰思忖再三,还是把怒气忍下了。回县衙后想了很久,最后把刘大鹏叫到二堂对他说:"大鹏,你从老家东北跟随我辗转多地,后到密县任职,半年多来你帮我办了不少事,立了不少功,在剿杀恶狼为百姓除害中,你出尽了力,但在我受伤的时候说出那些幸灾乐祸、出言不恭之语,实在让人心寒和不能容忍,太让我生气和失望了。我本应该治你对本县不恭之罪,判你一年半载，但是看在你是我同乡，又跟随我多年，吃了不少苦的份上，现在我发放你两年薪俸，回东北老家或者在密县找个地方安家落户去吧。"

刘大鹏二话没说，接住俸银，谢过李芝兰就离开了县衙。离开县衙后，他没有回东北家乡，而是在密县城郊买了几亩地，盖了几间房子，过起了农耕生活。打刘大鹏离开县衙后，李芝兰在密县多方物色，又聘请了一位姓胡的接替了刘大鹏的职务，此人学识武功虽然不如刘大鹏，倒也颇得李芝兰的信任。

时光荏苒，转眼一年过去了，密、荥、巩、登交界的山区仍不太平，匪患不断。特别是密县西北的浮戏山一带，又冒出了一股反清复明的所谓"义军"。他们串通当地的土匪武装，又打出了"反清复明"的"义旗"。开封府尹在巩县召开了四县联合剿匪会议，研究平叛匪患事宜。不妙的是，会后李芝兰返密途中，遭叛匪埋伏与胡团总一起被捉进山寨之中。

李芝兰和胡团总被叛匪捉进山寨后，叛匪决定在二月初二起事时，拿李芝兰的人头祭旗，然后杀向密县县衙，再扫平登封、荥阳和巩县。农历二月初二那天，太阳刚从东方露出头，叛匪们就将李芝兰拉至旗下。将要砍头时，叛匪的军师发现李芝兰的右耳缺了一半，左手还断了一指，急忙对首领说，"当家的，我看不能拿李芝兰的人头祭旗，他少了一半耳朵，缺一根指头，以他的人头祭旗对我们起事不吉利。"

叛匪头领是个粗人，没有文化而且杀人成性，他对军师的一言一行尽信无疑。他见军师对砍李芝兰祭旗有异议，就急忙问道："军师有何高见赶快说来，时辰不等人呀！"

军师说："李芝兰到密县当县令以来，常拿自己的薪俸为老百姓修桥铺路，赈济灾民，算得上是个清官，深得密县百姓的赞誉。咱若杀了他，恐怕密县的老百姓不服，再说他缺耳断指，是个尸骨不全的人，拿他祭旗可谓大忌，我听说他那个贴身护卫胡团总不是个好东西，背着李芝兰办了不少坏事，不如饶了李芝兰，拿胡团总祭旗，你看如何？"

叛匪头目觉得军师言之有理，当即放了李芝兰，将胡团总推到了义旗之下祭旗。李芝兰被叛匪放回县衙之后，经过一番思量后，叫人把刘大鹏召回县衙，向他道歉道："当初是我错怪你了，大鹏。"刘大鹏笑着说："李大人何出此言？一年来的农耕生活让我过得很好，不但让我体验了当老百姓过日子的不易，也让我躲过了这场灭顶之灾，如果不是大人当初辞了我，这次挨刀的不就是我了吗？"

李芝兰点点头说："是啊，对咱俩来说，这可是因祸得福了呀！"

智破城隍出走案

据说，城隍在传说中称谓自然神。凡有城池的地方都建有城隍庙，可谓一县一座。而我们密县却有两座城隍庙，一座在新密古城十字街西侧，与老县衙、法海寺、节孝祠相邻。主要建筑坐北朝南，庙前有琉璃影壁、铁狮子、石牌坊，这些古色古香的历史建筑，已经毁于20世纪60年代的"文化大革命"中。而另一座城隍庙可能知道的人就不多了。它位于曲梁镇大樊庄村西约一华里处。这座城隍庙由于年久失修，庙院已不复存在，仅存一所约二十平方米的殿堂。说起密县这两座城隍庙的来历，还有一段传奇故事呢！

明朝末年，由于连年战乱，密县境内很不太平，匪患四起闹得百姓不得安宁，更有一些不法之徒，纠结社会上一些地痞流氓、恶棍无赖乘机糊弄、坑害百姓。老百姓为了过上安稳日子，就将一切寄托在神灵身上，城隍庙就是百姓们首选的敬拜神灵之地。

密县自从建成城隍庙之后，其管理事务一直由城内东西南北街轮流推荐知名士绅管理。这一年天逢大旱，秋季庄稼歉收，老百姓叫苦连天，纷纷前往城隍庙祈求城隍爷显灵早降甘霖拯救百姓。

当时值管城隍庙的执事是南街一名乡绅，他叫王明魁，是密县城一家商号的老板，人称王掌柜。王掌柜应百姓请求，带领四街群众到城隍庙上供、进香、叩头求雨。可是城隍爷不买四街群众的账，每天仍是烈日当空，天上连一片云彩也没有。

日子一天天地过去了，这天黎明时分，和往常一样，前来祈雨的四街群众敲锣打鼓、燃放鞭炮来到城隍庙，当他们走进大殿时，大吃一惊，神台上的城隍爷和城隍奶奶不见了。大家一时慌了手脚，王掌柜更是心急如焚，急忙带领群众寻找。从庙内到庙外，又到四街找了个遍，哪都没有城隍爷和城隍奶奶的影子。于是，群众大乱，哭的哭，喊的喊，都说天要降灾难给密县了，无不惊慌失措。正当大家无所适从的时候，从城隍庙外面大步走进来一个人，只见此人身高马大，蒲面红光，浓眉长髯，头戴一顶灰色道士帽，身穿一袭灰色道袍，脚蹬一双深筒道家长靴，口念“无量天尊”，双手胸前合十，肘弯处搭着一柄拂尘。大家不知此人来历，乡祭王掌柜急向前问道：“请问道长从何处来，怎么称呼，来我处有何法度？”

只见那道长双目闪亮，径直走至城隍大殿前的石阶上站定，面向惊恐的众人开口道：“敝人道号清玄真人，自幼在武当山三清观侍奉，今日云游至此，见密县城内黑雾笼罩，煞气上升，凶兆严重，必有不测之灾降临，特到此处为密县一方百姓除恶驱邪，拯救大家于水火。”

众人一听是武当山清玄道长到此，急忙跪呼：“道长至尊在上，受密县城百姓跪拜叩首，请真人火速拯救万生，驱灾赐福给我们吧！”

清玄道长将拂尘一扬，双目微闭道：“本道见密县城内煞气凝重，灾星、祸神、恶鬼将在近日降灾于你们，本道长正是为了拯救一方百姓于水火才特来此处，请你们头领说话，诉说原委。”

王掌柜见道长问话，急忙道：“我叫王明魁，是本城轮值庙首，只因密县数月无雨，禾苗焦枯，今秋收成将成泡影，百姓心急如焚，前来城隍庙祈雨，不料昨天晚上城隍爷携同城隍奶奶一同走失，不知下落，为此……”

清玄道长听到这里道：“无量天尊，原来如此，怪不得老道近日夜观天象有股黑云笼罩在密县上方，而且云雾中有妖孽隐现，我已算定十日之内旱情不会离开密境，俗话说祸不单行呀，密县百姓要吃苦头了，据老道推算，百日内还会遭受刀兵血光之灾。”

大伙一听急了，纷纷嚷道：“道长慈悲，快救救我们吧，密县城的老百姓决不会忘记道长的大恩大德。”

清玄道长此时让大家站起，赶快设了一座祭坛，摆上三牲五味，点燃三柱大香，然后他走上祭坛面南而跪，闭目口中念道：“万神之主元始天尊在上，弟子清玄请求天尊快临密地，帮弟子除恶驱邪，斩除妖孽，拯救密县百姓摆脱灾难，还请天尊明示本县城隍夫妇下落……”待三柱大香点完之后，他从祭坛上下来，对众人说：“我刚才已领受元始天尊指教，由于密县百姓善事不足，吝啬钱帛，得罪了城隍，所以带来了凶神恶煞和旱魔，由于城隍爷顶不住凶神恶煞之邪气，因而带领城隍奶奶弃城出走。”

大家听毕，哗然乱作一团，呼天叫地，不知所措，清玄道长见此情景劝慰大家说：“施主们先不必哭喊，据天尊所示，不幸中的万幸，本城城隍尚未走远，还在密县境内，只要大家诚心祈祷求天尊赐恩，我们还会请他们二老返回，不过……”

清玄道长丢了个楔子不说了，急得大家赶快跪下给清玄道长叩头，恳求道长慈悲施恩。清玄道长见时机已到，说：“既然大家请回城隍心切，我已请求天尊赐恩，不过天尊说了，此次城隍出走是出的东门，而且是乘的土遁之法，走得不快，尚未走出密县境地，只要大家心齐还是可以追得上的。天尊明示，不管在什么地方追上城隍，必须在那里为城隍修庙盖屋，作为他们夫妇的行宫，这样方能免去密县百姓的刀兵之苦、血光之灾，旱魔因而远离密县。”

王掌柜急忙代表大家跪下叩头谢恩，并带头为城隍修庙建行宫捐献五百两白银，接着大家纷纷许愿乐捐，一天下来就捐了数千两白银。第二天清晨，密县城的善男信女们就在清玄道长的带领下，出东城门一路向东追寻而去。

过了两个多时辰，大家在清玄道长的带领下来到溱水河东岸约三华里的地方，只见一处荒草坡上青草茂盛，清玄道长站定脚步，双目微闭，手在胸前合十，口中念念有词，然后将拂尘一挥，说：“大家且慢，不要吵嚷，城隍就在附近，莫让吵闹之声惊动了他们二老。”然后张目东望，故作惊慌地说：“这里已到密县县境之边缘，过了溱水河，东岸就是新郑县境，幸亏城隍爷尚未渡过溱水，否则大家就找不回城隍爷了。”

大家一听无不惊慌，急忙给清玄道长跪下，请求道长赶快作法。清玄道长让大家后退数丈，给他留出一块地方，只见他在空地上又是舞拳又是作法，将拂尘舞得嘶嘶作响，然后站定对大家说：“大家少安勿躁，元始天尊已命令城隍止步，并将其金身锁定在附近，大家跟我来。”

大家在清玄道长的带领下，拨开杂草走进一片灌木丛中，然后指着林中一片十分湿润的草地说：“大家赶快跪下，城隍爷和城隍奶奶就在这块草丛下面，不过这里土质较硬，为了让城隍夫妇尽早现身，大伙赶快从溱水河取来净水浇湿这块土地，也好让城隍夫妇乘虚从地下现身。”

清玄道长话音刚落，早有家住附近的村民取来水桶，从溱水河担来数十桶水，按清玄道长指定的地方浇下，不多时，将那片土地浇得水流四溢。清玄道长方制止道：“可也，城隍爷已经开始破土了，大伙赶快烧香焚纸，恳求城隍爷和城隍奶奶尽快出土现身！”

果然，大家焚过三炷香后，只见有两块草地慢慢凸起，见状大家急忙叩头，大约过了两个时辰，城隍爷的官帽和城隍奶奶的发结已经露出地面。大家自然又是一番虔诚叩拜。正在此时，听到人群外面一阵喧哗，走来十几名手持刀械的衙役，并高声对群众喝道：“众位父老乡亲听着，知县李芝兰大人驾到！”

众人抬头观看，只见一乘四人小轿在大家面前停下，轿帘起处，李芝兰从轿中出来，看了一眼面前的群众说：“本官奉诏前往上级府衙办事，才离开县衙五天，不曾想城隍竟出走至此，本官听说此事之后，不敢怠慢，马上乘小轿赶来，同父老乡亲一起恭迎城隍爷和城隍奶奶回城。”

众人听说知县大人亲自赶来了，无不为之动情，高呼李青天体谅民意。清玄道长听说知县李大人驾到却大惊失色，忙上前施礼道："无量天尊，道长不知李大人驾到，失礼了，恕罪，恕罪！"

李芝兰没有与清玄道长寒暄，而是围着已经露出地面的城隍爷和城隍奶奶的金身看了一遍，又到四周查看了一番，发现不远处的杂草边有堆放过白色物体的痕迹，李芝兰捡了一块大约杏核大小的白色块状物，放在鼻子处嗅了嗅，然后又回到正在生出地表的城隍爷和城隍奶奶跟前，仔细地观察了一番，经过思索后说："众衙役听命，为了帮助城隍爷和城隍奶奶尽快出土，快拿锹开挖，助城隍一臂之力。"

清玄道长见知县命令衙役要动土挖掘，急忙阻止说："知县大人，万万不可，万万不可动土，那是要惊怒城隍爷的呀！李大人是密县百姓的父母官，怎能忍心密县百姓遭受血光之灾呀！"

大家见状，也纷纷上前恳求李芝兰莫要动土。李芝兰见状，急忙抽出轿子的抬杆往轿杆上"啪"的一敲，厉声说："怎么啦，想造反不成，本官和父老乡亲们的心情一样，为的是早点帮城隍出土，大家莫要听信他人妖言，做出蠢事来。"说毕急令衙役继续挖掘。

只见十几个衙役一阵锨挖镢刨，不多时，城隍爷和城隍奶奶的金身就全显露出来了。突然一个衙役高声叫道："知县大人快看，城隍座下全是石灰。"

李芝兰向下一看，城隍座下是一堆被水浸泡后膨胀起来的生石灰，他明白了一切，对清玄道长说："道长，本知县只知道神仙有五行土遁之法力，却不知道密县城隍会借石灰之胀力而从地下显身于地上之道。"

此时，围过来的善男信女们如梦初醒，知道上了清玄的当，一拥而上要痛打清玄，被李芝兰拦住说："诸位父老乡亲切莫鲁莽，家有家规，国有国法，本县要将清玄带回县衙审问，待真相清楚后，定按国法严惩不贷。"

但是，被挖出来的城隍爷和城隍奶奶的金身却被当地群众留下来，理由是既然城隍在此地现身，就得留在这里，保本地一方平安。李知县见当地群众心诚意坚，就同意了。后来，当地群众就在城隍现身之地修庙盖屋，又建了一座城隍庙。从此，密县境内除了县城，在曲梁大樊庄村西又有了一座城隍庙。

李芝兰将清玄带回县衙后，当即升堂问案。可是清玄就是不开口，几番周折，在大刑之下，清玄不得不如实招供。原来他并非出家之人，而是流窜在禹、密、登和临汝一带的土匪头子，原名李长庚，原籍在郏县西北与禹县神垕镇交界处的李槐庄村。早年仗着手下有百十号人，在嵩山扎寨为王，四处打家劫舍，杀人放火，是一伙有名的山匪强盗，明末崇祯年间，被官府剿灭。所幸，他和手下十几名悍匪侥幸逃脱，从此隐姓埋名混迹陕西多年。清军入关统一中国之后，建立了大清国，他认为如今改朝换代了，其恶行新朝官府不会再追究了，就带领他的几个手下返回河南。由于他在郏县、禹县、临汝、登封一带臭名昭著，不敢贸然回乡，打算在新郑、密县一带找个地方落脚。半月前，他从新郑来到密县，探得密县城隍庙香火旺盛，又打探到新任知县李芝兰一时不在县衙，于是就和几个恶徒商议趁夜晚悄悄潜入城隍庙，用七制迷魂散，将护庙人迷倒，然后将城隍爷和城隍奶奶的泥塑金身搬倒砸碎，用麻袋装好运往城北虎头崖附近一个破洞内埋了，制造城隍爷出走的假象，使城内老百姓一派混乱；同时，李长庚早已安排手下，将事先订制好的木质城隍爷和城隍奶奶的金身，埋在郑密交界处挖好并堆放了大量生石灰的土坑内。然后在城隍神像的上面盖上虚土和草皮，一切准备妥当之后，匪首李长庚扮作清玄道长，来到密县城隍庙编造谎言欺骗群众，导演了一出密县城隍爷出走的闹剧，让群众捐钱捐物，在城隍出土现身的地方再造一座城隍庙，作为他和手下一伙歹人暂时安身之地。

案情大白之后，李芝兰将案宗报呈上级府衙，不久上级公文批转下来，由于李长庚一伙杀人越货、罪大恶极，实为不杀不足平民愤，匪首李长庚被处极刑，其他手下恶徒均得到应有的判决，此案就此了结，大快人心。

城隍庙戏楼图

政声卓著，后人怀念

李芝兰在密五年，体恤百姓，广施善政，为密人布下了数说不尽的恩泽，人们纷纷以各种方式纪念他。

佐以迷信，神化李公。顺治六年（1649 年）春，群狼窜入城中，李芝兰到城隍庙中祈祷，遂感动神灵，即日捕获狼十余只，患遂息。顺治七年（1650 年），文庙告成，明伦堂产灵芝三茎，夜间奎星楼有光如火，称其祥瑞。

树碑立祠，以示纪念。李芝兰到白龙庙求雨后，那年冬天，密县儒学教谕耿奎章撰文，原山东道监察御史巡按禹好善、县儒学训导许荩臣参与，为他立了邑侯李公重修敕封白龙王庙碑记和密贤侯李公异政瑞应合邑立祠永戴碑，并在白龙庙大殿西南侧建李公祠，塑李芝兰像。

李芝兰离密后，人们又在西关关帝庙右，建李公祠，祀知县李芝兰。嘉庆三年（1798 年），密县知县杨泰起建立名宦祠，请李公入祠，荣享祀典。嘉庆十九年（1814 年），知县景纶对其进行重修，以至祭祀永远。

《密县志》载李芝兰事录

惠政桥：在老城西关外，原名广济桥，邑人魏尚谦建，水冲无存。顺治七年(1650年)，李芝兰捐俸重建，改名惠政桥，韩继文有《惠政桥记》。

县衙：明末崇祯十四年(1641年)遭兵焚，旧址荡然无存，顺治三年，知县崔养重草创经营，顺治五年李芝兰重加修葺，规模完备。

城池：顺治六年，李芝兰重修门楼、角楼，并增补四城城垣，浚通壕堑。

常平仓：在老城县治西，顺治五年李芝兰重建。

孔庙：在老县治东隅，顺治六年李芝兰慨然捐俸修建大成殿、棂星门，规模略备，韩继文有《学宫碑记》。

奎楼：在老城南城墙上，顺治七年知县李芝兰重修。

关帝庙：在老城西门外，顺治五年李芝兰创建，自撰碑文："兰于大清定鼎五年莅密，窃以治民事神，皆为政之急务，兰于文庙、寺观，创建修葺，次第新之。大殿、拜殿、左右廊庑、乐楼、大门、城垣、禅室一一完备，资费越千。"

虫王庙：在邑东云崖宫北，顺治六年知县李芝兰重建。

火神庙：在县治南门外，明末被毁，顺治七年李芝兰重建。

白龙庙：在县西南柏崖山下，金大定元年(1611年)建，顺治六年李芝兰捐资修建大殿、拜殿及山门，同修圣母殿、关公殿及卫房。

广生祠：在老县治西北隅，顺治七年李芝兰捐俸重修。

元帝庙：在老县治西北，顺治七年李芝兰重修。

三官庙：在老县城内东北，顺治七年李芝兰捐俸创建。

药王庙：在李堂药庙，顺治八年李芝兰捐俸十两，广修大殿、拜殿、道室各三间。

南泉寺：在苟堂大鸿山下，顺治九年李芝兰捐资重修，有《密知县李公重修南泉寺碑记》。

法海寺：在老县城内，顺治五年李芝兰重修。

朝阳寺：唐天宝元年(747年)建，明末被毁，顺治六年李芝兰移建于东店。

法海寺塔图

观音阁:在老县治后,明正德七年建,顺治五年李芝兰重修。

白衣堂:在老县治北石坡口,荥密通道,顺治五年李芝兰创建。

李公祠:在老县治西门外关帝庙内,顺治九年密人创建,知县景纶重修。一在柏崖山下白龙庙右侧,塑有李芝兰像。

景纶撰《李芝兰传》

李芝兰,字毓秀。顺治五年令密。当闯寇蹂躏之后,民尽流亡,田赋不充,大吏以劝农垦多寡,为有司殿最。前任虚报田四百余倾,芝兰念民大困,劝课三年,以足前报之数。虽奉檄严催,受罚不辞,终不续报。又钱粮柜头、阔布、浮费、官马喂养,民运漕米,最为重累,芝兰一一革之。明季秕政,至此殆尽除矣。平西王家属西迁,乌金王北还,檄催协济,急如星火,民皆蹙额。芝兰诣郑州备供应,一切不以扰民,兵燹初定,官署祠庙,荡为瓦砾。集镇邱墟,商旅不行,芝兰多方劳徕,入城者至五百余家。大隗、牛儿两镇,设法劝民造房,招商贸易,复通乡城,渐有起色。而白骨青磷,哀声夜号,民间惊扰。遂置地凿二十家,俾每保各占其一。捐俸募工,掩骼埋胔,建醮超忏,冤号顿息,人民安堵。邑志毁于兵火,暇则同邑举人韩继文,征文考献,广为搜罗,笔削维严。旱干霖涝,斋沐步祷,如向斯应;群狼入城噬人,具牒城隍庙,患顿息。皆政之卓然可传者。(原载清顺治二十二年《密县志·卷十二·循政志》)

第九章　断案如神的县令章士茂

章士茂，浙江人，清康熙五年（1666 年）任密县令。他为官清正廉明，断案如神，深得密县人民厚爱。

章士茂出身贫寒，自幼好学上进，对社会上的邪恶之徒深恶痛绝。心中常想：有朝一日金榜题名，谋得官职，绝对匡扶正义，惩恶扬善，造福一方百姓。后来他金榜题名，被皇上差封密县令。

章士茂任密县令期间，勤政廉洁，兢兢业业，执行减赋免税之策，深得民心。他常一个人微服私访，了解民情。尽其所力，为百姓办好事、办实事。他思维敏锐，善断冤案、奇案，纠正了几桩以往积存的冤假错案，深得民心。

章士茂惩恶

有一年夏天，章士茂用罢早饭，将衙内工作对师爷交代一番之后，便微服走出县衙，骑上一头毛驴出城一路朝北而去。他翻过青屏山口，来到横岭山下一个叫柿树湾村的村头，见几个老者在一棵大柿树下席地而坐闲聊，就翻身下驴，装作口渴讨水喝，与几位老人套上了近乎。几个老人对坐在一旁的章士茂并不在意，只管接着话茬继续喷起"空儿"来。章士茂从几个老者的谈论中了解到，离该村不远有个吴家庄，庄上有个后生吴天，他父亲吴老中是远近出名的老实人。一年四季只知道面朝黄土背朝天，春播秋收干死活儿。吴老中用大半辈子的辛勤劳动，倒也积下了几间房舍和几亩田产。俗话说，"家有万担粮，怕养无义郎"，吴老中四十五岁得一子，取名吴天。由于中年得子，对儿子特别娇惯，儿子自幼养成了好逸恶劳、饭来张口、衣来伸手、游手好闲的恶习，加上平时吴老中对儿子疏于管教、放任自流，当吴天长到十一二岁时，就成了村子里几个坏孩子的头头，整天领着几个臭味相投的混混，干些偷鸡摸狗、打街骂巷的坏事，闹得村里不得安宁。

随着年龄的增长，吴天的胆子越来越大，整天与一帮狐朋狗友们大吃大喝，欺男戏女，横行乡里。为此，吴老中没少替儿子给乡亲们赔礼道歉。但是儿子大啦，吴老中哪里还能管得住？为此，父子俩整天吵闹生气。后来儿子干脆破罐子破摔，纠合几个混混兄弟整天在家大吃大喝，打打闹闹，把吴家弄得乌烟瘴气，把吴老中气得死去活来，不久老两口先后离世。从此，吴天没了管教，弄得左邻右舍不得安宁。然而他又不犯大案，乡亲们拿他也没啥办法，成了吴家庄一祸害，于是乡亲们给他送了个别名"吴赖"。章士茂听到这里暗道：这还了得，光天化日之下横行乡里祸害百姓，尽管他吴天没犯大法，也决不能容他肆意妄行，作为百姓的父母官，必须为百姓做主，为百姓撑腰，严惩恶徒。于是章士茂告别几位老者，骑上毛驴直奔吴家庄。

吴家庄位于横岭山下，距柿树王村不足五里路，章士茂一会儿就来到吴家庄外。正巧吴家庄这有庙会，官道上赶会的人络绎不绝。在吴家庄村西头不远处的路边上，有一块二亩左右的瓜园，成熟的大西瓜溜圆水灵。章士茂见瓜庵前聚集着一群人，从人群里传出阵阵吵闹和妇女哭泣之声。章士茂不知道瓜园里发生了什么事，就走上前去观看，只见一抱孩子的年轻妇女坐在地上哭诉着："俺叫刘娥，是东边姚上村的，丈夫叫姚铁锤，年前去世，撇下俺孤儿寡母艰难度日。今天吴家庄有庙会，俺想到会上买些针线，也好在家做些针线活谋生，当俺走到这个瓜园地头时，瓜园里这位大哥，死磨硬缠地硬把俺拉到瓜庵前，给俺摘了三个大西瓜，说管叫俺吃饱了不要钱，他一边说一边对俺动手动脚，俺见他存心不良，急忙起身离开，谁知他拉住俺硬往瓜庵里拽，他还有俩帮手，俺见势头不对就大声呼救，这位大哥把脸一沉，说俺偷了他瓜园里的西瓜，俺实在冤枉呀。"说毕，刘娥又大哭起来。

章士茂听罢，细看这妇女，二十七八岁，发结上扎着白带，脚上穿双缝白布的鞋，是个丧夫不久的寡妇，怀里抱着个不满周岁的孩子，明眼人一看就知道是个本分的人。再看看种瓜的，年纪三十岁左右，满脸邪气，贼眉鼠眼，歪着个脑袋，斜愣着眼，不难看出此人是个孬货。章士茂从众人口中得知此人便是吴家庄的吴天，人送外号"吴赖"的就是他。旁有人议论说，刘娥可是姚上村有名的好媳妇，今天咋撞见了吴家庄这个无赖，真倒霉。章士茂暗道：吴天呀吴天，今天算你该倒霉，本官正要找你哩！于是走上前问道："喂！种瓜的，刚才刘娥那番话可否属实？"

吴天见有人问，回答说："那是刁妇刘娥的一面之词。"他指着地上的大西瓜，"这是她偷俺的赃物。"接着又往瓜庵里指，说："瓜庵里还有两个证人哩，人赃俱在，她想抵赖都没门！"

章士茂看看从瓜庵里走出来的年轻人，又看看吴天，再瞧瞧坐在地上的刘娥和哇哇啼哭的孩子，心里早已明白了一切。对吴天说："种瓜的，以我之见，今天你们吴家庄有庙会，大路上人来人往，看热闹的人越来越多，你们这样吵下去，也不是办法，要我说不如这样……"章士茂靠近吴天，贴着耳朵对他说："听说密县新任知县章大人最恨手不干净的小偷小摸，如今赃物、人证俱在，你何不前往县衙告她！说不定知县还会将这个寡妇断给……""你"字还没等章士茂说出口，早把吴天美得抓耳挠腮，饶舌咂嘴，说："先生此言甚好，正合吾意，多谢指点，多谢指点。"

章士茂见状又说："为了稳操胜券，千万别忘带证人、赃物。"吴天说："那是，那是！"然后章士茂拨开人群，骑上毛驴急忙赶回县衙。章士茂赶回县衙换好官服，就听见衙门外有人击鼓告状。他急忙令衙役带击鼓人上堂！不多时，只见吴天领着证人、带着"赃物"，推搡着刘娥来到堂前跪下。章士茂见四人跪定后，问道："各自报上姓名，何人击鼓，击鼓为何，状告何人，呈上状纸。"

吴天抢着说："由于路上来得匆忙，没有状纸。"章士茂说："既然没有状纸，速速口诉上来。"于是原告、被告、证人各自做了口头陈述。师爷做了详细笔录，让四人画押后将口供递给章士茂。章士茂对此事早已清楚，并没仔细看口供，而是走下大堂，围着四人转了一圈，然后回到堂上，把惊堂木一拍，指着刘娥厉声道："你这女子，既然是往吴家庄赶庙会，就应该心无邪念前往，怎敢到他人瓜园偷瓜，三个西瓜不值几文钱，但偷窃行为着实可恨，本官今天必须治罪于你！”

刘娥一听县太爷要治罪于她，顿时大声哭诉道：“大人明察，我是被恶人诬告陷害，俺冤枉呀！”章士茂说：“刘娥你莫嘴硬，本官看你年轻，是个寡妇，还有尚小的孩子，家境也很艰难，就不让你受皮肉之苦了。但是，你必须听从本官对你的判决，否则……”章士茂给刘娥丢了个眼色，“否则本官将你重打不饶！”

刘娥一时昏了头，不知道章大人葫芦里装的什么药，只得无奈地点头说：“民女刘娥任凭大人发落！”章士茂说：“既然你愿听从本官发落，本县堂上做主，将你改嫁与吴天如何？”刘娥道：“人们都说章大人是个爱民如子的清官，原来你是个昏庸无能的糊涂官！非但不为民女洗刷冤屈，反要俺嫁给这个无赖。”

章士茂一拍惊堂木，说：“大胆民妇刘娥，竟敢不服本官判决，还咆哮公堂，该当何罪！”刘娥被章士茂的惊堂木震住了，一时不敢哭泣吵闹。章士茂转脸对吴天说：“吴天，看来刘娥是个刚烈女子，不听本官发落，强扭的瓜不甜。这样吧，你先抱着孩子和赃物下堂等候，待本官说通刘娥之后，再让她跟你回家完婚如何？”

吴天见章知县就这样糊里糊涂将刘娥判给了他，高兴地不知如何是好，急忙叩头谢恩，然后从刘娥怀里夺过孩子就要下堂去。章士茂厉声道：“吴天且慢，你怎么只抱孩子，却把赃物留在堂上，莫非你想用赃物贿赂本官不成？”吴天急忙说着“不敢，不敢”一边去撸大西瓜。因为他一手抱着孩子怎么也撸不起三个大西瓜。吴天急忙让两个证人帮忙，章士茂制止道：“两个证人且莫动手，让他一个人去撸！”吴天为难地说：“章青天，您看小民抱着孩子，一只手实在撸不住这三个大西瓜啊！”

章士茂等的就是吴天这句话，于是将惊堂木一指，指着吴天大声道：“大胆刁民吴天，既然你一个身强力壮的大男人，抱着孩子都没办法撸起这三个大西瓜，刘娥一个女流之辈，抱着孩子怎么可能偷你三个大西瓜，分明是你存心不良诬陷他人，欺辱良善，你还有何话说！”吴天直到此时才恍然大悟，原来自己入了章大人设下的圈套，一时支支吾吾说不出话来，最后不得不如实招供。章士茂根据吴天的口供，命令衙役将无赖恶棍吴天拉下大堂重责五十大板，只打得吴天皮开肉绽，哭爹叫娘，然后下入监牢服刑二年，这是后话。

吴天被拉下大堂后，章士茂指着两个证人喝道：“你们两个也非良善之辈，明知吴天横行乡里，祸害百姓，非但不劝阻制止，反而为虎作伥，助纣为虐，共谋诬陷良家女子刘娥，不责罚你们不足以平民愤，拉下去重责五十大板轰出县衙！如若下次再犯，打入监牢，决不轻饶！”章士茂处理罢三个恶徒之后，急忙下堂将跪在堂下的刘娥扶起，说：“刚才让你受惊了，且莫责怪本官。”然后又对刘娥安抚了一番，并取出一些散碎银两，交给刘娥作为安抚费用，又令衙役备上毛驴，护送刘娥离开县衙返家。

自从章士茂惩治了恶徒吴天一伙后，吴家庄一带太平，老百姓无不拍手称快，万民齐颂章知县爱民如子，是个廉洁勤快的好官。

智断偷面贼

这天，章士茂用罢早膳，换好官服，忽然听见门外有人击鼓吵闹。章士茂让当班衙役前往传唤击鼓人上堂。不多时，衙役带领两个人来到大堂上，向章士茂回禀道："回知县大人，刚才就是他们二人击鼓吵闹，还背着一布袋面粉。"

章士茂问道："你们来衙门告状，为何背一布袋面粉，莫非想贿赂本官不成！"

二人争说："小民不敢，小民不敢……"

章士茂打断二人的话问道："闲话少说，回本县问话，你俩谁是原告，快将状纸呈上。"

一个身上沾满面粉的人说："我是原告，只因来得急，没带状纸。"

章士茂说："没有状纸，口述也可。"

原告说："小民名叫张五更，家住密县城内南大街，开面坊为生，今天我要状告我家邻居王新强。"张五更指着王新强说，"他多次偷窃我家面粉，今天早上四更时分，再次来我家行窃被我当场抓获，特拉来告官，这袋面粉就是赃证。请大人为小民做主，追回被他偷的面粉。"

章士茂问王新强："被告王新强，张五更告你偷窃他家面粉之事，可属实情？"

王新强俩眼珠子一转，急忙辩解道："知县大人，小民实属冤枉，你看我乃一个缺腿少胳膊的瘸子，连生活都难自理，怎么可能偷他家的面粉？这全属不实之词，是张五更诬告小民，万望大人为小民做主。"

章士茂走下堂来，围着二人转了一圈，然后回到堂上坐下，一拍惊堂木，指着张五更大声喝道："大胆刁民张五更，不在家中好好磨面，无事生非诬告一个残疾人，来人呀！把张五更拉下去押进监牢，等候发落。"

张五更高喊道："知县大人，我没有诬告王新强，小民所讲句句属实，请大人明察。"章士茂不管张五更的呼叫，一挥手让衙役将其押下堂去。

章士茂转过脸，笑容可掬地对王新强说："王新强听好啦，本官见你身体残疾，绝不可能干那些鸡鸣狗盗之勾当，显然是张五更诬告于你，本官看你可怜，就将这布袋面粉赏赐给你，背上它下堂去吧。"王新强万万没有想到，事情会是这样的结局。自己偷了张五更家的面粉，张五更却被押进监牢，知县大人还当堂奖赏给自己这袋他偷来的东西，心里高兴极了。他谢过知县大人后，来到面布袋前，先将一条腿跪下，然后躬下身子，用右肩膀抵在面布袋中间，再用左边那半截胳膊搭在面袋上，一用劲就把那布袋面扛到肩上，大摇大摆走出了县衙。

可是，他刚迈出大堂两步，忽听身后章知县大声喝道："来人！把偷面贼王新强给我拿下！"王新强被身后知县大人的喝声吓出了一身冷汗，知道自己进了知县大人的圈套，但为时已晚，不得不如实供出他多次乘黑夜翻过围墙到张五更家偷盗面粉的事实。

巧断毛驴案

有一次，知县章士茂着便服到县东私访，在返回县城走到李堂街北头时，碰见一个商人打扮的人，牵着一头毛驴，坐在沿街一块石头上痛哭，在他身边有不少围观的人。一些好心人关切地问他哭啥嘞，商人说他是个做药材生意的，听说密县尖山的金银花和南龙产的枣仁远近闻名，就带着一百两银子从豫东通许县来密县采购。因为走得太累，脚上也磨出了血泡，实在走不动了，在双楼村正巧遇上一个赶毛驴的愿意为他捎趟脚儿。双方约定骑到密县药庙，脚驴价八十文钱。商人当时付了驴价骑上了毛驴。

赶毛驴的人见商人背着个沉甸甸的包袱，骑在驴上还舍不得放驴背上托着，判断包袱里肯定有钱财，顿生歹意，就讨好商人说："客官，看你骑在毛驴上还背着个包袱怪不是味的，还是让我替你背着吧！"商人说包袱里就几件换洗衣服不沉，没让赶毛驴的人替他背。后来，经过赶毛驴的再三劝说，商人只好将包袱让他背上。

当他们走到李堂街的时候，这里正逢一年一度的九月庙会。商人第一次来密县赶药庙会，他不知道李堂村就是药庙。只见庙会上熙熙攘攘，人山人海，热闹极了。赶毛驴的见下手的时机到了，乘机往毛驴屁股上猛抽一鞭，那毛驴突然受到惊吓，在人群中疯跑起来。赶庙会的人见毛驴惊了，都躲得飞快，当毛驴冲出人群，跑到街北头人少的地方时，才慢慢停下，商人惊出了一身冷汗，回头再看赶驴人，早已不见了踪影。商人这才知道中了赶驴人的奸计，他的一百两银子被赶驴人拐骗走了，于是坐在街边石头上痛哭起来。

章士茂听罢，对商人说："客官，银子既然被人拐走，你只坐这儿哭顶个啥用呀，快去县府告状去吧，听说章知县断案可神了，你快去试试吧！"

商人说："我一不知道赶驴人姓啥名谁，二不知道他家住哪村哪店，我告谁去呀？"

章士茂说："你虽然不知道赶驴人姓啥名谁，家住何方，但是他的毛驴在你手上，你就状告他这头小毛驴。"

围观的人听了章士茂一番话后哭笑不得，怀疑他大白天说梦话。小毛驴是个畜生，又不会说话，更不懂人间是是非非，状告毛驴又有何用？再说了，自古以来还没听说过人告毛驴的奇事。章士茂听见围观人们的议论，只当没听见，继续劝商人说："你是骑着毛驴来到这里的，他的主人拐骗了你的银子，如今这头毛驴就是你丢银子的唯一证物，你不告它告谁？只管去告这头小毛驴，知县大人自有捉拿贼人之法！"那商人想了想，觉得自己第一次来密县，人生地不熟，如今又遇到这桩倒霉事，在没有其他办法的情况下，只好死马当作活马医，去密县县衙碰碰运气了。于是，骑上毛驴前往县衙告状去了。

再说章士茂离开商人之后，来到李堂村外，骑上衙役为他备好的马，扬鞭赶回县衙。回到县衙刚换好官服，就听到衙门口有人击鼓告状，他急命当班衙役伺候升堂问案。县城的老百姓听说有人牵着毛驴击鼓喊冤告状，觉得怪稀奇，纷纷跟在商人后边看热闹，更想看看章知县如何审问毛驴案。

商人来到县衙内，先把毛驴拴在大堂外的梧桐树上，然后走进大堂跪下，对章知县口述了一番。章知县听毕大怒，一拍惊堂木喝道："来人，快把被告押上堂来！"于是两个衙役来到大堂外，解开缰绳，把毛驴牵上大堂。看热闹的群众见知县大人命衙役将毛驴牵进了大堂，不少人捂着嘴嘿嘿直笑。此时只听大堂上章士茂“啪”地一拍惊堂木，指着毛驴呵斥道：“大胆毛驴，竟敢在光天化日之下，伙同你家主人拐骗他人银两，该当何罪？”那小毛驴受到惊吓，翻起白眼看看章士茂，接着仰起脖子“没啦，没啦……”地大叫起来，一边叫一边“嘟噜，嘟噜……”地放着响屁。堂下看热闹的人笑得前仰后翻，还有人捂着肚子直叫肚子疼。

大堂上章士茂可没笑，他又将惊堂木一拍，厉声道：“好你个大胆毛驴，非但不老实招供，还敢咆哮公堂，拉下去重责二十鞭子，再饿它三天，看它招供不招。”章士茂说罢，一甩袖退堂而去。众人见知县大人如此认真地审问毛驴，又这般没有结果地退下堂去，一个个瞠目结舌，猜不透知县大人葫芦里卖的是什么药。

三天以后，章士茂把两个贴身衙役叫到了跟前说：“今天把毛驴放了，你们两个扮成农人模样，跟在毛驴身后，看它往哪里去，然后……”知县又如此这般地交代了一番，两个衙役点头而去。

小毛驴从衙门放出后，出东门顺官道一直朝东而走，两个衙役跟在身后，一直跟过五里店的杨寨村，小毛驴终于在一家茅草房前停了下来，仰起脖子叫了几声。一会儿，大门开了，一个年约四十的妇女出来了，顺手牵住驴缰绳，对院内喊道：“掌柜的，快出来看呀，咱家的小毛驴自己跑回来了。”两个衙役上前问道：“大嫂，这头毛驴是你们家的吗？”那妇女没好气地说：“咋啦，不是俺家的还是恁家的不成！”这时候，从院子里走出来一个四十出头的男人，两个衙役说：“大哥，这头毛驴真是你们家的吗？”那男人瞪着牛铃铛眼说：“笑话，不是俺家的驴，会在俺家门口叫唤？”

二衙役说：“既然这头毛驴是你家的，那就跟我们到县衙走一趟吧！”来到大堂上，商人搭眼就认出了赶毛驴的。章士茂大喝一声：“众衙役，把这个拐骗他人银子的家伙拿下！”事情到此，赶驴人知道自己藏不住了，抵赖已经没用了，只好老老实实招供。

商人的一百两银子失而复得，对章士茂感激不尽。从此，章士茂“神县令”的美誉在密县百姓中传为佳话。

第十章　追慕圣贤的县令李居易

李居易，字松友，山东东阿人。顺治十年(1659年)进士，从小诵读诗书，满腹经纶。清康熙七年(1668年)，任密县县令，他庄重正直，乐于勤事，施行仁政，爱民如子，经常深入民间，询问百姓疾苦，发现有不便于民者，即雷厉风行，马上革除。

善于教化，勤于理政

李县令生活十分俭朴，只有客人来访时，才做肉食，动荤菜。他在超化租赁了几亩地，亲自耕种，待客时，亲自下地采摘蔬菜招待客人，有“林宗剪韭”之风(东汉太学生领袖郭林宗，有友晚间来访，冒雨到地里割韭菜款待，后成佳话)。

闲暇时，他骑着毛驴下乡察看，所到之处，遇到农民，就讲怎样把地种好；遇到读书人，就讲怎样把学问做好。由于他平易近人，乐教善化，深得民众之心。为教导密县老百姓学礼仪，闻圣教，修订并刻印《家礼》，颁行全县，推行乡里，以为家族仪礼的典范。

当年，县城城隍庙进行修缮，“抽其椽之腐者，补其瓦之解者，鳞次其榱霤薄栌。若寝、若殿、若东西芜之朽者、圮者”。使整座庙宇焕然一新。竣工之日，李县令召集父老乡亲作了一篇宣谕，大意是讲，神灵之昭就在百姓日常生活之中，一言一动，或进或止，神就在心中涌动，有则得表彰，有则治以罪，荣辱全在百姓自己内心的那个神明。讲完之后，长老说，以前只知道以庙事神，不知道以心事神，今后一定铭记心中。

于是，李居易就把讲话之意刻于碑中，以城隍道场阐述了儒家之道。他再在碑文中说：神不神于神，而神于宰官。宰官不神于宰官，而神于百姓之自善、自恶、自赏、自罚。呜呼！故立庙祀神，是劝汝父老若子弟以敬也。汝等不以心与神合，是虽欲邀福于神，神其享诸？官之法在，神其赦诸？

《论语》中，子路问老师：怎么做才能成为君子？子曰：“修己以敬。”曰：“如斯而已乎？”曰：“修己以安人。”曰：“如斯而已乎？”曰：“修己以安百姓。修己以安百姓，尧舜其犹病诸。”

李县令这篇碑文把儒家“修己以敬”的思想表达清楚了。而修己就是自善、自赏，反之，则是自恶、自罚，完全看自己一念之择。

康熙初年，经过明末的战乱、社会的动荡，社会初步平定下来，密县也经过崔养重、李芝兰、李鹏鸣、王珏等历任县令的治理，呈现出了城乡祥和、安居乐业的局面，李居易治理密县，继续了以往安民济业的局面，他的德政善举为密县人所称道。

研讨理义，传承理学

但是就在李居易第二任期到来之际，他却封冠挂印，辞官而去了。

那么，李县令为什么要辞官呢？有什么事情比锦绣前程更重要呢？他辞官以后，去干什么了呢？

超化是李县令辞任的一个端口。

李居易在超化期间，慕名来到白云庄学社，结识了一群以研讨理义、传承理学为宗旨的饱学之士。

超化因水而灵，以寺而名。洧水临下东流，巍巍寨墙高耸，处处泉流遍地，时谓“密县小江南”。自北齐昙鸾在此创立净土宗，“超升净土、化育群生”便广为流传。宋元以来，超化即为中州游赏名区，汴洛名人无不到此游观。

明末，超化巨绅钱标、钱梅筑寨自守，推举张问明为寨主，养兵守御，义军土寇无不敬而远之。明朝遗民鸿儒莫不向往，依寨而居，超化遂成密南重镇。超化寨有两层，二层寨名为“白云庄”。

河南布政使杨思圣、河南道监察御史温原、鄢陵知县赵御众、沛人翁深、登封耿介、上蔡张仲诚、中牟冉觐祖、睢阳汤斌，还有马菽史“三无道人”李霞表、密县人郑际夏等在此结社论学，讲究理义，赋诗唱酬，不慕权贵，不图荣华，一派清流，高朋满座，好不雅致。

李居易在这里结识了一位潜心“北学”的学人钱佳选。钱佳选，字升阶，钱标之子，为人敦厚忠诚，豪情义胆，和气练达。顺治十七年（1660 年），与流寓超化的滦州赵御众结为好友，到苏门山从孙奇逢为学，已有多年，深得理学精髓。

李居易在读书时就听过孙奇逢之名，没想到，在自己治下，竟有孙奇逢的学生，很是高兴。

孙奇逢（1584—1675 年），明末清初理学大家。字启泰，号钟元，晚年讲学于辉县夏峰村 20 余年，从者甚众，世称夏峰先生。清顺治元年（1644 年）明朝灭亡后，清廷屡召不仕，人称孙征君。与李颙、黄宗羲齐名，合称明末清初三大儒。时有“北孙南黄”之称，孙奇逢成为北学宗师。

顺治七年（1650 年），孙奇逢向南迁徙到河南辉县苏门，九年，工部侍郎马光裕以辉县夏峰田庐相奉送，于是他率领子弟躬耕于此，四方来学习的人，也给其授予田地来耕种，他们居住的地方形成村落，名为夏峰村，从全国各地前来夏峰问学的弟子络绎不绝，有数百人之多。其中有的父子同为弟子，有的祖孙三代皆为弟子，有地位尊贵的翰林，有显达的高官。

由于“夏峰门徒半朝廷”，朝廷使臣往来，不入公署，先造访夏峰，以一见为快。读书人望见先生所乘小车，争先前来留宿自家。小孩和牧童奔走相告：“孙先生来吾家也。”先生游嵩洛，还有人派遣子孙前去追随先生，更有甚者抱着婴儿来见孙先生，说：“将来成人后，他可以骄傲地对人讲，小时候见过孙先生。”孙奇逢为人钦慕如此。

孙奇逢居夏峰二十五年，屡拒征召。

高山仰止，景行行止。孙奇逢的大学问与人格魅力，深深地吸引着李居易。李居易在与钱佳选的谈论中，深知自己从小读圣贤书，成年考科举，求功名，虽读书满腹，但仅得圣学之一二。从山东那山陬海隅来到中原，离圣人之教这么近，若能有缘向孙奇逢先生问学，修身进德，乃三生有幸也。而且在超化又结识这么一群志道向学的鸿儒大家，能够切磋学问，真是天赐良机。向往之心，愈思愈切。

但是身在公门，职事缠身，如何才能求教于夏峰先生呢？

幸好，那个时候，邮驿往来已十分方便，密县还有郑际夏、钱佳选、赵御众经常去苏门请益，于是在康熙八年（1669 年），李居易就向先生写了第一封信，求教孙先生。

《孙征君年谱》载：

康熙八年六月，密令李松友尝以书问学先生。答云：札中不见功而独见过，依《中庸》，而唯恐下达。此段用心之密，即慎独诚意之学，与今所奉功过格者，相去不啻天壤矣。况行之二十三年，本性自当发露形迹，自当浑合壹扎，犹拳拳不释，抑亦有所未安耶？盖人生，局不论显晦，年不论强弱，天皆赋畀全美之性。以一念真实心，流通于天地间，施于家者以此，施于政者亦以此，但于统宗处理会，则外物之摇乱，正属磨炼，而本性之体自如。

就今日为政之邑，不独大夫之贤、士之仁，皆我所事之。友之任觸，一民一物，一草一木，皆我性分中所有事。总本此恻隐至诚一念，所感动至琐屑棘手之处，即至中至庸之理寓焉。权柄在我，随时而应，久之自当浑合一札，当日逐事逐念考察，只属入门阶级，操修坚苦耳。以之拔本塞源，尚须会理头脑。

《年谱》中未显问，而只有答。看大意，是李县令问“以功过格来修身，持之二三十年，仍心性未安，未达《中庸》之意，为何？”

孙奇逢以拔本塞源之论答之：中庸是慎独诚意之学，与奉功过格者天壤之别。人生，皆有天赋全美之性，以真实之心流通于天地之间，齐家也好，理政也好，都属于磨炼，而本性自如。无论处物，任事，用人，一民一物，一草一木等等，都有中庸的道理在里面。全性在我，随时而应。当日逐事反省考察，属于入门阶段。要拔本塞源，还须要动一番脑筋。

拔本塞源一论出自王阳明。阳明先生说：夫“拔本塞源”之论不明于天下，则天下之学圣人者将日繁日难，斯人沦于禽兽夷狄，而犹自以为圣人之学；吾之说虽或暂明于一时，终将冻解于西而冰坚于东，雾释于前而云滃于后，呶呶焉危困以死，而卒无救于天下之分毫也已！

拔本塞源论是王阳明对圣人之学近于湮灭，世之学者“尚功利，崇邪说，习训诂，没溺于浅闻小见”“求索与影响之间”而发出的振聋发聩之言。

大儒似仙人指路，如醍醐灌顶。这一句话，点明了李县令。使李县令不得不对自己以前所学进行反思，击中要害，直指核心，使李县令对圣人之教更加顶礼膜拜。

这一年九月，李县令刻印了孙奇逢编订的《格物说》《家礼》。根据《密县志》记载，“刻家礼以教密人”。在清朝，在职官员不得越境办事，包括求学。于是他只能常常经书信求教，遥称弟子。这就是古代的“函授”教学吧。

就这样，在一来一往的信札教学中，李居易学问大进。由于李居易把部分精力用到求学问道上，为不影响县政，经他申请，朝廷给他派了一个助手张充先摄县事。张充先也是一个清官，一心为民办事，不便于民者，尽革之。“迨罢任，囊无一钱，布被箫条，仆马二人而已。”到康熙十一年（1672 年），李居易在密县令上已历四年。对于升官发财他是弃之如敝屣，而满心都是求学问道的追求，他实在等不到皇帝给他安排下一个任命了，就向皇上申请病退，辞去县令职务，到孙奇逢门下游学去了。《密县志》载其“后以从孙征君游，引疾去”。

孙奇逢逝世以后，密县超化成为中州传播北学的“人文渊薮”，赵御众、钱佳选、李居易、陈迩谷、耿介、张沐、翁深等人经常在这里聚集，编辑出版先生言论，讲论儒学大义，倡导理学宗旨，阐明天、地、性、命之旨，风气延续到清代中期，成为中州理学的绝唱。到道光年间，知县杨炳堃倡建景贤祠，禹州举人马士芳（号平泉）撰《超化十子祠记》，记人记事，阐述源流。追慕圣贤，求学问道，为往圣继绝学，密县县令李居易可谓先驱者。

第十一章　勤勉县令衷鲲化

衷鲲化，江南芜湖（今安徽省芜湖市）人，清康熙二十二年（1683 年），任知县一职。衷鲲化是一位十分勤勉的县令，他修城池、建县衙、创书院、修桥梁，可以说是政绩卓著。

清康熙二十二年，衷鲲化来到密县，担任知县一职。大概连衷鲲化自己也没想到，他在密县一干就是九年，相当于干了三任。直到康熙三十一年（1692 年），这一职才由来自湖广兴国州（今湖北省阳新县）的例贡袁良怡接任。

清嘉庆二十二年（1817 年）《密县志・卷十二・循政志》记载："衷鲲化，勤于民事，修举废坠，具有成功。"尽管只有寥寥数语，却是评价极高。

衷鲲化的出身

衷鲲化是以例监的身份来到密县任职的。例监，是明清监生的一种。科举制度中，以援例捐资入国子监为监生者，称为例监，亦称捐监。《明史・选举・志一》记载："入国学者，通谓之监生，举人曰举监；生员曰贡监；品官子弟曰荫监；捐资曰例监……例监始于景泰元年，以边事孔棘，令天下纳粟纳马者入监读书，限千人止。"明朝景泰元年（1450 年），始以纳粟纳马者入监读书，称民生，又称俊秀。若授以官职，只可以选为州县佐官及府首领官，若在京任职，则入光禄寺、上林苑或边远直省，被视为异途。清朝例监由俊秀报捐后，或在国子监读书，或在原籍。监期已满者，可以参加考职以定选授，被视为正途。

江南芜湖乃富庶之乡，衷鲲化的家庭应该属于富裕家庭了，为了下一代的前途，家里向国家缴纳了一定的资财，为他谋得一个监生的名分。衷鲲化最终能够获得县令职位，应该是通过考职后被朝廷选授，亦算是正途了。

招复业户，劝课农桑

衷鲲化上任后，非常重视农业的发展，他招民垦田，劝课农桑，使得密县的田亩、人丁不断增加。

清康熙三十四年（1695 年）《密县志・卷三・赋役志》"户口"记载："康熙二十九年，知县衷鲲化续招复业户六千三百一十，口一万二千六百九十七，丁六千二百一十八。"同书"田土"记载："康熙二十九年，知县衷鲲化劝谕续垦及查出自首地八十顷四十二亩五分六厘三毫。康熙三十年，又劝垦地二顷五亩二分九厘五毫。"衷鲲化多年的劝谕垦荒，使密县新增耕地 8 247 多亩。

多方筹措，重建县衙

隋大业十二年(616 年)，密县县城由大隗镇迁于古法桥堡(即今新密古城)，县衙便置于城中，后历以岁月，先后毁于元末和明末的战火。崇祯十四年(1641 年)，李自成义军攻入密县城，县衙遭受焚烧破坏。

大清鼎立，首任知县崔养重来密县任职时，看到的是满目疮痍，老县衙房倒屋塌，野草丛生，已经不能办公，只好对县衙西边的按察分司(即主管司法的衙门)进行修理，权作县衙办公之用。顺治五年(1648 年)，知县李芝兰到任后，对按察分司重加修葺，规模相对完备，后因积雨又多次倾圮。

康熙二十二年衷鲲化上任后，看到前任十一位知县在四十余年间，都屈就按察分司办公，思绪万千。他认为，“其临民听治之地，必规模方正，堂阶高朗，以尊朝廷而肃体统”。而现在办公的西司“偪隘殊甚，且介在庙寺间，阳陷乎阴，往往多不利”。

古语云:“官不修衙，客不修店。”中国的政治传统，是不讲究修衙门的。一者在传统政治格局下，各级衙门的规制都有严格的规定，概由工部拨款统一建造，无论地方富有还是贫瘠，一个级别的政府，房屋都是一个样子，不能随便修造；二者为官一任三年，也是匆匆过客，亦不必修衙；还有传说谁修了衙门，就升不了官了。所以，衙门能住就行，再怎么破烂，也没有人张罗修理。

重建县衙，需用大量的资金，可能招致非议，使自己处于是非之地。“念前人不为，而待之今，今复不为，而待之后，是终无可为之日也。”衷鲲化思虑再三，毅然决定重建县衙。

于是，他召集全县绅士和各保保长进行商议，并报请开封府批准，在旧址对县衙进行大规模重建。为节省资金，修建时充分利用衙内原有旧料，“木料之桡朽者易之，砖石之破缺者补之；邑绅士复乐意急公，量输物料。计用旧材十之七，增新材十之三”。就这样，没有动用公款，仅用了不足两个月的时间，一座有着 150 间房屋规模的县衙，就在衷鲲化的精心谋划下，重新树立在世人面前。其效率之高，令人赞叹。此次重建，也奠定了此后三百多年的密县县衙格局。

县衙落成之日，衷鲲化带领衙役洒扫庭院，焚香祭祀衙神、土地，全体搬回新衙门办公。他还亲笔撰写刻立了《县治碑记》，以记其盛:“不禁慨然太息曰:嗟乎！是焕然一新者，即向者瓦砾之场也。萍踪宦迹，孰为乐此以淹岁月？然乘时则速，借便则省，正可为异日惜经费、纾民力而还其旧观，即所以尊朝廷而肃体统也。则斯役也，讵容视为缓图哉!”

密县正堂图

名堂明志

在清嘉庆《密县志·卷七·建置志》中，详细记载了衷鲲化重建的县衙规模："知县衷鲲化重移于旧治，建牧爱堂五楹；东为赞政厅，西为架阁库各三楹，东西两翼为六曹房，计十八楹；南为戒石坊，坊前为仪门。外为壮、快、皂、捕班房，东西各四楹；仪门东为寅宾馆，又前为大门，门之东西为旌善、申明二亭，又前为照壁，南为钟鼓楼。牧爱堂后为三鉴堂五楹，东西房各三楹；又后三堂五楹，东西房各三楹；书房东南三楹，西五楹，后楼五楹，东西厢房各三楹；又楼旁退思堂三楹，堂前内书房六楹。"

此次修衙中，衷鲲化对于各个主要厅堂都命名堂号，以表明自己勤勉、亲民、爱民的人生追求。

大堂命名为"牧爱堂"，意为官爱民之意。古时州官称牧，县官称宰，牧宰泛指州县长官。牧爱者，即为官一任，以民生为本，爱民亲民。

二堂命名为"三鉴堂"。东汉末年史学家荀悦在《申鉴》中讲道："君子有三鉴：鉴乎古，鉴乎人，鉴乎镜。"唐代政治家魏征死后，皇帝李世民曾慨叹曰："以铜为镜，可以正衣冠；以古为镜，可以见兴替；以人为镜，可以明得失。"县衙二堂，是知县预审案件、协办案件的地方，衷鲲化命名为"三鉴堂"，以警诫自己，施政办案要顺应天理，执行国法，合乎人情。

后楼院东侧三楹命名为“退思堂”。退思,即事后省察自己的言行,弥补过错和不足。《左传·宣公十二年》有言:“进思尽忠,退思补过。”意为出堂办公,想着竭尽忠诚;退堂后,想着弥补过错。

此次修缮,大门外两侧分别修复了“旌善亭”和“申明亭”,是为扬善惩恶为场所。两亭之制皆肇始于明太祖朱元璋。洪武五年(1372 年),明太祖下令在全国城乡设置“旌善亭”和“申明亭”。“旌”者,“表扬”也,旌善即表彰美善。在“旌善亭”可以粘贴榜文,公布本地的孝子贤孙、贞女节妇之事,从而达到教化乡民之目的。“申明亭”是当时读法、明理、彰善瘅恶、剖决争讼小事、辅弼刑治的场所。在申明亭里不仅定期张贴朝廷文告,公布本地罪犯或犯错人员的姓名及其罪错内容,而且推举德高望重之人,在申明亭主持调解民间轻微纠纷。

康熙二十四年(1685 年),衷鲲化还主持对县城城墙进行了整修。

创建桧阳书院

教育,关乎人文;教育,昭示希望。衷鲲化担任密县县令后,非常重视教育事业的发展,他修学宫,移泮池,重建尊经阁,创建桧阳书院,为振兴教育费尽心力。

书院,是唐宋至明清出现的一种独立的教育机构,是私人或官府所设的聚徒讲授、研究学问的场所。来到密县后,衷鲲化发现除学宫之外,这里还没有一座官办的书院。“余莅任五载,观密之人士多天资聪颖,能读书之才则蕴蓄于前,安知不发越于后?况嵩麓灵秘所结,磅礴郁积,意必有特立奇伟非常之人出,而振川岳之光者,此亦有司所亟当风励造就之也。余夙有志乎此,因于西街置地创建桧阳书院。”清康熙三十四年(1695 年)《密县志·卷二·建置志》记载:“桧阳书院:县旧未设。知县衷鲲化于康熙二十三年,在县治西捐奉置买地基二亩,于康熙二十六年建前厅三楹,东西厢房六楹,临街房共七楹,后厅五楹,东西厢房六楹,书房三楹,书房两耳房二楹。仍以城西南置田百亩,以为学租。”

康熙二十六年(1687 年),衷鲲化捐出俸禄,于西街创建桧阳书院,内设讲堂、斋房、廊庑、厨房、浴室等计 32 间,设施齐全,为密县学子攻读学业增添了新的场所。同时又置学田百亩,每年的收入用作聘请老师和学生求学的费用。

书院落成之日,衷鲲化撰《桧阳书院碑记》以示纪念:“密近接嵩,东且居大隗溱洧之间,相传为黄帝访道处,亦神皋奥区也。岂遂阒然无人,起而追踪前修,为密之山水生色耶?……庶几得窥天人性命之旨,致修词立诚之功,以备朝廷举贤任能之用。将见文章事业,可以后先媲美,川岳钟灵,信为不爽。于以上慰太傅于馨香蘋藻之余,是则余之志也已。”

桧阳书院图

重修学宫

学宫是古代地方官办的学校。孔庙建制形成后，学宫与地方孔庙共同组成了一个特殊的建筑群类型——庙学建筑，孔庙成为学校的信仰中心，学校成为孔庙的存在依据，这种合二为一的庙学亦称“文庙”。

地方学宫的基本制度是：明伦堂居中，前部左右设东厢和西厢房，堂后为尊经阁或藏书楼，堂前设儒学门和戟门两道。除此之外，许多地方官学中都有斋舍、儒学署、教谕廨、教授厅、敬一亭、洒扫公所、会馔堂、库房、射圃亭或观德亭等建筑。

密县学宫前有棂星门和泮池。“泮池”又称“泮宫”，是位于戟门正前方的半月形水池，意即“泮宫之池”，它是官学的标志。清康熙《密县志・卷二・建置志》记载：“泮池：旧在街南。知县衷鲲化于康熙二十五年移棂星门内。”密县文庙泮池原来在东大街南面，作为学宫的整体被大街隔开。衷鲲化将泮池迁至街北面的棂星门内，使得文庙更加规范整饬。

学宫内原有尊经阁，在明末李自成攻陷密县城时被焚毁，四十多年来一直没有重建。清嘉庆《密县志・卷七・建置志》记载：“尊经阁，在敬一亭后，知县衷鲲化重建。”衷鲲化决定重建尊经阁。他在《尊经阁记》中写道：“夫经不以阁而后尊也，学宫必尊之以阁，入学宫者，未有不望而知为尊经阁也。……与夫大法大伦之所在，非圣人笔之于经，则学者亦无由以讨论其大纲细目，以为从事之途，故名其阁曰尊经，尊圣学也。……余来兹土，斋心谒庙，悚然念之，以为经不尊将何以为学也！”

康熙二十七年（1688 年）春二月，衷鲲化在敬一亭后开辟旧基，庀材鸠工，开建尊经阁。地方士绅及博士弟子听说后，纷纷捐钱捐物共助盛事。经过四个月的施工，尊经阁于六月建成。阁面阔五间，高二层约两丈多。“于是巍焕肃宫墙之观，宏廓洞弦诵之响，登阁祭酒，式乐式康。”阁成之日，衷鲲化召集学宫先生和诸弟子祭祀先师孔子，并为大家提出了殷切的希望。他在《尊经阁记》说：“五伦，经之律也；百行，经之例也。严吾之律，精律之例，匪徒好之，实允蹈之。善乎！……夫如是则六经律之一心，一心律乎万善，进之为尊主庇民之业，退之为守先待后之功，是阁不虚建，而经不虚尊也。嗟乎！吾日见夫入学宫者之有人也，而切切焉为密人士望之；吾宁谓密人士遂以子言为不谬也，而实切切焉为学宫期之。”

修桥便民

在任期间，衷鲲化十分重视民生工程。康熙二十八年（1689 年）这一年，他将精力转移到了修桥上，对境内通往豫东主干道（今密杞路）上的浮山双桥、卢家桥、利涉矼等几座桥梁进行了修复。

云濛山下的桥梁，俗称寡妇桥，现名官夫桥。康熙二十八年（1689 年），衷鲲化重建此地的两座桥梁。清嘉庆《密县志》记载：“浮山双桥，在县东云濛山阳，俗名寡妇桥。两桥相去三十余步。年久圮毁。康熙二十八年知县衷鲲化重建，视前较大。”

卢家桥（今属新郑市）位于今天的密杞路与 107 国道交汇处，自古为交通要道。清嘉庆《密县志》记载：“卢家桥，在卢家湾，年久倾圮。康熙二十八年，知县衷鲲化重建。”

在县东三里马汊河上，衷鲲化还曾修建利涉矼，垒石筑桥，但建设中遭遇山洪被冲毁。袁良怡《利涉矼碑记》写道：“密东马汊河，邑之要衢也。左通汴省，右达洛阳。其有公私之迫急者，遇水潦则不得过，行旅患之。前事衷君（衷鲲化），欲砻石以为矼，功未办而山水暴涨，尽圮，于是往来受阻。”康熙三十三年（1694 年），继任知县袁良怡进行重建。

修葺庙宇

在封建社会，民间庙宇是劝民向善、教化民众的重要场所。凡有为之官吏，都十分重视庙宇的作用，或亲自创修，或支持民众修建。据清嘉庆《密县志》记载，李芝兰和衷鲲化是最重视庙宇修缮的两位县令。在任期间，衷鲲化曾经创建大王庙、五瘟神庙和财神庙，重修卓君庙、火神庙，重建开旸庙、裴公庙。

卓君庙，是祭祀密县汉代县令卓茂的场所。衷鲲化在任期间，曾对位于大隗镇的卓君庙进行了重修。清嘉庆《密县志》记载：“卓君庙，一在大隗镇东，乃汉卓公葬衣冠处。康熙间，知县衷鲲化、袁良怡重修。”

密县是火神祝融故里，祭祀庙宇甚多，而县城南关的火神庙是最重要的一所。南关火神庙毁于明末战火，顺治七年（1650 年），知县李芝兰重建。康熙二十四年（1685 年），知县衷鲲化给予重修。

城西关毗邻菜园河，每夏多遇山洪，威胁行旅安全。康熙二十五年(1686 年)，衷鲲化在西关外创建大王庙，祭祀河大王，为民众祈福。

古时候医药卫生条件较差，一旦发生瘟疫，常常伤及大批百姓。为了祈求瘟神的庇护，康熙二十五年(1678 年)，衷鲲化创建了一所五瘟神庙。清嘉庆《密县志》记载："五瘟神庙，在广生祠东。康熙二十五年知县衷鲲化建。……则瘟神流行，必有神主之，今立祠以奉，亦为民御灾之意。"

开旸庙是全国唯一的一所祈晴庙宇，也是祭祀人祖伏羲、女娲、炎帝和黄帝的场所。清嘉庆《密县志》记载："开旸庙，在开旸山下。祈晴有应。知县衷鲲化重建。"

同时，衷鲲化还重建了裴公庙。清康熙《密县志》记载："裴公庙，县治东南。庙被风雨损坏，康熙二十五年知县衷鲲化重建。"

重建文峰塔

文峰塔是古塔的一种，主要用于祈祷文运昌盛。文峰塔的兴废是事关地方文风和科举的大事，一般会引起地方官员与士绅的关注和重视。

在密县城东南岭上，元至正元年(1341 年)，人们建起了一座文峰塔。明末李自成攻打密县城，文峰塔被毁。康熙二十九年(1682 年)，衷鲲化重建文峰塔，并撰写《文峰塔碑记》一文，他似乎并不认为塔与科举有关。其文如下：

"青乌氏率以建制之吉凶相恐喝，儒者多信之，过矣。夫世之信数者崇术，信理者黜数，要之见理不真，为数不精，各相龃龉，其是非亦难定耳。密治东南隅，旧有浮屠数级，明末毁于兵。密人士往往以不利科第为憾。夫儒者以毁淫祠，攻异端为事，至于科第而又求庇于浮屠，是何其言行之剌谬耶！密自两进士外，无掇巍科名当世者，其果文峰故耶？吾闻舜举童土，尹育空桑，是未必以文峰而兆君相登岩廊也。今其人曰：巽地文明之象，于理是矣，而数未必然。又曰：卦气之相克，于数得矣，而理又不必通。然世之通理数者几人哉？其或因塔之建如磁之引铁，珀之拾芥，气类感而理数符，亦未可知。又何必不信其理，不信其数，而必不为耶？于是仍旧址计工而筑之。高二丈五尺，从密人请也。要之掇巍科，显当世，岂尽文峰之赖也乎！"

衷鲲化担任密县县令后期，还曾经纂修《密县志》，但在任期内并没有刊印。康熙三十四年(1695 年)，由其继任者袁良怡主持纂修的《密县志》刊印发行。在《重修密县志序》中，袁良怡这样记述："阎大中丞檄将密邑衷(即衷鲲化)、王两令，所修旧志，参阅纂辑，缮稿以呈。……斯志也，衷君(衷鲲化)盖励厥始矣，诸君盖勤厥中矣，不佞盖慎厥终矣。"对衷鲲化创修康熙《密县志》的功劳予以肯定。

衷鲲化令密年谱

康熙二十二年(1683 年)，任密县知县。重建县衙，撰《县治碑记》。

康熙二十四年(1685 年)，修筑城池。重修火神庙。

康熙二十五年(1686 年)，移建文庙泮池。创建大王庙、五瘟神庙、财神庙。重建开旸庙、裴公庙。

康熙二十六年(1687 年),创建桧阳书院,撰《桧阳书院碑记》。重修卓君庙。

康熙二十七年(1688 年),重建尊经阁,撰《尊经阁记》。

康熙二十八年(1689 年),修建浮山双桥、利涉矼和卢家桥。

康熙二十九年(1690 年),续招复业户六千三百一十,劝谕续垦耕地八十顷四十二亩。重建文峰塔,撰《文峰塔碑记》。

康熙三十年(1691 年),纂修《密县志》。劝垦耕地二顷五亩。

第十二章　明白知县于兆麟

于兆麟，字祥瑞，蒙古察哈尔右翼正黄旗人，清康熙四十二年(1703 年)，以监生的名分，充任密县知县。

清康熙四十四年(1705 年)盛夏的一天，密县城东三岔口的关帝庙前发生一起命案。命案现场唯一的证据就是石板上刻着的几个字"为瓜皮打死人"，这该如何是好？

先从一桩案子说起

接到密县城东三岔口关帝庙前的命案后，知县于兆麟带着典史刘继安和一帮衙役就到现场查看了。经查看，确认被害者是经常在关帝庙前摆摊卖西瓜的老汉，年近六旬，头部被击伤致死，横卧于路旁。关帝庙位于云蒙山东边的一道石岭上，方圆五里之内都没有住户，庙前只一条大路，往东通省府汴梁，往西通古都洛阳。

再说这个于兆麟知县，上任不到两年，就遇上了这起人命案，他暗下决心，一定要把这个案子查个水落石出。于知县踱着方步，在现场搜寻着每一件物证。忽然，前边不远处一块石板上刻着的几个字引起了他的注意，他走过去一看，那几个字像是用石头刻划，刻的是：为瓜皮打死人。啥意思？于知县脑子里"骨碌碌"地转开了圈，是一个叫"为瓜皮"的打死了人，还是因为瓜皮打死了人？是"为瓜皮"打死人后自己刻划的字，还是看见"为瓜皮"打人的人刻划的字？"为瓜皮"打了卖瓜老汉后，老汉是当时死的还是后来死的？于知县想啊想，脑袋都快想炸了，也没想出个所以然来。于是决定，先找这个叫"为瓜皮"的人吧。

刘典史没办法，答应了一声，便屁颠屁颠地一路跑去，找来了当地的里正，于知县问他："此处可有'为'姓人居住？"

里正回答说："有，从这里往北里是魏寨，住的都是姓魏的人；往南五里是韦家门，住的都是姓韦的人。"

"先去魏寨打探。"于知县一声令下，一队衙役、捕快便来到了魏寨。

抓住了"凶手"

要不，咋说于知县断案如神呢？他来到魏寨，逐户登门，对每一家的人口、名字、性别、年龄、职业等，一一过目，很快就发现了嫌犯。嫌犯是谁呢？是一个叫魏振坡的人。瞧瞧他那名字，字面上就带着"瓜皮"的影子。这个魏振坡三十出头，满脸络腮胡，一身疙瘩肉，生得膀大腰圆，让人望而生畏，一开口说话就带着一股子火气，家里一贫如洗，想钱都快想疯了，不是他图财害命还会有谁？于是，于知县让衙役们把魏振坡锁了，带回县衙审问。

魏振坡果然不是一盏省油的灯，于知县问他："昨天干啥了？"魏振坡回话的声音比知县的最少高出三倍："昨天去北山姐姐家串亲戚，咋啦？"于知县觉得心里很不舒服，这小子，是我审你还是你审我呀！他便把惊堂木一拍，厉声喝道："不对！昨天你是去了南岭，还在关帝庙前打死了卖瓜老汉，还不从实招来，免得皮肉受苦！"

魏振坡的声音更大了："青天大老爷，捉奸捉双，捉贼捉赃，你说我打死了卖瓜老汉，有何凭据？"

于知县又把惊堂木一拍："还真是块茅坑里的石头，又臭又硬，看来不动大刑，你是不招的，来呀，大刑伺候！"

众衙役立即把魏振坡按倒在地，"噼里啪啦"就打了起来，直把他打得皮开肉绽，鲜血直流。魏振坡禁不住打，只好供认，如何打死了卖瓜老汉，又是如何抢走了老汉卖瓜的钱，于知县让他画押结了案。这一案子，经过层层上报核准，魏振坡图财害命，打死卖瓜人，证据确凿，判了刑，秋后将在菜市口开刀问斩。

有一个人投案

转眼之间到了秋天。这一天，秋高气爽，县城城隍庙前人头攒动，热闹非常，大家都在争相观看庙前墙上张贴的告示："魏振坡图财害命，打死卖瓜人……明日午时开刀问斩。"这时候，从西边过来一个壮年男人，他见一群人围在那里，也就挤进去瞧热闹，他看了告示，立即惊讶得张大了嘴巴，半天合不拢。

他是谁？他叫牛全，县东人，是个皮货商。今年夏天，牛全挑了个日子，前往洛阳贩卖皮货，走到三岔口关帝庙前，又饥又渴，想买一个西瓜吃吃，不料身上的现银不知道什么时候丢了个一干二净。他想先赊一块西瓜，待返回时双倍付钱，可卖瓜老汉却死活不赊，非要现钱不可。牛全实在无法，想把地上的西瓜皮捡起来啃，卖瓜老汉又说他是故意给自己难堪，站起身来，踮起脚来，"啪啪啪"，竟将西瓜皮踩得稀烂。牛全也是血气方刚之人，如何忍得下这口气，他操起卖瓜老汉的扁担，抡了过去，不料正好打在老汉的脑袋上，老汉往地上一躺，不再搭理牛全。

牛全说道："想讹我不是，中，等俺做生意回来咱再算账！"说罢，他捡起一块石子，在一旁的石板上刻下了五个字——"为瓜皮打人"，然后便去了洛阳。好在这趟生意做赚了，牛全从洛阳返回，想到城隍庙里烧香，谢谢城隍老爷的保佑，此刻一看墙上的告示，这才知道那个卖瓜的老汉竟然死了，更了不得的是那个魏振坡竟然成了杀人凶手，还要在明天午时开刀问斩，这可不行，哪能让别人为自己顶罪呢？牛全想到这里，"嗵嗵嗵"，跑到县衙门外，抓起鼓槌，把堂鼓擂得震天响，一边擂一边喊："冤枉啊——"

于知县听得有人击鼓喊冤，立即升堂问案，不料于知县还没张嘴，牛全倒先开了腔："敢问县老爷，魏振坡打死的可是关帝庙前的卖瓜老汉？"于知县说："是。"并问他为何击打堂鼓，如有冤情，尽快诉来。牛全把自己如何为了西瓜皮失手打死卖瓜老汉的经过从头到尾细说了一遍，于知县直听得头皮发麻，浑身冒汗……

牛全说得头头是道，不像是瞎话，于是于知县又审理了一遍，然后重新做出了判决：卖瓜老汉见难不救，有失为人之德，既然已死，也就罢了；牛全打人事出有因，且能投案自首，说明真相，算是救了魏振坡一命，判处流放，押往云南服刑，魏振坡无罪释放。又经层层上报，朝廷批准了他的改判。至此，这个“为瓜皮打人”的案子总算了结。

知县是个明白人

案子是彻底弄明白了，可又一个问题出来了，什么问题？于知县判了一起错案呗。用现在的话说，既要追究责任，又要进行国家赔偿，可旧时是“刑不上大夫”啊。况且，于知县办了错案后还是自己主动纠正过来的，所以朝廷也就没怎么追究。

不过，于知县倒是个明白人，知道自己办了错事，对不起百姓们，就决定来个自我惩罚，怎么罚呢？于知县想：这个案子是因为一块瓜皮打死人的，如果那里有个茶摊，行路之人有口水喝，还能因为吃块瓜皮打死人吗？于是，他坐上小轿，在全县境内查访，最后确定在县东关帝庙、县西石坡口、县南石羊岗分别设立茶水摊。于知县还从自己的俸禄中拿出五十两银子，算是自罚，在上面说的三个地方每处置地五亩，由设立茶摊的人自耕自足，并保证茶水供应。为了遮风避雨，设立茶摊的人还在路边盖起了草庵，时间久了，人们就叫这些地方为“茶庵”。

第十三章 念民疾苦的县令许履坦

许履坦，福建晋江人，雍正四年(1726 年)进士，荣授密县知县，在密任上，念民疾苦，减免粮税，致使官仓亏空二百石，乡民获悉，肩挑背负，争相代偿，不几日粮足而仓满。

清朝雍正五年(1725 年)三月，密县来了一位新县令许履坦。县衙没有张灯结彩的欢迎场面，更没有列队序班的欢迎仪式，只有一位衙吏值班，经过询问方知，密县三年大旱，征粮困难，薪水不保，上一任县令弃官而走月余，衙吏也不辞而别回家度荒去了。

许履坦，当时三十岁出头，福建晋江人士，雍正四年进士，荣授密县知县，接旨后，他没有回家省亲，从京城直接来密县上任。

了解民情，抗旱救灾

许县令入驻县衙，明令衙吏即日到班，不得有误，如不到岗，解职回家。第二天，他不顾路途劳顿，就下乡察看，了解民意，检查灾情，安抚饥民度荒。同时规定，不鸣锣开道，不坐轿骑马，只骑毛驴带三四随从，他走超化、踱大隗、到曲梁，见溱洧河水断流，时已入春，麦不泛青。入岳村到白寨，止观音堂，沟壑纵横，麦苗稀疏，赤地见红。走牛店到米村，攀沿尖山，树木萧瑟，青山无色，集市无贸易，农田无耕夫，路有讨难人，村舍少鸡鸣，民无隔夜粮，多以树皮草根度日，满目凋零。他入村进户，求问救灾之计，吃饭的时候，和民众同啃窝窝头。四五天过去，密境村庄走了个遍，回到县衙，辗转反侧，夜不能眠，食不甘味，把群众疾苦挂在心头，立即召开乡区首事会议，以周济饥民，生产自救，有水源之处，以抗旱为急务，富家赈粮，贫家出力，有河地带，拦河截水，灌溉农田，有泉地带，挖泉找水，担水抗旱，接济度日，共渡难关。

西北山区旱象严重，他亲自到牛店、米村替群众找水，在助泉寺、绥水源头山坳里找到泉水，动员群众担水浇麦，在石坡口、潭村湾访问群众，挖泉找水。这样，他在西北山区找到了十几处泉源，砌坝成塘或挖深加固，使泉水外溢，用水桶、牛皮包、提斗汲水浇麦。形成了抗旱抗灾的气氛，村村有生机，民众看到了希望。

收麦之后，施虐的旱魔仍在继续，为了不失时节种上秋，他又下乡动员群众抗旱种秋，劝农播种。播种之时，缺少种粮，他打开官仓，给农民借贷种粮；动员乡村富户以慈善为本，给农民借贷种粮种秋，劝谕之计，感动苍天，欣得喜雨，秋庄稼长势良好，农民有了盼头，都夸新县令的劝农之举。乡村之民提着鸡蛋、山间水果来县衙看望许知县，可他都一一谢绝。

理断官司，不忘救灾

四月初的一天早上，县衙堂鼓击响，大隗河屯一富户前来告状，说是邻家农户引水灌田，淹了自家的水田，他阻止不让引水，邻家纠集农户，打伤民夫，许县令发签让衙吏到乡下带人。下午时分，被告被带到堂下，庭前听审。被告言讲，张员外麦田在新拦的河坝之首，抗旱浇麦，引水经过他的麦田，大家都愿意兑粮包赔产量，他都不同意，非扒掉拦河坝，大家就打了他。许县令听了原告、被告的申诉，走下堂来，屈身蹲在原告张员外身边讲起道理说："张大哥，这是你的不对了，抗旱救灾，当务之急，拦河浇麦，县府诏令，淹你麦田，大家兑粮补偿你的损失，你应发出慈善之心，支持别人拦河浇地。如若不允，老爷我的衙杖要打不义之人。"张员外听了县令的一席话，怕挨板子，急忙从地上爬起，说不告了，要走。许县令叫住了他，在大堂上签订了"借田通水文书"，退堂。许县令举一反三，思绪有加，拦河淤坝，引水灌田，要占用别人农田；挖泉找水，修渠入田，要占用别人农田；担水浇麦，要踏坏别人的麦田，应该有一个强令性的调解措施，遂下颁县府政令："抗旱救灾，当务之急，凡拦河淤坝，挖泉引水，担水浇田，损坏邻家农田，应收粮之后以同等收成补偿，签订协议，签字画押，如若所经田亩之主，设障阻拦，县府问责治罪。"政令公文颁发，解决了浇地占田之纠纷。

县东官夫桥岳庵，有一岳姓兄长到县衙告状，说他的弟弟霸占他的五亩好地不还，请求县大老爷为他主持公道。许县令亲自下乡察访，得知岳家弟弟因病去世，家有孤儿寡母，其哥早有图谋，想借灾荒年景霸占弟之田产为己有，逼弟媳改嫁，并送给许县令文银五十两。许县令不为金钱所动，调查清楚，把赃银掷于大堂曰："身为兄无兄长之尊，更无孝悌之德，弟已去世，本应该照顾弟媳侄儿生活，逼弟媳改嫁，霸占田产，缺德少才，难为兄长。"并判令其兄长：为弟媳担水磨面，耕种收割，待侄儿成年方可休止。

县北石坡口一村民偷了邻居家一只羊，邻家告于县衙，偷羊贼被带到大堂，供认不讳，并说："灾荒年景，家无可食之物，老娘年迈，为使不被饿死才偷的。"按大清律条，偷盗要重责判刑，但许县令推行仁治，只责二十大板，让偷羊者给被偷者干活二个月，担水浇麦为罚。行刑时，许县令吩咐衙皂"轻点、轻点、再轻点，"行刑之后，许县令唏嘘数日，时念受刑者皮肉之苦。每有讼者，他总是反复劝谕调解，数月不鞭笞一人。许县令廉明仁恕，为衙吏所敬服，为百姓所称颂。

上呈奏折，减免赋税

秋收季节到了，庄稼还是受到了肆虐的旱魔的影响。整个夏秋收成不足往年六成。五谷登场，开始征粮，这年的税粮该咋征，这叫许县令作了难。按往年如数征粮，百姓冬春无粮可食，受灾特别严重的山区收成全部交完难以贡赋。民以食为天，要替百姓着想，最后决定全县粮税免征二成，西北山区钱粮全部免除。许县令说："凡为官者，宽一分，则民受一分福，严一分，则民多受一分苦，当官不为民做主，不如回家卖红薯。"许县令的民本思想传到民间，百姓无不拍手称快，呼唤许县令是好县大老爷！

减免粮税之事，如何向州府交代？如何向当朝皇上交代？许县令反复思忖，决定向雍正皇帝写一奏折，报告密县灾情，思路泉涌，措辞严谨，句句实情，奏折云：

河南钧州府密县知县许履坦为灾民难以供赋呈，许履坦跪拜奏曰："密邑之地，幅员百里，旱荒三载，难以供赋，具茨无色，溱洧断流，二十月余，雨不压尘，雪不厚纸，山之绿转地之红，畴之青泛碱之白，密云止而不雨，旱坏五谷禾苗，霜之寒打坏九秋荞麦，卑职尽责，拦河淤坝，挖泉找水，借贷种粮，发展生产，但杯水车薪，难济邑之万民，岁凶连年，百姓是苦，物贱如粪，粟贵似珠，一百银钱一斗面，三十两银一斗米，三间瓦房六两银，疾藜面子要十文，市无商贾，路断行人，卖儿卖女，人爨人骨。如斯之灾，赋税有加，盐漕茶税，催票如雨，庐室空虚，征粮何人？人穷即生盗，盗即则生乱，安邦保本，忧国忧民，呈请免赋，沐浴皇恩。"

奏折逐级上呈，但等皇恩浩荡降临，一等再等，心急如焚，三个月过去，马上就要过年，还是杳无音信。于是自作主张，按减免赋税征粮，深明大义之民如数完课。腊八这天，钧州府府台大人驾临密县，他不是来赈灾，不是来安民，而是来催税征粮，大骂许县令呈奏折与刁民同流合污，谎报灾情，自作主张减粮免税，使官仓亏空二百石，强令许县令足额征粮，上交国库。许县令据理力争，陈述密之灾荒，民之苦难，坚辞不再向民征粮。府台大人怒不可遏，拍桌子打板凳，惊堂木摔得啪啪响，并宣布革除县令的知县职务。许县令嗤之以鼻曰："我的乌纱文章换，不是父母留的业，只要百姓不受苦，宁愿不做这个官。"

弃官而走，挥泪挽别

府台大人来密督办征粮，和许县令争吵，革去了知县职务的事，很快轰动县府衙门。当天，三街百姓围住了县衙，第二天，四乡村民聚拢县城，高呼口号："许县令是好官，许县令是当今包青天！"当群众得知官仓亏谷二百石，乡民肩挑背负，争相代偿。许县令看到百姓如此纯朴，感动落泪，捐出半年俸银以支国库。西北山助泉寺农民王老五，他多收了几石谷子，全部用牲口驮来。衙吏说官仓已满，粮已收足，他哭泣着说："许县令是被我们连累的，只要他能留在密县，俺就是不吃不喝也心甘情愿。"随即把谷子倾倒在县衙门口，其他乡民见了，也都把粮食倒在了地上，哭泣同声，呼声震天，手挽膝跪，挽留县令。

许履坦来密县做了十个月的知县，身无余资，两袖清风，叩拜乡老，谢任而去，全城恸哭，泣别相送。有的摆着果品，有的摆着酒水，有的执着酒壶，有的提着鸡蛋，挽留县令多饮一杯酒，捎个鸡蛋路上吃。许县令泪流两行，泣不成声，一一拜别。两日未能出城，城东门到五里店，官夫桥到观音堂，一路都是送别的百姓，一路都是挽留之声。在官夫桥，就是那位在县衙被告的农妇，她破衣烂衫，带着自己的儿女，以酒水果品相赠，跪之言曰："好老爷，恳求您再饮贫妇一杯酒吧，俺永远铭记您的大恩大德！"

许县令在密县仅仅做了十个月的县官，为民办了那么多的好事、实事，与人民建立了那么深厚的感情，人们时刻怀念他，将他写进了县志，刻在了心上，一代一代地传颂着。

第十四章 廉吏严章

严章，字青麓，号乐堂，清乾隆二年(1737 年)浙江仁和举人。戊申秋，因密县盗贼蜂起，命案频发，遂借补密县尉，身系密邑百姓安危二十六载，供职五忝，惠心有孚。

在新密青石河村，有严姓一支，繁衍至今。细说起来，他们是清代时期在密县做过县尉的严章的后人。严章，明代抗倭名将严冈之后。据史料载，严章少年时英武非凡，以经世为怀，文章武艺不厌其精。乾隆二年，他以巡检司之职分发到河南，历署怀庆参军、睢州别驾、河内分县归章少尉等职，每到一地，都留有名声。

忠勇可嘉，治世有方

在清代的康、雍、乾时期，密县广袤百里，官方武装不过百人，只能护卫官衙安全，震慑百姓。对劫匪盗贼扰民之患，根本无暇顾及。据范村平安会碑记载，严县尉到密上任，仅带十余兵勇，皆勇士。不出一年，把密县治理得路不拾遗，夜不闭户。

据说，当时县西北五县交界处——五指岭，盘踞着一伙郏县劫匪，活动猖獗，士郭、马庄、柿树湾以西之民备受其害，严县尉上得任来，不曾歇脚，便微服入山调查摸底，了解到这伙贼寇的人数、枪支及活动情况后，主动出击，一举捕获了几个贼首，其他贼寇一哄而散，离开县境。救出男女十余人，牲畜数头，缴获财粮甚多。

数日之后，严县尉便遭到了一些残余势力的血腥报复，他的妻子和六岁的儿子在和街坊们一起到北门外薅野菜时遇害。后虽案件得破，凶手伏法，但严县尉却失去了一个温暖的家庭。他的小儿子严鼎时方两岁，严县尉既当爹又当娘，其日子艰辛，可想而知。当年冬，又破获了八里庙劫路杀人案及石婆口后沟劫杀粮商案，密邑遂平定下来。

命途多舛，不改其志

在密县，严章一待就是二十六年，身系百姓安危，历经了五任县令，但个人的境遇却一直不佳。乾隆朝时，浙江桐乡人陆世采任密令，在严章的协助下，训练乡勇，发动群众，筹建平安会，夜间支更，实行了各村联保等治安措施，使社会秩序空前良好，百姓得以安居乐业。陆世采为此受到了朝廷表彰："陆贤侯令密九年无狱讼。"由此可以看出，九年中，严县尉为密县境内的治安付出了多少心血。难以预料的是，由于筹建平安会，在当地影响甚大，严章背上了图谋不轨的罪名，几乎受到上司查办。经多方通融，后解散了平安会，事情才平息下来。

命运虽然坎坷，但是严章却不改志向，他曾为自己题过一副对联："堂悬明镜清而远，榻近春风惠且廉。”这副对联和盘托出了他立身、行己的标准。所以，直到嘉庆癸酉年(1813 年)，他已步入老年，还在任上为密人操劳。据记载，这一年，河南饥荒，密县尤甚。他“查灾勘赈，更为在心，遍历四境，日系流离，每至饥渴，不甘食饮”。其间，及时查处了院青保吴某调换赈米一案，使密邑百姓得以活命者无数。

严章一生为自己做的打算少，积劳致疾，殁于任上时，人们才发现他身下竟然没有一点钱财和一片产业。当时，密令景纶到他家里察看，发现屋里只有一个年纪尚幼的小儿子，家境十分凄凉。感动之余，亲自出俸银为他在县西买一片田地，好好安葬他。那片地方就在今天的城关青石河村，他的后代就是当地的严姓。在密邑百姓心中，严章是名宦祠外的名宦，人们感其恩德，亲切称呼他为严老。严老治密的很多故事，至今仍在密邑传诵不衰。

第十五章 “今日卓君”杨泰起

杨泰起，四川江津县人，清代嘉庆元年（1796 年）任密县知县，在密县任职十余年，清正廉洁，重施教化，民尤被其惠。

清嘉庆二十二年（1817 年）《密县志》“职官表”记载：“杨泰起，四川江津举人，嘉庆元年任。”同书“循政志”又载：“杨泰起，令密十余载，廉静不扰，革除支号骡头一事，民尤被其惠。”

杨泰起在密县勤勉任职十四年，相当于干了五任，是新密历史上任职最长的一位县令。任职期间，杨泰起以汉代密县令卓茂为榜样，清正廉洁，情系民生，修文庙、卓君庙，施教化，化民风，设义冢，创建杨岭塔，革除骡头差役，有“今日卓君”之称。

表杨氏，彰民风

在新密古城张玉梅老人家中，保存着一块当年由杨泰起亲笔所书的匾额，中间书“仉氏遗风”四个大字，两侧题：“题署密县正堂随带加三级又加一级纪录七次杨泰起，为学主宜庵王年兄太夫人贤孝杨氏立。皇清嘉庆贰年岁在丁巳署月仲澣谷旦。”

杨泰起非常重视文教，他与密县学宫讲主王年相互敬慕，交情深厚，对王年的母亲杨氏教子有方感悟颇深。匾额所书的“仉氏”，是亚圣孟子的母亲，以教子有方著称。孟轲 3 岁丧父，靠母亲教养长大成人，并成为后世儒家追慕向往的亚圣，仉氏也留下了“孟母三迁”“断机教子”“买肉啖子”等教子佳话，她本人也成为名垂千秋的模范母亲，在中国历史上受到普遍尊崇。

杨泰起把王年的母亲比作孟母仉氏，因其教子有方，称她为“贤孝杨氏”，于嘉庆二年（1797 年）赠匾予以表彰。杨氏事迹还被载入《密县志》。民国十三年（1924 年）《密县志・烈女志・贤妇》记载：“杨氏，监生王玉栋妻。夫卒，教子有法，邑侯杨泰起匾其门。”监生王玉栋去世得早，其妻杨氏教育儿子王年有方，使其成才，得以在学宫任教。

重文教，修文庙

密县文庙既是历代祭祀先师孔子的庙宇，也是学宫所在地，是官办教育场所。嘉庆三年（1798 年），杨泰起对文庙进行了一次较大规模的整修。清嘉庆二十二年（1817 年）《密县志・建置志》记载：“先师孔子庙，在县治东，始建无考。……嘉庆三年，知县杨泰起重修。”“崇圣祠，在大成殿后。忠义祠，崇圣祠西偏。名宦祠，在戟门左。乡贤祠，在戟门右。以上俱嘉庆三年知县杨泰起移建。”“明伦堂，在学署东，旧为崇圣祠。嘉庆三年知县杨泰起移建。”

可以说,杨泰起这一次大规模的整修,移建崇圣祠、忠义祠、名宦祠、乡贤祠、明伦堂,奠定了今日新密文庙的格局。

又据清嘉庆《密县志·典礼志》记载:“忠义祠,祀常十以下十二人。名宦祠,祀卓茂以下七人。乡贤祠,祀侯霸以下七人。”

崇圣祠位于大成殿正后方,也称“启圣殿”,为主祀孔子之父叔梁纥之殿。

忠义祠,供奉的是密县籍忠君爱国义勇之士。民国十三年(1924 年)《密县志·建置志》记载:“忠义祠,汉常十、元胡伴侣、明魏登科、明魏持衡、明韩继周、明郭跃蛟、明程鳌、明程邦宠、明韩继闵、明魏尚谦。”汉代常十,新密民间相传王莽撵刘秀时,为保护刘秀而死。

名宦祠,也叫贤良祠、贤侯祠,供奉的是密县历史上最有名望的县令。民国十三年《密县志·建置志》记载:“名宦祠,汉卓茂、索长官、元明格公、元杜君美、明陈纲、明朱敏汴、清李芝兰。”

乡贤祠,供奉的是在外地任职、很有名望的本邑人。民国十三年《密县志·建置志》记载:“乡贤祠,汉侯霸、明黄缙、明楚麟、明杨孝、明郭逵、明岳宗源、清李长安、清王格正、清张志周。”

尊孔兴学,崇尚忠义贤达,杨泰起通过大修文庙,来施展教化,倡树优良民风。

设义冢,施大爱

义冢,又名义地,是旧时收埋无主尸骸、掩埋穷人的公共墓地。各种原因导致各地常常会出现一些无主尸骸,暴露在荒郊野外。设义地,置义冢,是为政安民的一项善举,历代都非常重视。

杨泰起来密县任知县后,广施善政,嘉庆十三年(1808 年),号召各保设置义冢,收埋无名尸骨,以慰亡魂。在县城西关外施地八亩,置义冢一处。清嘉庆二十二年《密县志·山水志·墓冢》记载:“义冢,嘉庆十三年,知县杨泰起施西关外地八亩。……其余各保俱施有义冢。”此举深得黎民称颂。

祈兴文运,建文峰塔

新密历史上曾经建有三座文峰塔,以祈求文运昌盛,多出人才。杨泰起,就曾经在县城西部杨岭上建立文峰塔一座。

民国十三年《密县志·建置志·寺观》记载:“文峰塔,有三。一在城东北青屏山上……一在城东南岭上……一在城西岭上,嘉庆三年,知县杨泰起创建。”又载,“杨岭塔,在县西常村保,亦名文峰塔。”

民国《密县志》所载创建时间有误。清嘉庆十四年(1809 年)三月,知县杨泰起在今新密市城区西南平陌镇杨岭上创建文峰塔,俗称杨岭塔。

该塔坐北朝南,密檐式七层砖砌方形,高 15 米。基座为青石垒砌,底边长 3.3 米,高

0.8 米。塔刹为青石凿造。塔身由底往上逐层收小，第六层中空，四面设圆券形门相通，券门之上各设一横额，上题“天开文运”，四面相同。

塔身南二层中部有杨泰起题诗石碣一方，诗曰“山峰鼎峙透，青霄水带山。环佳气绕维，岳嵩高垂阴”。落款“密县令杨泰起题”“嘉庆十四年岁次己巳三月初三日立”。1987 年 3 月，杨岭塔被郑州市人民政府公布为第一批文物保护单位。2016 年 2 月，被河南省人民政府公布为第七批文物保护单位。

惜字纸，建字藏

在新密古城法海寺内，有一座特殊的建筑——字藏。这是一种专门收藏有字之纸的建筑，以教化民众珍惜字纸，多读圣贤之书。据清嘉庆二十二年《密县志・建置志・寺观》记载：“法海寺……嘉庆十四年，知县杨泰起于塔后建字藏一座。”

嘉庆十四年十一月，杨泰起的门人、蜀地人龚念龙顺其美意，请求建字藏一座。杨泰起大力支持，自己捐银十两，同为募化资财，密县儒学正堂邢光庭、儒学副堂孙枝槐、襄城营分防密县汛司厅朱金标、密县督捕厅即捕分巡司严章、原任山东济南府平原县正堂裴廷桂等均捐银以助，不数日，字藏就建成了。

字藏落成后，杨泰起已经调任杞县县令。仲冬之日，由领袖督工、邑人冯克立撰文，蜀东龚念龙书丹，敬立《创建字藏记》碑刻一通，文曰：

> 窃思一画开天，文字笔兴，而其后作述相承，立言为书，记书以字。字者，天地之精华，圣贤之命脉也。无知者辄以蠹败，所余片纸只字为无益而弃之，甚而践踏之，污浊之，曷胜浩叹。缙绅之家躬列□林，稍知敬惜，或收其污于土地者火化之。然灰烬虽没，精灵犹存，任其飘忽与秽污践踏，何异不有以贮藏之，岂云置之得所欤？
>
> 我公之莅密也，十有四载，惠风仁政，浃于人心，尤急于兴文教，重修黉宫，建明伦堂，创文峰塔，皆次第举行之。而公之门人龚君将顺其美，又以字藏之修请曰：“此吾志也。”即命董其事以成之。
>
> 予乐龚君急于奉命也，亦为募化同人，以勷其事。爰鸠工庀材，不数日而工已竣。
>
> 然则斯藏之修，非即所以重文教欤，盖字方圣贤之所以为书也。书者，圣贤之所以为心也。惟深体乎圣贤之所以为心，斯深信乎圣贤之所以为书；惟深信乎圣贤之所以为书，斯深信乎圣贤之所以为字。而莅密以来，公之不负国，不负民，不负所学者，其皆本诸此而推之也。惟密之士人，知字纸之敬，即所以敬圣贤而各勉于所学焉。固我公之忘，亦不负龚君之心矣！
>
> 前知密县事调署杞县正堂即补直隶州正堂杨泰起　捐银拾两
>
> ……
>
> 清嘉庆拾肆年仲冬月下浣吉立

“怀卓”不已，今日卓君

新密人祭祀的官吏，最早的是汉代卓茂。卓茂宽仁恭爱而名重当时，在密县县令的位置上爱民如子、政绩卓著，成为密县古代县官的标杆，受到历代县官的尊崇，其高风亮节影响着一代又一代密县知县。

卓茂去世后，密县人民感念故人恩德，在县城大隗修卓茂衣冠冢，建立卓茂祠（又称卓君庙），历代祭祀修葺不绝。明代嘉靖年间，知县郑濂又在县城后街建卓君庙。清嘉庆《密县志·卷七·建置志》记载：“卓君庙，一在大隗镇东，乃汉卓公葬衣冠处。康熙间，知县衷鲲化、袁良怡重修。一在县治东北，嘉靖间，知县郑濂以古祠去治远重建。嘉庆七年五次重修。”历代县令到密县任职，都要先到卓茂祠进行祭拜，奉卓茂为做官的楷模，并以被百姓誉为“卓君”而终身荣耀。

特别是杨泰起调任密县知县后，思慕先贤卓茂，将他的堂号命名为“怀卓”。嘉庆七年（1802 年），杨泰起对大隗镇卓君祠进行了修缮扩建，又对城内卓君庙进行了修缮。他到县城卓君庙致祭时，了解到庙内香火地仅有十余亩，而大隗镇卓君庙官地却有六十余亩，多寡不均，就下令将大隗镇卓君庙官地十四亩，拨入城内卓君庙使用。

杨泰起在任颇有政声，被称为“今日卓君”。嘉庆十四年，甲寅科举人、候选知县张耿南撰《邑侯杨刺史重刻卓君祠捐田碑记》，最能代表时人对杨泰起的评价：

> 密之思卓君，犹周之思召公也。虽然思召公不过周人，而卓君乃自汉迄今，尤耿耿于民心而不能去。……刺史江津杨公，今日卓君也！莅任以来，颜其堂曰：“怀卓”。又于大隗镇卓君祠，命式扩之；又于县治内卓君祠，命修葺之。岁时湮祀斋戒，躬临必诚必敬。吾密士民幸从今卓君以事昔卓君十有四年矣。……公之惠也，密之幸也！
>
> 特授密县正堂、候选直隶州正堂、随带加三级又加四级记录十四次又记功三次杨泰起，四川江津县人。

第十六章　为民请命的县令景纶

景纶，字春樵，满洲镶黄旗人，清嘉庆十四年（1809 年）进士，十六年（1811 年）任密县知县，二十年（1815 年）十一月又回任密县知县。景纶前后两次在密县任知县长达十年之久，是在密县任职时间较长的一位县令。他在位期间励精图治，敢于为民请命，深受百姓爱戴。

后来，密县人在老城关岳庙内建贤侯祠，将他请入祠内供奉，同时供奉的还有他之后的知县杨炳堃和王麟定。

受命于多事之秋

清嘉庆十六年至道光二年（1822 年），景纶任职期间，正是密县历史上的多事之秋。翻开嘉庆和民国的《密县志》，我们可以看到这样的记载：

嘉庆十六年，春旱。

十七年春，淫雨。麦歉收。

十八年春，大风昼晦。夏，大旱。秋，淫雨、陨霜杀荞麦，岁大饥，人相食。冬，十二月地震。

十九年春，大雪，道殣相望。夏麦丰收，瘟疫大作，人多死伤。

二十年夏，淫雨，人多疥疾。冬十月，地大震。

二十一年，春、夏淫雨，人多疥疾。

二十五年春。淫雨歉收。

宣宗道光元年，四月二日午刻，有红黑风自东北来，昼昏若夜。七月，民多霍乱，病一二日辄死，城内尤甚。

旱灾、水祸、霜冻、黑风、地震、瘟疫、疥疾、霍乱……密县这块一千余平方公里的土地，自然灾害接踵而至，连年不断，甚至三年间发生了两次地震，对于一县的父母官来说，景纶所面对的压力可想而知。

民以食为天。在封建社会，能够求得温饱一直是农民的梦想；让老百姓安居乐业，也是为官者最大的追求。密县地处浅山丘陵区，十年九旱，种庄稼基本靠天收。当风调雨顺时，老百姓收成较好，缴纳赋税之外，会有较多的盈余，吃饭不成问题。可一旦出现春旱，小麦就会大幅减产，干旱严重时就要绝收。特别是嘉庆十八年春，大风刮得白天如夜，夏天大旱，秋季大雨，庄稼两季歉收，吃饭很快便成为百姓的普遍问题，以致出现了人吃人现象。

当灾害降临时，景纶坚毅沉着，果断决策，他积极下乡慰问灾民，调查受灾情况，了解粮食缺口，及时写出奏折，向朝廷和州府汇报受灾情况，请求拨付救灾钱粮，减免赋税。据嘉庆《密县志·卷十·田赋志》记载："嘉庆十八年荒旱，奉旨蠲缓钱粮。并抚恤赈济。十九年春，奉旨展赈一月。"

景纶同时捐出俸禄，想方设法筹集巨款，外出购买粮食，在县城和二十二个保均设置了粥场，他每天下乡巡视，为百姓施饭施粮，每到一个粥场，他还要亲自尝一尝饭的质量，经过多方努力，救活了无数贫苦百姓。

嘉庆二十年(1815 年)夏，景纶任期届满，奉调到京城吏部候职。离职那天，百姓倾城而出，夹道相送，不少乡下的百姓拿着特产赶到县城，为贤侯景公送行。

这年六月，宛平举人王曾澍接任密县县令。正逢夏季，出现了连日阴雨，庄稼受灾，不少人还感染上了疥疮。到了初冬十月，密县又出现了大地震，城乡不少房屋倒塌，百姓伤亡无数，人心惶惶，生活穷苦不堪。县令王曾澍本来认为密县是一块富庶之地，却不料赶上连年灾荒，百姓困顿，他心灰意冷，丢下大印，辞官回老家去了。

看到县令出走，县里一些士绅相聚商议，联名上书朝廷，请求委派前任景纶回密任职。吏部经过考核，认为景纶在密县任职期间励精图治，访民疾苦，救灾有方，政绩卓著。核准加一级，官升六品，上奏嘉庆皇帝，调派景纶复回密县任职救灾。仅仅离开密县五个月之后，十一月间，景纶受命于多事之秋，便又回到故地，接任知县。

救治疾病，设置义冢

景纶在密县任职期间，发生了几次传染性疾病。嘉庆十八年(1813 年)冬十二月，密县发生了地震，房屋倒塌，砸死砸伤百姓无数。第二年春，大雪下了七天七夜，有一些穷苦百姓因冻饿而死，人们走到路上经常会看到倒毙的尸体。

地震之后，环境卫生不好，往往会引发瘟疫。到了夏天，密县果然瘟疫大作，很快就在城乡流行开来，百姓多有死伤。景纶迅速组织救治，召集各地乡医为百姓诊治。他白天下乡探访疫情，访问老中医，了解病因和救治情况，夜晚就在青灯下展读《伤寒杂病论》《千金要方》等书，寻求病理和治疗的方法。经过半个多月的努力，疫情终于得到了控制。

由于连年灾害，密县各地出现了一些无主尸骸，暴露在荒郊野外。景纶在县东茶庵(今来集镇翟坡村茶庵组)施地十亩，建立义冢，收殓无主尸骨。同时要求各保都要设立义冢，将各处的无名尸骨进行收埋，此举深得黎民称颂。

道光元年(1821 年)七月，密县城乡又出现了霍乱，城里情况更是严重，病人患病一两天，救治不及，就会很快死亡。霍乱之名最早出现在《黄帝内经》中，因其"挥霍之间，便致缭乱"而得名，是由霍乱弧菌引起的一种急性肠道传染病，它发病急，传播迅速，波及范围广，在历史上曾经多次暴发流行。景纶又迅速组织救治，他不惧疫病，带领医生深入城乡为百姓诊病，根据病情进行辨证施治。经过细致工作，霍乱很快得到了控制。

为民请命，免除杂役

嘉庆二十三年（1818 年），黄河在河南武陟马营口决口，河水自长垣直注运河。当时河南巡抚方受畴呈文各县，要求为堵口出料助工。进入清代以后，黄河时常决口，出料助工成为临黄河各县的家常便饭。

文书很快送到了密县，景纶阅罢文书，一缕愁思涌上心头。近年来密县连年遭灾，群众纳粮纳税，生活已经困苦不堪，怎么还有能力出料助工，去帮别的地方封堵黄河呢？

于是，景纶提笔上书，指出密县以产小麦、玉米、红薯为主，并不出产堵口用的竹子、篷布、石笼等物品，所以请求免除物料。文书送走不几日，上司催办物料的文书又到了。景纶只好提笔再次详述，申明密县不产堵口用的物料，指出百姓的困苦所在，再次请求免除物料。

几天后，催办物料的文书再次送达密县，这次河南巡抚方受畴亲笔致函，指明黄河堵口于社稷江山的意义，仍然要求密县要以大局为重，及时征集所需物料。

景纶长叹一声，大不了县令不做了罢。就再次提笔申述密县人民近几年遭受的苦难，第三次发出了免除密县物料的请求。信函发出，景纶就去忙别的事务了。

又过了一段时间，河南巡抚方受畴发来公函，指出密县不产堵河所需物料，此后不再征用。从此以后，密县的物料之役，就被永远地豁免了。通过景纶的据理力争，密县百姓深受其利。

移建索长官墓碑

景纶翻阅密县旧志，得知有一位五代时期的县令索长官，居官清正，勤政为民，深受群众敬仰，其墓尚存。于是景纶一路寻访，来到了县城西南菜园沟，在一处崖地上见到了高大的索长官墓。

景纶看到的索长官墓十分荒芜，有一通残碑横卧于墓前，小心剥去苔藓，只见上面刻着索长官遗像，旁边还刻有一名执印小吏、一个老大娘、一只猛虎，俨然一幅断虎图，但是上面的字迹已经磨灭不存了。看到此处，景纶心中不禁悲凉起来，他怕碑刻暴露于野外，遭受风刮日晒雨淋，时间久了，怕是连画像也会看不到了。于是，他命人将碑刻运至城内索长官庙，镶嵌在墙壁上。同时在墓前重新刻立了一块墓碑，并作七律一首，以寄托感怀：

> 小队出郊拜古坟，残碑空卧故城荫。
> 千秋盛迹逸前史，五季昏时没此人。
> 图画幸传慈惠貌，威仪常现宰官身。
> 我来拂拭苍苔裳，凭吊当年虎尽训。

目前，索长官庙已倒塌不存，碑刻据说被黄柏界群众拉走，在饲养院内盖房做了过门石。景纶重立的墓碑现在保存于城关镇湾子河九龙庙内，坟上保留有碑座。索长官墓已被新密市人民政府公布为市级文物保护单位。

修建贞石亭

在密县白寨镇摩旗山下，溱水之滨，有一块很有名气的石头，唤作“贞石”。清嘉庆十六年（1811 年），刚刚上任不久的县令景纶慕名前来，瞻拜贞石，并将贞石这一古迹写入随后编纂的《密县志》中：“贞石：在摩旗山。明熹宗时，逆珰魏忠贤，权倾朝野，直省遍立生祠。采石兹山，它石辇出，独拜石一方，数百人曳之不起；祭拜之，杖笞之，终不起，密人士固呼为贞石。乾隆初，村人伐之，三举催一隅，其家报骡畜毙者三，遂止。村中自此多患病，伐者之家尤剧。至今相戒莫敢犯。”

相传明代魏忠贤专权，各地官僚趋炎逢迎，纷纷为奸贼建立生祠。有人从摩旗山选取了一块石料，别的石头很轻易地就用车拉走了，独有这一块拜石，看着虽小，却数百人用力也抬不动。跪下给它烧香磕头，用鞭子怎么抽打它，都始终抬不起来。于是，密县人便称它为“贞石”。

当地还流传着这样一个故事，说贞石不愿依附于阉党，永远也不过黄河。白天，人们费尽九牛二虎之力，好不容易将它运到了黄河边，可一到了晚上，当人们熟睡之时，石头自己便又回到了原处，如此者三，终究没有成行。人们感慨于石胜于人，纷纷撰文赋诗，颂扬石之贞节。

景纶拜谒贞石，展读碑文，访问村老，深深为贞石之气节所折服。他同时感到，这么一块灵石委身于荒原幽岭，日晒雨淋，十分可惜。于是支持孝廉王彭年、王朱亭修建亭子，将贞石覆庇于亭中。为此，景纶还撰写了《贞石亭记》一文，赞之曰：“乃独此摩旗块然之石，义不苟就阶陛，以承谄佞之膝，举之不动，鞭之不起，其壮烈之气，洵足与杨、左诸公争光泉壤！”称赞贞石的壮烈之气，足可以与弹劾阉党魏忠贤、被下狱致死的杨涟、左光斗等人相与争辉，名垂青史！

审羊皮案

在来集镇浮山脚下，流传着一个景纶审羊皮的故事。

景纶非常注意下乡察访民情，相传有一次他来到了浮山脚下的裴家庄，看到村口的大树下围了许多人，就来到跟前，想探个究竟。人群中有人发现是县老爷来了，就喊了一声，大家纷纷闪到了两旁，只见两个汉子指着地上的一张羊皮，争吵得面红耳赤。

景纶上前一问，原来两人一个是山里人，从县城买盐回来路过这里，一个是从浮山上砍柴回村路过这里，两人一起在大树下休息，争一张地上铺的羊皮。买盐的说，是他带在身边，路上休息时铺垫用的；砍柴的说，是他上山砍柴累了休息时用的。

景纶听完两人的争吵，弯下腰去把那张羊皮仔细地看了一会，说：“你们都说羊皮是自己的，可羊皮说了，是谁的还不一定呢。”四周的村民听到这话，不少人都捂着嘴笑起来。景纶手下的人俯耳对他说：“大人，羊皮怎么会说话呢？”不料景纶大声说道：“羊皮肯定会说话嘛！它不说话，谁知道羊皮是谁的呢？”围观的群众不少人都笑出声来。

景纶派人到村里借来一领席子，把席子铺在平地上，又把羊皮铺在了席子上。景纶坐在村民搬来的椅子上，随行衙役站立两旁，俨然一副开庭审案的样子。

听说县老爷在村头大树下审问羊皮，村民们都争先恐后地赶来看热闹。只见景纶一本正经地坐在那儿，用手指着羊皮发问：“羊皮，我来问你，你的主人是谁，快快从实招来！”“羊皮，是他们哪一个把你带到了此地，你要实话实讲！”

景纶一连问了几句，羊皮一点反应也没有，人群中又发出了一阵阵哄笑。

景纶终于发火了，喝令手下人：“你们上去，用棍子给我狠狠地拷打这张羊皮。”衙役们认为景纶一定是被村民们的讥笑声惹怒了，一听让打，谁也不敢怠慢，赶忙上前抡起棍子捶打起来。只见那张羊皮被打得跳来跳去，从里面蹦出一些大大小小的盐粒来，沙沙有声。这时，围观的不少村民终于明白过来。

突然，“扑通”一声，那个砍柴的村民跪倒在景纶面前，求饶起来。

智断布匹案

一年夏季的一天，有两个乡下人来到县衙，为了一匹布打起了官司。景纶叫过两人询问。

原告说：“俺本是个乡下的农民，家住浮山保刘寨村，妻子在家织布，织好后由我拿到集市上去卖，好换些钱养家糊口。昨晚妻子刚织好一匹布，今天一早，我扛着布匹就往县城赶。可走到五里店时，天突然下起了雨，看看无处躲避，我就把布伸开披在身上遮雨。走着走着，这个人就从后边赶上了，请求用我的布匹一块遮雨。我担心他被雨淋坏了，就把布展开来，两个人一起顶在头上冒雨往城里赶路。当走到城东关时，雨也停了，我就让他帮忙一块把布匹叠好。可是叠好后，他却一把扯住这匹布，硬说布是他的。”

被告说：“景老爷，他说的不对呀。这匹布本来就是我的，是我妻子起五更，赶黄昏，辛辛苦苦织出来的。我今天赶来县城卖布，好心好意让他一块避雨，他竟然要讹我的布。”

景纶听完两个人的陈述后，低下头想了一会儿。只见他猛一抬头，把惊堂木“啪”地一拍，厉声说道：“就这么一匹布，又没有人证，谁能知道是你们哪一家的？再说了，一匹布能值几个钱，也要吵吵嚷嚷地闹到县衙来！”说完，就命令衙役将那匹布从中间撕开，给两人一人一半，赶出了衙门。两个人一走，景纶马上吩咐两个衙役一人一个悄悄跟上，听他们都说些什么，如果有一个人不服判决，就把两个人立即带回来。

果然，两个人一出衙门口，围观的人就纷纷打听判案的情况。走在前面的那个得意扬扬地说：“景大人清正廉洁，英明果断，真是名不虚传啊！要不，我这整整一匹布，都要被那个小子讹走了。”

走在后面的那个人却愤愤不平，嘟囔着说：“还青天大老爷呢？狗屁！俺媳妇起早贪黑织的一匹布，眼睁睁地就让人讹走了半匹。”衙役听到这里，就冲上去，把两个人又拉回了县衙大堂。大家都为那个骂县官的农民捏了一把汗。

谁知到了大堂，景纶听完衙役的叙述，呵呵一笑，指着两个人说：“这个骂我的小伙子，就是布匹的主人。因为他一匹布剩下了半匹，吃了亏，自然要骂我。而这个吹捧我的人，就是讹人家布匹的人啊，因为自己占了便宜，所以才去捧我。”

那个讹布的人慌忙跪下，连连磕头谢罪。景纶对他说：“做人，首先要安分守己，怎么能光想着不劳而获呢？这样吧，人家的布匹也弄断了，你就拿出三串钱赔给这位兄弟，算是对你的惩罚吧。”

大家都夸赞景纶这个案子断得好。

精心修纂《密县志》

县志，是记载一个县的历史、地理、风俗、人物、文教、物产、气候等内容的专书，具有“资政、教化、存史”的功能。《密县志》始修于明代成化二十年(1484 年)，万历元年(1573年)、崇祯七年(1634 年)续修，三部志书均毁于明末兵火。清代顺治八年(1651 年)县令李芝兰，顺治十六年(1659 年)县令李鹏鸣，康熙三十四年(1695 年)县令袁良怡相继续修《密县志》。

至嘉庆年间，知县景纶感到原来修纂的《密县志》失之简略，存在一些讹误，而且从康熙以来已经六十多年没有修志了，文献有湮没的危险。于是，他开始主持修纂，从县学和乡下召集了三十多名文士，有计划地翻拣搜罗文献，下乡进行采访，首先进行了资料的搜集。他还将自己任职六七年来下乡巡视的所见所闻进行整理，写成篇章。

嘉庆二十一年(1816)冬，景纶好友谢增来访，景纶就约请他一块修纂《密县志》。谢增，字仲伟，江苏武进人，与景纶同为嘉庆十四年进士，候选知县、国子监学正。两个人一块斟酌体例、篇目，不拘泥于志书的编纂惯例，而是对材料进行灵活运用，恰当变通，辨伪存真，删其庞杂，补其遗缺，经过八个月的努力，终于在次年成书。景纶还特意约请进士、护理河南巡抚事务、布政使司布政司吴邦庆，进士、督理河南通省盐法水利粮务道张曾作序，并雕印发行。

新纂《密县志》分为图九、表三、志十、录二，卷首有序、志例、目录、县境图，共十六卷。“其例该而不琐，其文典而不缛”，行文以时为经，以事为纬，按类系事，横分竖写，从上古到清代中叶，按王朝顺序排列。“所载地土、赋役、学校、循政、民风诸条，事各有原委，人各有本末，展卷如聚米画沙”，展示出了密县历史发展的脉络，保存了一些珍贵的史料，具有一定的历史价值。

1990 年，密县对景纶编纂的《密县志》进行点校，由中州古籍出版社出版发行。

第十七章 “民生县令”杨炳堃

杨炳堃（1787—1858 年），字焦雨，浙江归安县人，清嘉庆十七年（1813 年）拔贡。道光二年（1822 年）至八年（1828 年）任密县知县。杨炳堃勤政廉洁、“尽心民情”，被后人称誉为“民生县令”。

杨炳堃曾在密县任县令七年，《杨中义公自订年谱》（下文简称《年谱》）的详细记载为我们打开了一扇窗口，让我们了解到一位清代县令的勤政廉洁、“尽心民情”。今天，上海复旦大学图书馆仍珍藏着《杨中义公自订年谱》这套极具史料价值的个人文献，这是清代晚期官员杨炳堃历经宦海沉浮后，晚年回到家中，对自己的一生所做的总结，相当于一部私人工作日记。

现今，在密县大隗镇铁匠沟村蛮庵自然村，一些老人还记得蛮庵的来历与杨县令倡导种植水稻有关。当时，杨炳堃为了把南方的水稻引进密县，邀请湖广有经验的稻农来密，他们一干人当时就住在蛮庵，因是南方人，被称为蛮子，住久了，当地人就把那地方称为“蛮子庵”，就是今天的蛮庵。一位县令与一个地名就这样紧密连在了一块。

杨炳堃深受儒家思想影响，是一位坚守知识分子“知行合一”理想的有抱负的官员。他关爱百姓，不但向百姓说谕儒家道德，自己更是身体力行去做。在密县期间，他勤政爱民，励精图治，清正廉洁，造福一方。在密县历任知县中，功绩令人敬仰：他关心窑工疾苦，对煤矿严加治理；重视农业，奖励垦荒，兴修水利，种植水稻；乐育人才，带头捐资，兴办义学，大兴教化；加强社会治安的管理，使百姓有一个安定的社会环境；清正廉洁，两袖清风，临离任时，“粮款手续，有盈无绌，虽司者多方挑剔，竟以无懈可击而止”，事迹被密县历代人民赞颂。

垦荒修渠，哀民生多艰

“本县下车以来，体察情形，良深念虑。”“生民之计在于农，农夫之大命在水。密邑山高土燥，旱熯为虞，惟赖雨旸时若，方庆有收，一遇闾泽愆期，咸虞乏食。”

杨炳堃一到密县任职后，便开始对密县全面勘察。他首先实地勘察洧水流域。从平陌、超化、芦村、大隗，直到新郑县界的交流寨，计程 30 余公里。在沿河考察中，发现有很多河滩荒地，适宜开垦种植。

杨炳堃家居浙江西部，插秧种稻，素有经验。根据洧水两岸地势高低，河流缓急情况，发动农民拣石垒堰，以御涨水，将河滩荒地一律开平，改成水田，筑塍打埂，开渠引灌，播种水稻。《年谱》中记载：“卑职生长在浙西，于稻田播种，素所服可，遂亲自逐为履勘，相度地势高低，察看河流缓急，劝令居民捡石垒堰，以御涨水；开渠引灌，以资播种；并将畝斜地面一律开平，改为水田，以种稻谷。”

当时农民种稻没有经验，而且半信半疑。杨炳堃设法聘请湖广稻农，来密县租地播种稻谷，取得成功。农民看在眼里，于是纷纷效法学习。两年时间，洧水两岸的卢村、王村、院青、官泽、西邢、张固等地共开挖水渠十五道，垦稻田二千零七十亩，以中等年成计算，每年收获稻谷四千余石。

昔日荒凉的河滩如今变成沃野良田，杨炳堃又从《诗经》的《甫田》《公刘》《信南山》《无羊》四篇诗中，选出四句组成一诗："倬彼甫田，既顺通宣。生我百谷，实维丰年！"意思是说：开辟那大片的良田，民心已经归顺，民情于是舒畅。生我养我百姓的百谷，这是一个五谷繁茂的丰收年。杨炳堃运用自己的才学，还以诗句的字冠首，给开挖的十五道渠分别命名为：倬云渠、彼壤渠、甫大渠、田功渠、既阜渠、顺成渠、通疆渠、宣力渠、生生渠、我同渠、百盈渠、谷熟渠、实颖渠、维宝渠、丰年渠。《密县渠道图说》一书，对这十五道渠作了详细说明，还画出了十五道渠的图形，并一一作了标注。

洧水两岸有很多河滩荒地，原来有的有主，有的无主，又无明显的边缘界限，自从开渠种稻后，粮食获得大丰收，人们由此富足。人人都看到土地带给人们的富有，于是争地告状的现象开始发生，而且由此引发的案件不断增多。为了平息争端，杨炳堃不辞劳苦，轻骑简从，奔波于洧水两岸，亲自逐段察看，并与当地农民代表协商，订立章程四条，晓喻农民：

（一）凡有主的滩地，责令业主于半年内将契据、户粮、坐落、亩数据实呈报。经查证无误，县中另备滩地清册一本，将其地亩注入册内，待日后查核。倘若逾期不报或被他人开垦成熟后再来控告者，虽有契据户粮，概不准将有争端的开垦地亩断给业主，而从无主荒地内如数拨还。

（二）凡零星开垦的小片荒地，或傍河近水开出的荒地，为成熟地，但为了扩大生产，一律免征赋税。

（三）凡开渠所占用的土地，每年从渠课收入中按亩数补偿，严禁地主勒索。

（四）凡不宜播种水稻的滩地及傍河近水地段，鼓励农民因地制宜播种小麦或植树造林，谁种谁收，谁植谁有，别人不得干预，但不准妨碍他人已开垦成熟的水田。

由上措施之严谨，可见杨炳堃用心之良苦。如今，在密县市博物馆还存有当时收缴渠课的校准官斗。

章程制约，数年经营，洧水两岸，林茂粮丰。海盐朱方增有诗赞道："倬云宣力引渠长，十五分流灌四乡。利泽竟看追郑白，循猷直可媲龚黄。不教僻壤成硗确，顿遣贫家足稻粱。惠政恰宜天赐瑞，双妆九穗兆丰穰。"

治理煤窑，心系百姓之苦

密县的煤炭资源埋藏丰富。清初，已有一些富户开采煤窑，到了中叶，有较大发展。一些贫苦农民靠下窑来维持生活，窑户不择手段地对他们进行摧残和剥削。杨炳堃在奏章中写道："惟煤窑积弊孔多，难以枚举。抵任后逐细访问，大加整顿，弊去而利愈兴，邑民称便。"

他对全县煤窑逐一考察后，发现有的窑户在幽阴沟壑设立厂局，围禁工人，名曰窝铺，实为“人圈”。有的是没有丝毫经验的工人，做工二三次后，心存害怕，不愿再干，一被工头逼迫，有的剁指，有的跳窑；还任意剥夺工人正当的休息时间，工人有病也不给治疗，致使很多人病毙于窑中；有的只顾赚钱，不管工人安全，伤亡事故不断出现；有的窑洞已经出水，仍强令工人下窑采煤、手脚浸淹，俱成疥疮。

杨炳堃察看煤窑后，对视工人生命如草芥的罪恶行径非常痛恨，为了保护工人的切身利益，改善他们的生活和劳动条件，对窑户和工头明立约法条文。主要内容为：一、严禁设立“人圈”以杜民害；二、不准用无经验的工人下井采煤；三、不准剥夺工人正常的休息时间；四、注意工人安全，绳索必须粗实坚固，责令窑户随时察看；五、工人有病，即令其休歇，延医调治，轻者发给盘费，令其回籍休养，重者派专人侍应；六、出水窑筒，全行封闭。

为了保护煤窑工人的切身利益，根据调查的情况，还制定了严禁窑头虐待工人的《谕窑户工头简明条规》十一条。就煤矿的安全生产规章及煤窑工人的待遇、疾病丧亡、劳逸及安全生产操作规程和对煤矿的安全检查等事项做了明确规定。为了保证《谕窑户工头简明条规》的落实，除每月初二、十六作二次例行检查外，杨炳堃还不定时轻骑简从亲自下去检查。

对于以上禁令，杨一再申明，如窑户和工头置若罔闻，玩忽职守，一有事故，从严追究，对贪利无厌者，不能稍存宽恕之心。惨无人道地剥夺工人人身自由的“人圈”制度，从此废除。

兴办义学，力振密邑文风

杨炳堃于道光二年(1822 年)的二月初一到任，初十就到密县城内的唯一学府“桧阳书院”访察。在《重修桧阳书院详文》中，他写道：“卑县桧阳书院，年久失修，房墙坍塌殆尽，所存讲堂五楹，亦皆渗漏糟朽。每逢课期，仅止在城生童就近应课，而四乡诸生，因无止息之地，均裹足不前。”“盖闻人文蔚起，固钟岳渎之英灵；教育英才，端籍淑陶于庠序。是书院者，实阖邑诸生观摩之所，导化之源，不可不重整规模，亟加修葺也。”仅从这些恳切的言辞中，即可看出他对教育的拳拳之心。

杨炳堃极力倡导兴办义学，发动乡绅捐助，发展密县教育。他首捐俸禄 500 串，绅士等无不感激，皆欢欣乐从，共捐学田 596 亩；每年可收租息二三千串，捐钱 1 462 串，这些钱用于义学经费和塾师工资。为保证学校教学秩序，他还就学校的规章，教师的延请、师生的奖惩都做了明确的规定。特别难得的是杨炳堃还十分关注穷人子弟的入学问题。他在《章程》中写道：“每至初冬十月间，由县饬令该处乡耆、地保、协同首事，将附近贫民子弟按照家资厚薄，分为等差，先尽无地、无力贫民子弟，次尽有地无力之家子弟(入学)，普律查明，并单禀报，先行存案。”在封建社会，此等关心贫民子弟先入义学的县令是少之又少。

全县 20 保，设立义学 21 处，招募贫民子弟 271 人入学，并规定每年初冬十月，各保普查贫民子弟人数，开单禀报，先行存案，推选品学兼优的人为塾师。并亲自撰有《设立二十保义学记》一文,详细记述设立义学情况。杨炳堃还随时到各义学检查,对于训导有方、教学成绩优异的塾师,分别给予奖赏,以资鼓励。从此,大部分贫民子弟都能入学读书。这一点也是深受密县百姓称赞的。

重视“保甲”,强令一方平安

杨炳堃到密县后经常深入地方,了解社会治安情况,他发现地方管理混乱,人民普遍没有安全的保障。他认为:“保甲之法,法良意美,实为政之首务,但奉行不善往往成为流弊。”决定要整顿社会治安,须先行整顿保甲。制定了《保甲示谕规条》,他指出:“谕保长、甲长等照得保甲之法,载在国之令典。原为弭盗安民之要务,惩奸谪匪之良规,实为有裨于民,而非扰民者也。本县首重安民,宜先保甲。”为达安民之目的,他严令保甲查清户口,编造清册,户挂门牌,严加管理,亲自勘验。避免因户口混乱,地方良莠不齐,而造成社会秩序的混乱。

紧接着,杨炳堃在户口查清的基础上又制定了《禁约事宜分别条教出示晓谕》。要求全社会“严查外匪”“禁止赌博”“禁止拐卖妇女”“禁止打架斗殴”“戒争讼”“禁止私宰杀耕牛”“禁止偷伐树木”“禁止窝凶犯赃”等,并对以上各条都做了严格的规定,如果违犯,严令治罪。

同时,他倡导树立良好的社会风气,颁布了《劝颁条例》,提倡“敦孝友”“种树木”“谨盖藏”“正嫁娶”“警守望”等条例,提倡孝敬父母长辈;兄弟朋友豫顺和气;保护大自然,栽种树木;勤俭节约,以丰补歉;提倡明媒正娶,夫妇互敬,家庭和睦,偕老百年;邻里互助,互保平安;一人有事,大家相帮的良好风尚。

杨炳堃对制定的各种规章、通告,决不停留在纸文上,他首先重视舆论宣传与劝诫,要求“本县每保中设立讲读乡约,每逢初一、十五宣读。空谕之后,不妨将此示讲说一遍,保间的乡耆老者,时时劝解,竭力巡防,并为多方传说。”他对违规者,以宣传教育为主,决不轻以施法,“屡训不改者,……禀送到官,听候从严究治。”这样保证了法规的严肃性。在他治理密县期间,密县教化大开,社会风气好转,人民安居乐业。

自奉俭约,倡导廉洁官风

杨炳堃为官清正廉洁。他对自己严格要求,在密县七年,生活朴素,自奉俭约,始终保持清正廉洁。在他的《年谱》中不止一次写道:“本县下乡,夫马一概自备,不累民间一草一木,毋虞滋扰。”在他重教兴学之时一再捐出自己的廉俸。他在《年谱》里写道:“余在任七载,一切薪蔬食物,均系现钱采办,无从丝毫累民之举,犹恐丁胥人等侵渔挪借,先严切不谕。”

杨炳堃对下属的要求也是相当严格,他在《年谱》中写道:“而立法必自近始,署内署外除募友家丁而外,即是胥役,公事无论大小,必须胥役经手,稍有不慎,往往为其所乘,防之宜密,待之宜严,严非过事,作践之谓。所宜先事告诫,遇事裁判,使之日就范围而不敢逾越,遮为我所用,而不为所欺。此中消息尝于阅历中得之。古语云:‘诛其故,恕其过，恤饥寒，严法度。’皆哉斯言，御不之道，胥得之也。”

另外，他还用严格的管理制度、严明的法规来约束部下，如他在所修的水渠完成后，为使水渠在使用中不发生经济纠纷，在捐资兴教时为保证资金的正确使用，免受贪占，都制定严格的管理措施。他“工程务归坚朴，……更以事经胥吏，恐致敝生，慎选老诚谙练首事四人，日夜驻工，专司其事。”对各保捐赠的土地，为保不受浸扰，他“会同首事、地邻人等，指定地区，逐一勘丈，并将粮银过入某保义学户下，完纳注册存业，为免日后滋生弊端。自应饬令首事等，于年终新旧交替之时，将各学地亩及应存生息钱文，具结呈县，以凭查核，如有亏短，立时追交。”他还亲自“会同儒学，随时分赴稽查。”他“或日至焉，或日再焉”，经常深入百姓之中，查验所制定的各种法规执行情况，发现问题及时处理。他的这些做法对今人也是十分适用的。

五次面见道光帝

杨炳堃在密期间政绩突出，经省专员考察评曰：才具明敏，尽心民情。上级会算密县粮款，虽多方刻查，竟有盈无绌，举为“卓异”。在息县任时获省嘉奖，“加同知衔”。在邓州时又获“卓异”，在信阳州时受省举荐明保，在汉阳府任被省院列入“可举拔官员之一”，评曰：精明练达，表率有方。由于他政绩卓著，多次进京面圣，聆听皇上面谕。

杨炳堃第一次得上级保举，进京面圣为清道光十一年（1831 年），时年 46 岁。根据《杨炳堃年谱》记载：

八月十七日赴圆明园，寓观音庵。十八日辰初三刻赴宫门等候。到辰时三刻，在元良门拜见了负责安排的官员。在此等了一些时候，接到通知：“谕旨杨炳堃，准县升补信阳州知州，钦此。”十九日巳刻，军机章京钱古槎让人传来通知：“吏部传旨，于二十日寅时赴宫门等候圣上面见。”二十日寅时一到，宫门开启，杨炳堃将自己名折递了过去，然后回到小军机房等候，至天将亮时，又被带到小朝房等候。内宫太监将杨炳堃的名字列在了第一起。又过了一会儿被带到宫门内等候，后又被引至勤政殿的东套间内，此时见道光皇帝面北坐着，杨面向皇帝跪下奏曰：“臣杨炳堃恭谢皇上天恩。”皇上非常详细地询问了杨炳堃的出身，居官的履历。最后又告诫其：“州县是亲民主官，全在实心经理。”此时，皇上站立起，打了个欠身，杨炳堃奏曰：“谨遵皇上圣训。”然后叩头，整冠而出，自始至终见皇上面容温润清和。杨炳堃回到圆明园观音庵时已是巳初始分，九月十六日午时出都启行，十月二十四日自省启赴信阳州任。

道光十三年（1833 年），杨炳堃被省评为“精明达练，表率有方”，并予举荐。他第二次面圣，时年 48 岁。时年四月十一日抵达北京，住在李铁拐斜街的恩升殿后院。十五日，到吏部验到，根据吏部安排，于二十六日住到圆明园的吉升堂的正房。二十七日丑正起床洗刷完毕，寅时到宫门九卿房等候。等至辰时传，二十九日皇上要在勤政殿引见。二十八日传，“奉上谕，杨炳堃着回任，钦此。”二十九日，大行皇后满月，圣驾进城祭典，引见日期改在六月初一，后又改在六月初二。是日早上，皇上在勤政殿召见。

帝曰：“你像是前年‘卓异’京见过？”

杨对曰：“前年提升信阳州时皇上召见过。”

帝又曰:“你如今是保举调取引荐来的?”

杨曰:“是保举。”

帝又曰:“你以前自必得过‘卓异’?”

杨对曰:“臣道光六年,得过‘卓异’。”

皇上随即又详细询问了出身、履历、居官、河南省内的年成及此次明保的情况,又对杨炳堃进行了训诲。皇上起身,打了个欠伸,杨炳堃“谨遵皇上圣训”,叩头退出。辰正回到寓所。次日,吏部荐至浙江巡抚,补授湖北汉阳府知府。升迁之速,杨炳堃是没有料想到的。

杨炳堃第三次进京面圣为道光二十年(1840 年),由汉阳府知府升任云南迤东道,时年 55 岁。

是年三月初七启程北上,四月初九到京,寓石头胡同的万升客店。四月十九日到吏部投递公文,五月七日,根据吏部通知,赴圆明园,寓吉升堂,五月十日皇上在勤政殿召见了杨炳堃。皇上询问了杨炳堃的出身,在何省居官,以及前次被保荐的情况,然后皇上又说:“你回任自然是要领凭的,部里领凭几天可有?”

杨对曰:“五六天可有。”

帝曰:“你城里没什么事,领了凭就回去,不用耽搁。你回照依以前做法,一切刑名、钱谷都要事事核实。外官做得久了,历练自然是深的,凡事不要看得大意,总要认真办理,不要沾染外官习气改了以前样子。”

皇上欠伸,炳堃叩头。

皇上又问:“你今年多少岁了?”

堃对曰:“五十五了。”

帝又问:“你今年只有五十五岁?”

堃对曰:“是。”

杨炳堃整冠,徐徐退出。仰面看见皇上面带温和,训诲周详,敬听之余,莫名钦感。杨炳堃自进入仕途以来已三次面见皇上,这次偷窥圣颜,虽然面容较前丰满,但已有些苍老。

初一刻,回到寓所忙挑灯整理圣训,认真详细记录,以便今后认真履行。五月十九日午时,报喜人到,报曰:“本日奉上谕,云南迤东道缺,着杨炳堃补授,钦此!”五月二十日丑时,陈子鹤来寓所,让杨炳堃和他同车赴皇宫面圣,递折谢恩后,圣驾已经到宫,辰时在养心殿西套间皇上又一次召见。

皇上曰:“以朕升你迤东道,你若走了,恐怕还是要回来的。”

杨炳堃对曰:“臣供奉恩旨,在吏部具呈乞假省亲,等着领执照,因此没有走。”

皇上曰:“你今时领了没有?”

堃对曰:“臣已领了。”

皇上曰:“你到过云南没有?”

堃对曰:“臣没有到过云南省。”

皇上曰:“迤东道未知管几府?”

堃对曰:“臣查过,管六府一州。”

皇上对曰："管六府一州，地方是极宽的了，迤东道当是边缺。"

堃对曰："是边缺。"

皇上曰："云南地方多有罂粟花，吸烟的亦甚多，你去了，总要从实严办，现在吸烟的尚在观望，不肯断绝，以前的地方官不肯认真查办，以致养痈怠患到了这步田地，你到那里，断不可因法度太重稍有姑息，总要办得净尽为好，前回朕对你说过，一切刑名、钱谷总要事事核实，断不可大意。你今年五十五岁了，你的前任朱士达比你年纪大，你年富力强，正好为国家出力，好好去做吧！"

杨炳堃叩头。

皇上曰："你认识朱士达否？"

堃对曰："臣不认得。"

皇上起身，打了个哈欠。堃叩头奏曰："谨遵皇上圣训。"遂起身整理衣冠徐徐退出，然后到吏部办理了乞假省亲手续，领到执照后，于五月二十七日起身离京。到家省亲后于十月初二日赴任，十二月二十九日到任。

杨炳堃第四次赴京面圣是道光二十六年（1846 年）因明保举荐，时年 61 岁。二月启程赴京改任，四月二十五日傍晚时分到京。五月初七日，赴吏部文选司验到。六月初一日，又赴吏部投供。六月初五日午时正，报录人到，报曰："本日内阁奉上谕，湖南盐法使道员缺，着杨炳堃补授，饮此！"随即赴圆叫园宗泽楼勘验了各种证件和履历表，投递了谢恩折，掌灯时分回到寓所。

六月初六日时赴宫门，寅初门启，在奏事处递过折匣，回小朝房等候，卯初，召见大军机通报：初八日圣上召见杨炳堃等人。

六月初八日丑时正赴宫门，投递名衔折匣。卯初进二宫门，至九洲清晏过桥，在内宫等候。少刻，内侍引至奉三无私内殿西套间内，皇上面北，随询问了出身、履历、居官、明保、回籍起复，以及湖南盐务，并作训诲。一共用时一刻钟左右，皇上起来，炳堃叩头曰："谨遵皇上圣训。"起身整冠而出。

六月初九卯时，到鸿胪寺谢恩。六月二十九日启行离都，八月十七日到任。

杨炳堃在 62 岁以前可谓是为国为民倾心尽力，政绩卓著，官路是一帆风顺，步步高升。道光二十七年（1847 年），匪乱猖獗，堃主持剿匪，不尽。道光三十年（1850 年）65 岁时事发被革职遣戍新疆。咸丰三年（1853 年）68 岁，获赦，次年归故里，在家读书，整理旧作，著有《杨中议公自订年谱》《西行记程》《吹芦小草》等。咸丰八年（1858 年）病逝，时年 73 岁。

杨炳堃留给我们诸多思考，杨炳堃自道光二年（1822 年）任密县令七年，为密县做了大量的实事，功德无量。他既是那个时代的楷模，又是中小外官多次受皇帝亲自接见的典范，他还是一个屡受褒奖的官僚一下跌落深谷的一个特例。从中可以看到那个时代的官僚制度，做官的艰辛及风险。但他一生为国为民恪尽职守、终生不悔的精神可为历代懿范，应受赞颂。

第十八章 重振密邑文风的县令张廷玺

张廷玺，山东营州人，举人，清道光二十七年(1847 年)任密县知县。他方严嫉恶，不畏强御，莅任初，庄稼没收，人民饥饿，盗贼多，他严刑缉捕坏人，民赖以安。后为振密邑文风，重修文峰塔。

为振文风，重修屏峰塔

青屏山，是密北众山之祖，山脉浑厚，气势雄伟，主峰山梁上有一塔，叫屏峰塔。塔九层，高 19.045 米，塔基为青石建造，正方形，边长 3.5 米，高 0.9 米，塔身为青砖垒砌，每层有六角形密檐叠层，微向外展出，塔顶有铁铸宝葫芦形塔刹。此塔据载为清顺治十年(1653 年)时任知县李鹏鸣创建，后被毁。到咸丰元年(1851 年)，时任知县张廷玺重建。

修建此塔，民间还流传有一段传说。事情发生在道光年间，据传，有一知县张廷玺到密县上任，他精通风水地理，深懂相地之法。这一日，一行人马行至县东的三岔口，下轿歇息。三岔口是一处高岗，向西望去，三面环山，中间方圆数里一片平坦之地，北高南低，略微倾斜。迎接他的衙役指给他看七八里外的县城治所，他细细观望，看出古密城地脉灵秀，应是一处文风胜地，不禁大为赞叹："好一块金盆宝地啊！这样的地方，一定要出不少文人学士。"

屏峰塔图

在封建社会，读书人的地位很高，各类有才学的人普遍受到尊崇，地方官到任，首先要拜访他们。他向众人解嘲说："看来到这地方来，不是让我做官的，而是让我来拜客哩！"

于是，人马行至城外的官夫桥时，他整整衣冠，放下架子，下轿步行，做出礼贤下士的姿态。但是刚走到东关的石马古路，看见横穿城外的石道时，立刻惊叹："密城气脉挖断矣！"再往前行，进城到石桥沟时，又看出了建筑上的裂缝，大为痛心，叹息说："金盆破裂，文风衰落矣！"

当时，密邑文风不振，张廷玺到任后，又细察了密县的山脉、水势，想重振密地文风，就召集乡邑豪绅说:“青屏山是密北众山之祖，主峰不高，密县境内的学子不能见面，致使文风不能昌盛。今我有一法，如建塔升峰，境内定能出文人无数。”众豪绅听从了他的建议，捐钱捐物相助。

他首先在城里修桥填沟，建石桥沟，接通文脉，又在屏峰山上筑塔升峰。塔很快修成竣工，到了祭塔这一天，焕然一新的屏峰塔挺立在青屏山上，塔顶上三个铁质圆球串在一起，预兆着学子们将连中三元，正顶竖一铁笔尖锋，圆锥一般，直指蓝天。张廷玺神清气爽，乘着小轿登上了山，正当他满心欢喜，庆贺自己大功告成时，突然发现，新塔的高度还不像预想的那样高，心里咯噔一下，感觉不太对。于是命人重新丈量，果不其然，于是质问建塔的工头。

工头是一个自负的人，建塔到了第八层的时候，也不知什么原因，就是升不上去，但又不好意思向知县报告，怕知县怪罪自己技术不精，眼看着也快完工了，就瞒着没有上报，装上了塔顶。这会儿见知县亲自过问，只得如实相告。张廷玺听完后，很泄气，长叹一声，知道是气数如此，不能强求，只好作罢，另想新招。为了弥补这一缺漏，他找到了一个破法，在塔顶上挂红灯百日。

于是，刚刚修建的屏峰塔顶，高高挑着一盏红灯，在夜晚里，像是一盏希望的灯塔。到了第九十天，传来消息，知县大人要调任了。挂红灯的事本来也有些无稽之谈，张廷玺一走，就无人过问了。后来，密邑境内果然出了王化堂、周相、张绍衣、张增祥、翟允之等两位翰林、三个进士，应了那句“出文人无(五)数”的话。传说与现实也许只是巧合，但它的确反映了当时读书人渴望有所成就的美好心愿。

虽然故事流传的那个年代早就过去了，但“屏峰塔”历尽沧桑，仍屹立在青屏山顶，与青屏山东脚下的“龙池”交互相映，在天气晴朗的时候，塔影水色相叠，极为好看，被人们取名“青屏叠翠”，列为“古密八景”之一。

第十九章 为民除恶的县令祝康祺

祝康祺，浙江龙游人，拔贡出身。清光绪二十二年(1896年)，不遇皇王开科，因密县前任知县届满，故选拔“拔贡”祝康祺任河南密县代理知县。

在密县任职的县官中，有的有品有德，治理有方；有的功绩卓著，名垂青史，史志碑刻都留下了大量可考的资料。然而，还有一些县官，因种种原因，并不在册，甚至生平无从考证，但是在民间，却留下了一段段传奇、一件件轶事，永远活在了百姓的心中。清光绪年间，来密任的祝康祺就是这样一位知县。

据说，光绪二十二年，因不遇皇上开科，前任已经届满，后面却没有人候补，于是，就选派他这位品学兼优的“拔贡”前来河南密县代理知县了。用今天的话说，他可能不算是科班出身，不过，他却是一位爱民如子、刚正不阿、除恶有方的好官。

巧审箔箩

祝康祺一到密县，发现案卷积压严重，经过梳理归类，就择日升堂。这一日，升堂鼓刚敲响，堂下跪一人，高喊：“我是东街油坊的李老偏，状告东街邻居卖面的王老五偷俺的箔箩。”祝县令差人到东街面坊将王老五及面箔箩带上堂来，查看一番，决定三月十五每人各带银两到天仙庙古会上听判。为什么要到天仙庙古会上呢？原来，天仙庙是密县通向开封的东西要道，每年古会，人山人海。选在这里既可以向各乡镇贤达人士明示新县令到任，也可以通过判案收服人心。

这天古庙会上两台大戏对唱，热闹非凡。中午时分，随着几声锣响，祝县令坐到了天仙庙白松楼院当中。赶会看戏的，挑担卖饭的，把庙院围得水泄不通。各乡镇官员也拱手下跪：“欢迎祝县令莅密就任！”祝康祺惊堂木一拍，说：“今儿一来拜会各位乡老，二来借此审案，平息民冤。升堂！”原告油房李老偏上得堂来指着箔箩说：“我家箔箩祖上传，晾晒芝麻最方便，自从王老五偷了去，真叫老夫作了难。”卖面的王老五身背箔箩跪下：“我家箔箩祖上传，至今使用几十年，李说箔箩是他的，上面沾的全是面。”祝康祺听完两人的话，下得堂来，绕着箔箩转了两圈，手拍着箔箩帮拍拍敲打了两下，看不出有什么名堂。遂唤衙役：“当官就要赏罚分明，都是这箔箩惹的案子，来，对箔箩重打四十！”一杖下去，箔箩上沾的面粉散落一地，白糊糊一片。祝县令蹲下身去，口中念道：“箔箩呀箔箩，你就招了吧！”他细细观看一番，又把耳朵贴到箔箩上听了一小会儿，起身把惊堂木一摔，喝道：“箔箩已经招供，大胆王老五，竟敢欺骗本官！”王老五还想抵赖，祝康祺捡起面粉上带着的小小芝麻粒，向众人解释了原因。王老五一下傻了脸，泄气皮球一样瘫软在地，被判罚钱三十串。祝县令当场把十串钱散济贫困，把余下的二十串交给天仙庙院长做修缮之资。于是,祝县令“巧审箔箩”的故事就在百姓中传开了。

除恶有方

清光绪年间,县城西牛店有一恶棍叫许景堂。他性情暴躁,年轻时学过铁匠,孔武有力,经常东拿西占,欺压乡邻、横行乡里,三里五村的人不要说看见他,就是提起他的名字,都要浑身打战。平时,他经常身穿青蓝色袍子,头戴酱黑色礼帽,大嘴巴上叼着烟卷。小鼻子、深眼窝、说起话来连汤带水,做啥事从来不吃亏,在当地十分霸道,状告他的人络绎不绝。县衙的人对他的恶劣行迹早已清清楚楚,但就是不去捉拿他。为什么呢?据说是他神通广大、利用金钱买通了地方人事,这边刚定好要去捉拿他的方案,那边就有人为他通风报信,放他一跑了之。老百姓对许景堂恨之入骨,就编了绰号骂他:“上山虎、下山狼、铁膀鹞子黑心肠、喝人血的许景堂。”

祝康祺来到密县,听到许景堂的恶劣行径后,就下定决心除掉这个恶棍。有一天,祝县令定下了方案,一大早就把县衙有关人员全部集中起来,点罢名字就出发。为了不打草惊蛇,祝县令采取声东击西的办法捉拿许景堂。牛店本来在县城西边,应该出西门直奔牛店,但祝县令带着一帮人马出东门往五里店走去,到五里店一点名,一人不少。从五里店往南走,一路上来到超化。有衙役问:“老爷,咱们到了超化镇,超化街有个大寺院,您是到寺院上香还是去游金花泉?”祝县令说:“密县不是有一句话吗,‘东店萝卜,超化蒜’,咱们去看看今年收成咋样吧?”吃罢午饭,他们奔西南去了平陌,到平陌点罢名字还是一人不少,知道没有走漏消息,这就直奔牛店而来,到牛店岭天已经黑了,谁也不知道祝县令到底要干什么。

走了一整天,在知情人的带领下,他们接近了许景堂住处。这时,祝县令说:“今天让大家来是捉拿许景堂的,要多为民除害,如果有人通风报信,将严惩不贷,下场与许景堂一样。”大家这才恍然大悟。祝康祺派衙役前去叫门:“许景堂先生开门!祝大人接见你来了。”许景堂一听事情不妙,顺手拿起一把铁锤,站在大门后,等着祝县令一进大门,就动手与他死拼。谁知道祝康祺也有武功,有准备,这时大门一开,祝县令一缩身子,就从许景堂大铁锤下跃了过去。祝县令又一转身,顺势就把许景堂按倒在地。衙役们齐上,二话不说,就把许景堂绳捆索绑,押入县衙大牢,立案候审。

从此,县西一带平静了,祝县令解除了人们的心头之恨,为人民消除了一大害。

智斗奸商

祝在密任职期间,大胆改革,修订了许多法律条款,为官清正,执法严明,事迹感人,爱民如子,深受百姓拥护。

相传,祝县令在任时,经常到民间了解民情。一次,当他看到市场混乱、缺斤短两现象严重后,决心打一打商贩的可恶气焰。他做了周密安排,知道近日城内有古庙会,每年五月二十八日是城隍生日,决定把升堂判案设在这一天,因为这天城内大街小巷人山人海,很多人来城赶会、看戏、参拜城隍爷,烧香的人较多。祝康祺就借古会人多的机会打击这些缺斤短两的行为。

事前，祝县令了解到王世焕有个儿子，爱小偷小摸，拿过人家的梨，偷过人家的菜，这就有了计谋。这天，他特派一名可靠的差役去找王世焕。不多会儿，衙役就把人带到了。王世焕问："大老爷叫我有啥事？"祝县令二话不说："王世焕你可知罚？你是愿打，还是愿罚？打了不罚，罚了不打，愿打要打你儿四十大板，愿罚给我称二斤砂糖。"王世焕弄明白是因儿子的事后连声说："愿受罚，多称几斤砂糖都行，只要不要打我儿。"祝县令说："多了不要，只要二斤。"

王世焕急忙去大街杂货店买了二斤砂糖，祝县令叫差役马上称砂糖，上秤一称，二斤砂糖少二两。"大胆的王世焕，给我送二斤砂糖竟敢少二两，你说该打不该打？"王世焕的儿子忙说："不要打我父亲，我马上到街上再与你买二斤不就行了。"祝县令说："不要了。"立即派衙役带着王世焕到那家杂货店把老板王老九带来。祝县令把惊堂木一拍，喝道："大胆的王老九，你卖货缺斤短两，卖布尺子不够数，我早就知道，你坑害多少百姓，还不从实招来！"王老九仗着他见识广，不想招。祝康祺把眼一瞪："先打二十大板。"王老九看县老爷要动真格，忙把真情实据一一道出："我店使用两个秤锤，一个大一个小，买东西使用大秤锤，卖东西使用小秤锤，卖布的尺子刻短了一点点，这是我缺德，坑害百姓。"在众人的叫好中，祝县令当场判王老九挂牌游街，罚银五十两，连打带罚，打一儆百。

从此，市场上缺斤少两现象少多了，王世焕的儿子小偷小摸的恶习也改过来了，老百姓无不拍手称快。

第二十章　廉洁奉公民国县长谷振翔

谷振翔，河北滦阳（今河北省唐山市丰南区）人，在 1928 年—1929 年，来密任职，他是县长兼自治筹备处主任，作风正派，关心群众，办事认真，勤俭节约。

改革地方，豪情满怀

当年，谷振翔怀着救国救民的理想来到密县。他十分渴望有一番作为，但刚到地方，人生地不熟，十分郁闷，有萌退之意，后来，与国民党密县县党部执行委员会主任委员张书印（中共地下党员）有共同政见，很快展开了轰轰烈烈的密县地方自治运动。为此，他曾有诗刻碑云："游遍陕甘到豫州，时艰无补何须愁。阶前营得舆图在，大地烟云一望收。"此诗碑因嵌在县衙仪门的墙壁上，所以后来完整保存下来了。

当时，为了打破守旧的局面，他首先改革旧县衙组织机构，撤销八班六房，建立新的科、室，制定规章制度，进行办公。并选举地方各界公正人士，成立县财政委员会，负责地方款项筹集，并监督收支。为维持地方治安，会同县党部成立了县保卫总团，他兼任总团长，县党部执行委员蔡双润为副总团长。

为适应新的形势需要，取消了旧二十保，建立了新的区、乡制，开展地方自治。同时，配合县党部开展反封建破除迷信活动，扒神像、男剪发、女放足，组织农民协会，打击土豪劣绅，清算贪官污吏。还不断同张书印一起到现场指导，鼓舞群情斗志。

勤政爱民，廉洁奉公

工作中，谷振翔身先士卒，事必躬亲，每天要去自治筹备处一两次，询问情况，指导工作。他还经常到各机关、街道，或乡村访查了解情况。他态度和善，平易近人，和群众关系密切。在城里他总是独身来往，下乡去带一名护兵。

生活上，他十分朴素，和职员们同伙就餐，从不搞特殊化。冬天穿一件蓝布破大衣，屁股后烂得露着棉花套。临卸任时连路费都没有，县地方准备送他二百元路费，他不受，最后他把从军队来上任时骑的两匹马卖掉做路费。离开密县时县各机关人员和群众欢送到城东关，大家都心情低落，依依不舍。

谷振翔县长上任来两袖清风，卸任去清风两袖，密县老百姓对他十分感激。尤其是他卸任卖马这件事，给老百姓留下深刻印象。"县长卖马"，一时传为佳话。

勤于理政，修建舆图

舆图，建于密县县衙大堂甬道两侧，碑刻在县衙仪门北面墙体镶嵌，于2010年7月县衙修复期间被发现，碑文内容：十七年秋余来斯邑，适当兵匪之余兼以年歉，筹款银窘而诸般待举，自知短于理财，遂生惰志，因见民众朴良，士绅明达，未即去。越明年，政亦稍见起色，暇时于堂前植柏五十株，桐四十株，各自成行。占诗云：绿满天涯归未得，故园应料亦花开，年来到此因何事，桐柏成行手自栽。后于院内用砖瓦砌东西两半球，陆以黄土，水以碧草，山以石缀，模型粗具，尚有可观。后占诗云：游遍陕甘到豫州，时艰无补何须愁，阶前营得舆图在，大地烟云一望收。念自从军以来，奔波数万里，铁鞋踏破未补时艰，人生寄迹恰似雪泥鸿爪，今复何之那后计西东此志。

附:汉至民国密县职官名表

汉至清代密县职官名表

朝代	职官	姓名	籍贯	学历	任职年月		备注
					帝王纪年	公元纪年	
汉	令长	卓　茂	河南南阳			2年	记载不详
汉	令长	时　苗	河北平乡				记载不详
三国	令长	杨　俊					记载不详
三国	令长	甄　据					记载不详
东晋	县令	桓　彝			太兴三年	320年	荥阳密县令
唐	县令	卢　纶	河北涿州市		大历年间		记载不详
唐	县令	冯孝约	陕西户县		贞观十八年	644年	
唐	县令	王神授	太原晋阳		永徽四年	653年	
唐	县令	宋思真	河北广平		麟德元年	664年	
唐	县令	曾　岑			开元七年	719年	超化寺造像题记记载
唐	县令	李自勖	赵郡栾城		大周时期		记载不详
五代	令长	索长官					记载不详
北宋	县令	孙　谔	河南商丘		元丰六年	1083年	
宋	县令	黄　觐					记载不详
宋	县令	刘　渐					记载不详
金	县令	刘文饶			贞元元年至三年	1153—1155年	
元	达鲁花赤尹	明格公			前至元元年	1264年	
元	达鲁花赤尹	博罗察儿			前至元二十二年	1285年	北召华严寺碑刻记载
元	达鲁花赤尹	貌思滚			前至元二十八年	1291年	文庙《密县新修庙学之记》记载
元	达鲁花赤尹	钧□□纯诚子武			前至元三十一年	1294年	文庙《密县新修庙学之记》记载
元	达鲁花赤尹	杨时中	河北赵县		大德九年	1305年	
元	达鲁花赤尹	杜君美	河北赵县		至大三年	1310年	
元	达鲁花赤尹	何敬义			后至元四年	1338年	

续表

朝代	职官	姓名	籍贯	学历	任职年月		备注
					帝王纪年	公元纪年	
元	达鲁花赤尹	刘元甫					记载不详
元	达鲁花赤尹	王世荣					记载不详
明	知县	郑世昌		儒士	洪武元年	1368 年	
明	知县	冯万金		儒士	洪武三年	1370 年	
明	知县	李　庸		儒士	洪武二十四年	1391 年	
明	知县	邵文礼	浙江余姚	举人	永乐五年	1407 年	
明	知县	邵公阳	浙江余姚	举人	永乐十二年	1414 年	
明	知县	韩　瑛	山东邹县	举人	永乐十九年	1421 年	
明	知县	岳　宗	陕西眉县	监生	宣德六年	1431 年	
明	知县	温　厚	山西蒲县	监生	正统元年	1436 年	
明	知县	史　信	山东邱县		景泰六年	1455 年	
明	知县	孙　哲	河北蠡县	举人	成化元年	1465 年	
明	知县	叶　预	江苏常熟	进士	成化年间		记载不详
明	知县	孙　括			弘治八年	1495 年	
明	知县	宋　震	山西临猗	举人	弘治九年	1496 年	
明	知县	崔　彝	河北定兴	举人	弘治十四年	1501 年	
明	知县	杨　昺	河北蠡县	举人	弘治十七年	1504 年	
明	知县	李朝阳	河　北	举人	正德二年	1507 年	
明	知县	黄　泮	四川成都	举人	正德四年	1509 年	
明	知县	杜　成	山西襄汾	举人	正德七年	1512 年	
明	知县	高　节	山东安邱	贡生			记载不详
明	知县	徐　经	陕西西安	贡生	正德十一年	1516 年	
明	知县	陈　纲	山西沁源	举人	嘉靖元年	1522 年	
明	知县	宋　椐	山西潞城	举人	嘉靖四年	1525 年	
明	知县	郑　濂	河北任丘	举人	嘉靖七年	1528 年	
明	知县	黄懋恩	福建莆田	举人	嘉靖八年	1529 年	
明	知县	熊腾霄	四川泸州	举人	嘉靖十二年	1533 年	
明	知县	卫　民	陕西甘泉	举人	嘉靖十五年	1536 年	
明	知县	程敏庸	安徽休宁	贡生	嘉靖十八年	1539 年	
明	知县	阎世禄	山西代县	举人	嘉靖二十一年	1542 年	

续表

朝代	职官	姓名	籍贯	学历	任职年月		备注
					帝王纪年	公元纪年	
明	知县	王汝襄	江苏扬州	举人	嘉靖二十二年	1543 年	
明	知县	厉深甫	江苏无锡	举人	嘉靖二十六年	1547 年	
明	知县	艾　儒	江西崇仁	举人	嘉靖二十八年	1549 年	
明	知县	张　金	北京密云	贡生	嘉靖三十一年	1552 年	
明	知县	巩　堂	北京通县	贡生	嘉靖三十八年	1559 年	
明	知县	朱　锐	河北东光	贡生	嘉靖四十一年	1562 年	
明	知县	刘延珍	北京密云	贡生	隆庆元年	1567 年	
明	知县	侯一位	陕西西安	举人	隆庆四年	1570 年	
明	知县	刘继祖	北京市		万历初年		
明	知县	萧文言	湖北江陵	举人	万历元年	1573 年	
明	知县	陈忠言	河北成安	举人	万历五年	1577 年	
明	知县	张祖范	山西离石	恩贡	万历八年	1580 年	
明	知县	张光绪	河北河间	进士	万历十二年	1584 年	
明	知县	邱龙云	湖北麻城	举人	万历十四年	1586 年	
明	知县	傅　形	山东宁津	举人	万历十五年	1587 年	
明	知县	刘士学	山东临朐	举人	万历十七年	1589 年	
明	知县	储应爵		选贡	万历十九年	1593 年	
明	知县	杨　爱	山西偏关	岁贡	万历二十四年	1597 年	
明	知县	李　焕	山西忻州	举人	万历二十八年	1601 年	
明	知县	吴良甫	四川三台	进士	万历三十二年	1604 年	
明	知县	王崇雅	山西黎城	岁贡	万历三十六年	1603 年	
明	知县	李　恺	山东邹县	举人	万历三十七年	1609 年	
明	知县	刘有源	山东益都	举人	万历三十九年	1611 年	
明	知县	白希彩	陕西延安	举人	万历四十五年	1617 年	
明	知县	王时英	山西垣曲	进士	万历四十八年	1620 年	
明	知县	张　涛	福建莆田	举人	天启二年	1622 年	
明	知县	刘肃清	河北涿州	恩贡	天启四年	1624 年	
明	知县	邓国范	广西全州	举人	天启七年	1627 年	
明	知县	萧熙鸣	江西永新	岁贡	崇祯三年	1630 年	
明	知县	胡会宾	云南昆明	举人	崇祯四年	1631 年	

续表

朝代	职官	姓名	籍贯	学历	任职年月		备注
					帝王纪年	公元纪年	
明	知县	苗之庭	河北威县	举人	崇祯五年	1632 年	
明	知县	曹化中	辽　宁	举人	崇祯十年	1637 年	
明	知县	朱敏汻	山西太原	宗贡	崇祯十三年	1640 年	
明	知县	成其志	山　西	岁贡	崇祯十四年	1641 年	
清	知县	崔养重	山东庆云	岁贡	顺治二年	1645 年	
清	知县	任文煜	河北丰润	拔贡	顺治二年	1645 年	
清	知县	李芝兰	辽宁铁岭	岁贡	顺治五年	1648 年	
清	知县	李鹏鸣	陕西富平	举人	顺治十年	1653 年	
清	知县	王　钰	陕西三原	举人	顺治十七年	1660 年	
清	知县	章士茂	浙江绍兴	吏员	康熙五年	1666 年	
清	知县	李居易	山东阳谷	进士	康熙七年	1668 年	
清	知县	张允先	陕　西	州判	康熙七年	1668 年	
清	知县	成毓祥	辽宁辽阳	荫生	康熙十一年	1672 年	
清	知县	夏应元	辽宁辽阳	生员	康熙十二年	1673 年	创建兴学书院
清	知县	张　博	江西南昌	举人	康熙十九年	1680 年	增修大成殿
清	知县	衷鲲化	安徽芜湖	例监	康熙二十二年	1683 年	
清	知县	袁良怡	湖北阳新	例贡	康熙三十一年	1692 年	
清	知县	钱以祯					记载不详
清	知县	李应龙		监生			记载不详
清	知县	于兆麟		监生	康熙四十三年	1704 年	
清	知县	庄　歆	浙江杭州	副榜	康熙五十九年	1720 年	
清	知县	许履坦	福建晋江	进士	雍正五年	1727 年	
清	知县	李　朗	福建莆田	进士	雍正六年	1728 年	
清	知县	连　枚	河北柏乡	举人	雍正六年	1728 年	
清	知县	姚士圭	安徽桐城	副榜	雍正九年	1731 年	
清	知县	蒋　彦	广西全州	举人	雍正十一年	1733 年	
清	知县	李　恒	陕西三原	举人	雍正十三年	1735 年	
清	知县	刘　荩	天津静海	进士	雍正十三年	1735 年	
清	知县	常　行	河北雄县	举人	乾隆五年	1740 年	
清	知县	万作霖	江苏宜兴	拔贡	乾隆五年	1740 年	

续表

朝代	职官	姓名	籍贯	学历	任职年月		备注
					帝王纪年	公元纪年	
清	知县	王之卫	山东寿光	进士	乾隆六年	1741 年	
清	知县	王大树	山西平陆	进士	乾隆七年	1742 年	
清	知县	汪昌国	安徽宣城	进士	乾隆九年	1744 年	
清	知县	杨如柏	云南昆明	进士	乾隆十年	1745 年	
清	知县	高其哲	四川什邡	举人	乾隆十一年	1746 年	
清	知县	江　湄	安徽盱眙	监生	乾隆十四年	1749 年	
清	知县	秦　勷	山东安丘	进士	乾隆十五年	1750 年	
清	知县	龚一发	福建福州	举人	乾隆十八年	1753 年	
清	知县	史流馨	江苏金坛	举人	乾隆十八年	1753 年	
清	知县	邓正琮	湖南益阳	进士	乾隆二十一年	1756 年	
清	知县	马　渭	陕西三原	举人	乾隆二十四年	1759 年	
清	知县	饶仁美	福建永春	举人	乾隆二十九年	1764 年	
清	知县	陆象枢	浙江绍兴	举人	乾隆三十年	1765 年	
清	知县	陈天阶	福建诏安	进士	乾隆三十一年	1766 年	
清	知县	张兰芳					记载不详
清	知县	余昂霄	浙江杭州	举人	乾隆三十六年	1771 年	
清	知县	张廷敬			乾隆三十七年	1772 年	
清	知县	邱景云	福建永春	举人	乾隆三十八年	1773 年	
清	知县	吴世贤	上海松江	进士	乾隆三十九年	1774 年	
清	知县	罗德霖	湖北汉阳	拔贡	乾隆四十一年	1776 年	
清	知县	柴孝嗣	浙江湖州	举人	乾隆四十六年	1781 年	
清	知县	张廷敬			乾隆四十八年	1783 年	
清	知县	陆世采	浙江桐乡	举人	乾隆四十九年	1784 年	
清	知县	杨泰起	四川江津	举人	嘉庆元年	1796 年	
清	知县	陈　�	山西晋城		嘉庆十五年	1810 年	
清	知县	景　纶	内蒙古	进士	嘉庆十六年	1811 年	
清	知县	王曾澍	北京宛平	举人	嘉庆二十年	1815 年	
清	知县	景　纶	内蒙古	进士	嘉庆二十年	1815 年	回任
清	知县	李宗弼			道光元年	1821 年	
清	知县	杨炳堃	浙江湖州	拔贡	道光二年	1822 年	

续表

朝代	职官	姓名	籍贯	学历	任职年月		备注
					帝王纪年	公元纪年	
清	知县	王浚生	宁夏灵武		道光十二年	1832 年	
清	知县	王麟定	陕西合阳	举人	道光十四年	1834 年	
清	知县	颜奏勋	广东连平		道光二十年	1840 年	
清	知县	张延玺	山　　东	举人	道光二十七年	1847 年	
清	知县	蒋文焕			咸丰元年	1851 年	
清	知县	胡燕青	浙江	举人			记载不详
清	知县	王履太	北京大兴		咸丰五年	1855 年	代理
清	知县	刘庆恩	安徽桐城	举人	咸丰六年	1856 年	
清	知县	杨宗程	辽宁锦州	举人	咸丰七年	1857 年	
清	知县	庆　麟		监生	咸丰九年	1859 年	
清	知县	杜　翃	山东滨州	廪生	咸丰九年	1859 年	
清	知县	俞　炳	浙江杭州	监生	同治元年	1862 年	
清	知县	杜　翃	山东滨州	廪生	同治元年	1862 年	回任
清	知县	杨维宗	福建连城	监生	同治二年	1663 年	
清	知县	朱兆兰	江苏靖江	监生	同治四年	1665 年	
清	知县	张遇升	河北任丘	举人	同治四年	1665 年	
清	知县	衡　令	蒙古正蓝	监生	同治四年	1665 年	代理
清	知县	张遇升	河北任丘	举人	同治四年	1665 年	回任
清	知县	张　暄	北京大兴	监生	同治七年	1868 年	代理
清	知县	杨士玉	河北秦皇岛	举人	同治七年	1868 年	
清	知县	任锡庆	浙江湖州	监生	同治七年	1868 年	
清	知县	孙永治	湖北汉阳	进士	同治十年	1871 年	
清	知县	庞交赞	陕西紫阳	举人	同治十一年	1872 年	
清	知县	崇　缙		监生	同治十二年	1873 年	代理
清	知县	庞交赞	陕西紫阳	举人	同治十二年	1873 年	回任
清	知县	姚宝善	北京大兴	监生	同治十三年	1874 年	代理
清	知县	边渝慈	河北任丘	进士	同治十三年	1874 年	
清	知县	崇　缙		监生	光绪二年	1876 年	代理
清	知县	邹国宽	湖南新化	举人	光绪三年	1877 年	
清	知县	陈学灏	湖北安陆	监生	光绪三年	1877 年	

续表

朝代	职官	姓名	籍贯	学历	任职年月		备注
					帝王纪年	公元纪年	
清	知县	王　彦	江苏吴江	俊秀	光绪四年	1878 年	
清	知县	于文泉	山东蓬莱	进士	光绪六年	1880 年	
清	知县	王　彦	江苏吴江	俊秀	光绪七年	1881 年	回任
清	知县	李步云	辽宁兴城	进士	光绪九年	1883 年	
清	知县	张锡圭	江苏	监生	光绪十年	1884 年	
清	知县	王新传	山东黄县	举人	光绪十六年	1890 年	代理
清	知县	王宝钧	江苏苏州	监生	光绪十七年	1891 年	
清	知县	祝康祺	浙江龙游	拔贡	光绪二十二年	1896 年	代理
清	知县	王合棠	宁夏隆德	举人	光绪二十三年	1897 年	代理
清	知县	陶应辉	湖南衡山	吏员	光绪二十三年	1897 年	
清	知县	韩兆营	北京大兴	监生	光绪三十年	1904 年	
清	知县	王宝钧	江苏苏州	监生	光绪三十年	1904 年	回任
清	知县	庞训彝	江苏南京	监生	光绪三十四年	1908 年	代理
清	知县	徐文田	江苏武进	举人	宣统元年	1909 年	
清	知县	金绛熙	浙江桐乡	监生	宣统二年	1910 年	
清	知县	姚晟年	江苏南京	荫生	宣统三年	1911 年	

民国时期密县历任知事、县长一览表

职务	姓名	籍贯	任职时间	备注
知事	姚晟年	江苏江宁	1912年	
知事	林裕焘	陕西凤翔	1915年	代理
知事	杨　焕		1916年	
知事	查正绥	北京宛平	1916年	1915年代理,1917年改署
知事	刘永镛	四川雅安	1919年	代理
知事	汪　忠	安徽旌德	1921年	
知事	李德全	河南开封	1925年	
知事	朱　璞		1926年	
知事	李隆基		1926年	
县长	杨隆准		1927年	
县长	关鸿庭		1927年	
县长	徐德铨		1928年	
县长	谷振翔	河北洓阳	1928年	
县长	聂　体	河南宜阳	1929年	
县长	黄时新		1930年	
县长	牛绍季	河南开封	1931年	
县长	徐春荣	河南临汝	1931年	
县长	王　洁	河南孟州市	1933年	
县长	陈天煦	河南光山	1934年	
县长	刘　元	河北魏县	1934年	
县长	李礼耕	河南巩义	1937年	
县长	张国威	河南开封	1938年	
县长	陆建唐	安徽宿县	1939年	
县长	孟祥霖	河北永年	1940年	
县长	张曼云	河南长葛	1941年	
县长	高万青	河南密县	1944年	
县长	杨友铮	河南登封	1946年	
县长	高万青	河南密县	1947—1948年	

第三编　楹联赏析

密县县衙历经1400余年，积存了无比丰厚的楹联遗产，成为一个有着无尽珍藏的历史、人物、艺术的宝库，衙门楹联与衙门建筑作用所呈现的多元、综合的文化特点有很大的相同之处，故研究可以“借古开今”总结出一些发展规律，给现代楹联研究发展以启示。密县县衙楹联形式多样，写法各异，粗犷不失严谨、夸张不失分寸，形体遒劲有力，尊贵中透着亲切，简单却耐人寻味，其中所含意味，若能被我们“融会贯通”地吸收和应用，必将为衙门文化注入更多的“营养”。楹联文化是还未受外来文化冲击的原汁原味的中国本土文化，与其他姊妹文化如诗、词、曲、歌、赋等，有着千丝万缕的联系，对其进行深入研究对于整个中国的古典文化，同样具有深远的意义。

本编着重介绍密县县衙楹联文化，可以肯定地说，仅从楹联之中就可以窥视到封建社会的吏治情况，它可以补充地方吏治施政的内容，丰富我们对封建社会文化史的研究。在县衙建筑中心的楹联中，有的反映仕途悲欢得失，有的申明施政宗旨，有的告诫僚属尽职尽责，有的奖励百姓耕织，有的省视自身功过，有的警示官员贪赃枉法等。这些丰富的楹联文化，都值得我们去认真地研究、探讨。

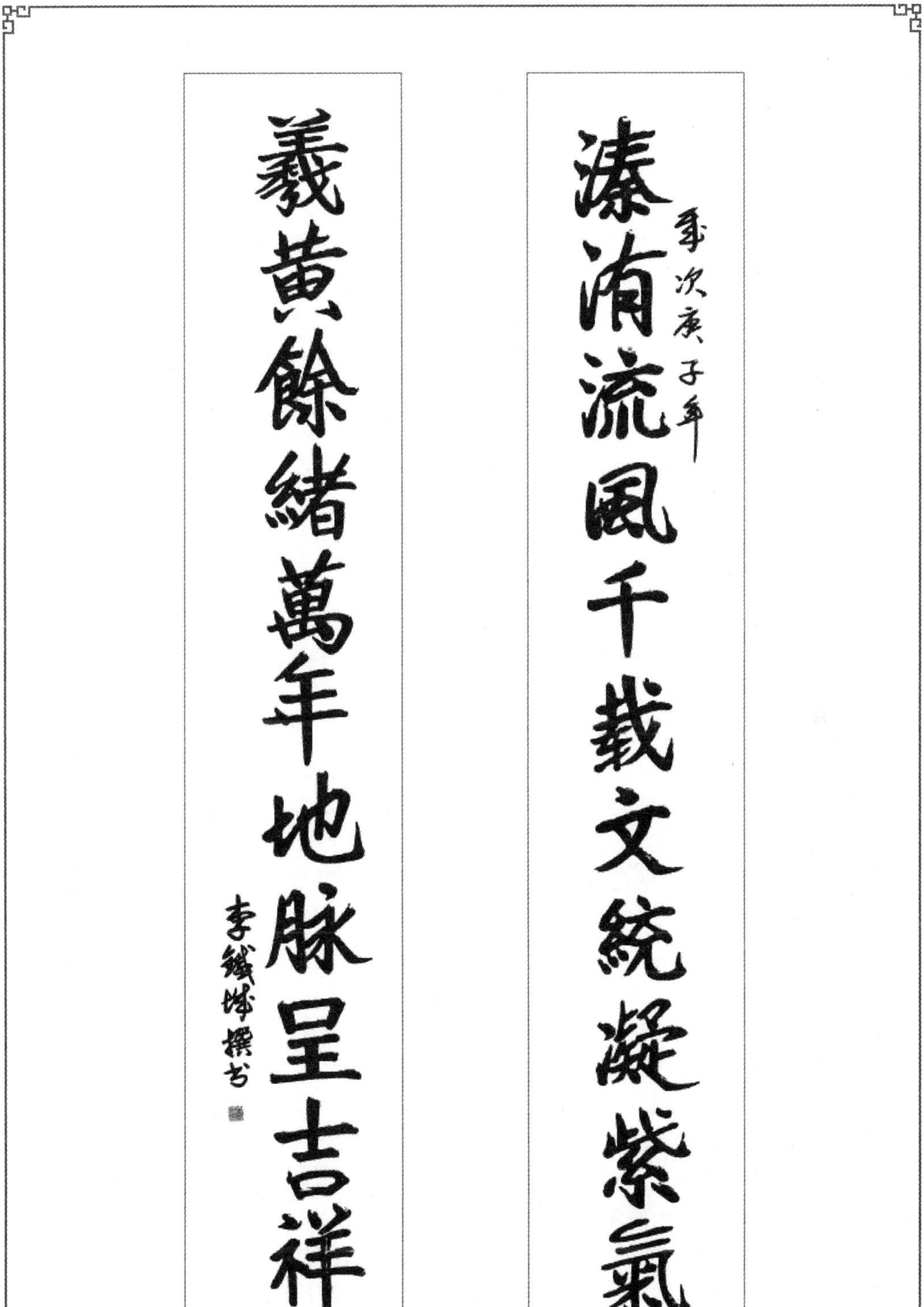
溱洧流風千載文統凝紫氣
歲次庚子年
羲黄餘緒萬年地脉呈吉祥
李鐵球撰书

溱洧流风千载文统凝紫气
羲黄余绪万年地脉呈吉祥

这是县衙大门楹联。

溱洧:新密境内两条历史名河,即溱河洧水,这是两条蕴含厚重文化因子的河流,溱河发源于新密,洧水流经新密,两河在新密曲梁的交流寨汇合,称双洎河,后流入新郑。据统计,在"诗经"和先秦典籍文献中,提到"溱洧"这个名词的就达 26 处之多。《诗经》中有一首"溱洧",就是描写新密溱河和洧水的。"溱与洧,方涣涣兮,士与女,方秉蕑兮……"这首脍炙人口的诗歌生动地描写了当时青年男女在溱洧河畔踏青游玩、谈情说爱的情景。溱洧流域是《诗经》描写和歌颂最多的地方,从中可见新密文化之灿烂。

流风:前代流传下来的风尚,多指好的风气。如流风遗俗,流风遗韵。

千载:历史悠久。密县县衙始建于隋大业十二年(616 年),距今已有 1400 余年的历史。

文统:文化传统。

紫气:紫色云气,古人认为是祥瑞的征兆。成语"紫气东来"乃老子的故事。传说老子过函谷关前,关令尹喜见有紫气从东而来,知道将有圣人过关。果然老子骑着青牛而来。

羲黄:伏羲和黄帝。"羲"即伏羲,三皇之首。密县西北有一座山,叫伏羲山,相传为远古时期伏羲和女娲活动的地方,在此留下了丰富的遗址和口碑传说,"黄"指黄帝,五帝之首。黄帝在新密活动的传说、遗迹更多,初步统计有 50 多处。据专家考证,曲梁的古城寨遗址,就是轩辕黄帝的都城,2001 年被评为全国十大考古新发现。2007 年,新密被国家命名为"中国羲皇文化之乡""中国羲皇文化研究基地"。由此可见,新密历史之悠久。

余绪:留传给后世的文化、风俗。

万年:时间久远。

地脉:地的脉络,地势。

吉祥:幸运、吉利,吉祥如意。

"溱洧流风千载文统凝紫气",意指溱洧流域是我国《诗经》中被广泛描写、歌颂的地方,这里溱洧歌诗,源远流长,数千年来形成的文化传统成为密县古老兴盛的文明。

"羲黄余绪万年地脉呈吉祥",意指新密是伏羲、黄帝成长立业之地。五千年来,沧桑的岁月在这里汇聚,凝结为厚重的历史。

上联着重赞扬密县深厚的文化积淀,下联极力歌颂密县历史伟人的功业,此联把二者巧妙地融合在一起,内涵丰富深厚,风格庄严崇高,气势磅礴恢宏,既彰显了密县历史之辉煌,文化之灿烂,又衬托出县衙的古朴、典雅、庄重、威严,从而增强人们传承历史文化的责任感、自豪感。

玉橋直通萬家百姓陳情訴

蓮池搖曳千載衙署清正風

玉桥直通万家百姓陈情路
莲池摇曳千载衙署清正风

这是县衙大门内侧楹联。

玉桥:县衙大门与仪门之间的甬道。

莲池:县衙的大门与仪门之间甬道两侧的莲池,寓意廉耻。

摇曳:指莲叶轻轻地摆荡。

衙署:即密县县衙。

千载:时间久远。

清正风:清正廉洁之风。

“玉桥直通万家百姓陈情路”,体现出封建社会为官者的执政理念,与当今提倡的以人为本的思想可谓一脉相承。

“莲池摇曳千载衙署清正风”,寓意千年古衙风清气顺,彰显出正直无私,清廉恪己的高尚品质。

孝悌忠信礼义廉耻,是儒家思想的重要内容。莲池是密县县衙的一大奇观,国内独有。这种建制是古代建筑与现代艺术的完美结合,既美化了县衙的环境,又寓意莲花出淤泥而不染的高贵品质。警示官员为政清廉,守身如玉。

此联把玉桥、莲池作为中心词,巧妙地构思出一副楹联,并且用莲荷暗喻廉洁,不仅点出对官员的基本要求,也警示官员像荷花那样高风亮节,出淤泥而不染。可谓一石三鸟,独具匠心。另外,联中“摇曳”一词用得恰到好处,富有诗情画意,给人以无限的遐想空间。

國正天心順
官清民自安

国正天心顺
官清民自安

这是县衙仪门南侧楹联。

仪门，即礼仪之门，中间的为仪门，东为生门，西为死门。在县衙中出入门庭也必须遵从礼制，仪门通常是不开的，平时进出衙门的人员从东门进出。新官上任，上级官员巡视，或有重大庆典活动时，才大开中门以示隆重。西门通常是关闭不开的。

此联意思是只有一个国家的政体康健、官员廉洁，才能社会和谐、人民安居乐业。“国正天心顺，官清民自安”，唯有让权力更加透明，自上而下自觉地在人民的监督下行政，从制度上预防和杜绝腐败，才能实现国泰民安、人民安居乐业。

進門来為國為民為社稷為政清廉

出門去問天問地问百姓問心無愧

进门来为国为民为社稷为政清廉
出门去问天问地问百姓问心无愧

这是县衙仪门北侧的一副楹联。

门:县衙大门,引申为从政。

社稷:国家的代称。社:土神。稷:谷神。古代帝王或诸侯建国时,都要立坛祭祀“社”“稷”。

出门去:辞官回乡。

“进门来为国为民为社稷为政清廉”意为,当官从政不仅为百姓办事,为国家分忧,还要清正廉洁。

“出门去问天问地问百姓问心无愧”意为辞官回乡,应该认真进行反思,是否对得起苍天,对得起大地,对得起百姓,对得起自己。

此联是叠字联,用四个“为”、四个“问”,直抒胸臆,提出问题,警示为官者要遵守为官之道和从政之德,可谓一语中的,入木三分。

策勵於先政節於後官箴何在

取便於己貽害於民國法能容

策励于先改节于后官箴何在
取便于己贻害于民国法能容

这是县衙大堂卷棚的一副楹联。

策励：督促勉励。策：古代的一种马鞭子。本意策马、鞭打，引申为激励，促进的意思。励：劝勉，励志。意为勉励意志、励精图治。

改节：改变原来的操行和志向。多指丧失应当坚守的节操。

官箴：官吏对帝王所进的箴言和做官的戒规。

取：拿、得到。

便：顺利，没有困难或阻碍，便当、便利。

贻害：留下祸害；使受损害。

国法：国家的法律。

“策励于先改节于后官箴何在”意为时刻牢记官箴，并以此鞭策勉励自己，不使自己丧失应当坚守的节操。

“取便于己贻害于民国法能容”意为不能利用职务和工作之便为自己谋利益，从而祸害老百姓，这是国法所不容的。

此联出自明万历己酉年，即 1609 年，密县知县王崇雅撰写的公案自署碑，距今已有四百多年历史。《官箴》开篇写到，当官之法，唯有三事，曰清、曰慎、曰勤。知此三者，可以保禄位，可以远耻辱，可以得上之知，可以得下之援。后流传官箴三十六字，即吏不畏吾严，而畏吾廉；民不服吾能，而服吾公。公则民不敢慢，廉则吏不敢欺。公生明，廉生威。

此联对仗工整，用词贴切，构思巧妙，虽是明代官吏所撰，但字里行间流露出其为民、务实、清廉的思想和丰富的文化内涵。在众多的衙署楹联中，不失为一副集思想性、艺术性、教育性于一体的佳联。

國法凜凜揚人间正氣

人情熙熙伸黔首冤屈

国法凛凛扬人间正气
人情熙熙伸黔首冤屈

这是县衙大堂的一副楹联。

国法凛凛:国法庄重威严,令人敬畏。国法:国家的法纪。凛凛:严肃而使人敬畏的样子。典出《宋史·辛弃疾传》“孰谓公死,凛凛如生。”

正气:光明正大的风气,刚正的气节。

人情:人的感情,人与人之间的社会关系。这里指官爱民,民拥官,官民之间和谐融洽、鱼水交融的关系。

熙熙:温和欢乐的样子。

黔首:秦代对百姓的称谓。秦始皇自以为得水德,衣服旄旌节旗皆尚黑。平民以黑巾裹头,故名。

“国法凛凛扬人间正气”意为国法庄重威严,令人敬畏,不许亵渎,要依法办事,以维护法律的尊严。

“人情熙熙伸黔首冤屈”意为官者要勤政为民,廉洁无私,为民办事,为民做主,让老百姓幸福欢乐。

大堂是知县审理案件和发布政令的地方,知县是行使权力的代言人。所以,县衙的大堂就显得庄重威严。“国法凛凛扬人间正气,人情熙熙伸黔首冤屈”,不仅读起来朗朗上口,而且,与大堂庄重威严的气氛联系十分紧密。上联突出办案的原则,即依法办案,不徇私情,弘扬人间正气;下联体现执政理念,即以民为本,为民办事,敢于惩恶扬善,可谓一言中的,贴切生动。上下联合二为一,蕴含了县衙及执政者的整体内涵:严明执法者是一个饱含仁爱之心的人,刚中寓柔,柔中有刚,国法人情,尽含天理。

官勿分大小需分能吏庸吏

位岂在高低只在利民害民

官勿分大小需分能吏庸吏
位岂在高低只在利民害民

这是县衙赞政厅的一副楹联。

能吏:有公心,能力强的官吏。

庸吏:平庸的官吏。

能与庸,贪与廉是检验一个官员好坏的重要标准。尽职尽责,愿意为民办事,能办事,办好事,这样的官才是能吏。否则,就是庸吏。同样,勤政廉洁,一心为民,让老百姓得到实惠的是廉吏。而一心只为自己升官发财,致百姓于水火而不顾,甚至借机敲诈勒索的就是贪官。好官与坏官,“百姓心中有杆秤”。

清雍正年间,密令许履坦在任期间谦明仁恕,离任时囊无余资,百姓载酒泣送,终日出不了城,这样的官就是廉洁勤政的好官,才能得到老百姓的好评和拥戴。

惠政百年思廉吏

官声千载印人心

惠政百年思廉吏
官声千载印人心

这是县衙杨炳堃展览馆的一副楹联。

惠政:仁政,德政。

思:想念,挂念。

廉吏:清廉守正的官吏,这里指杨炳堃。杨炳堃,浙江归安县人,今湖州市人,是晚清时期的一代廉吏。在密七年,修水利、兴教育、整煤矿、化民风,政声卓著。新密人十分感念他的恩德,称颂他为“民生县令”。

官声:为官的声誉。

印:本意为摁,按压。引申为痕迹、印记、标记等义。

人心:众人的感情、愿望等。

“惠政百年思廉吏”意为杨炳堃在密七年,干了许多有利于民生的实事,使老百姓得到了实惠,至今,新密人民仍然思念他,怀念他。

“官声千载印人心”意为杨炳堃一心为民,政绩卓著。其心系民生的仁爱情怀、廉洁从政的为官品质,已经深深地铭记在人们的心中。他不仅是封建社会官吏学习的楷模,也是今天我们党员干部特别是党员领导干部学习的榜样。

此联对仗工整,平实无华,寥寥数语就把杨炳堃一心为民、廉洁奉公的官德和人品活灵活现地勾勒出来,令人顿生敬意。

日月清輝千秋弘道本
文章瑞索一庫溯洙源

日月清辉千秋弘道本
文章瑞气一库溯洙源

这是县衙架格库的一副楹联。

道:法则、规律。

本:根源。

库:县衙架格库。

溯洙源:探求事物的根本及来龙去脉。溯:追寻。洙源:源头。

“日月清辉千秋弘道本”,意为在日月的照耀下,经过历史长河的洗礼,可以分辨出好官、坏官,而且时间越久,越能体现出官吏的言行轨迹和根本所在。好官受人称颂,流芳百世。坏官被人唾骂,遗臭万年。

“文章瑞气一库溯洙源”,道出了架格库的职能所在。架格库主要是存放文档、典籍的地方,相当于现在的档案馆。能吏、庸吏,廉官、贪官都要在这里存案,都会在史料中记载,后人也会给出正确的评价。

人过留名,雁过留声。能吏、庸吏,廉官、贪官不是哪个人说了算,而要经过历史的检验才能确定。此联切题准确,寓意深刻,上下对仗,前后连贯,警示官员要务实为民,为政清廉。

遴官擢吏賢而舉

考政核績廉以衡

选官擢吏贤而举
考政核绩廉以衡

这是县衙吏房的一副楹联。吏房，职掌本衙门所属吏员的选用、补调，管理乡绅、丁忧、起服、在外省做官等事宜。主事称“经承”或“吏书”。

选：选择、挑选。

擢：选拔、提升。

贤：才能、德行好。

举：推荐、选拔。

考政：考据。

核绩：核实、仔细查对。

廉：廉洁、不贪。

衡：衡量。

“选官擢吏贤而举”意为选择提升官吏，要推荐具有德才兼备的人。

“考政核绩廉以衡”意为考核官员的政绩，要据实核查，公平对待，做到廉洁不贪。

編戶方田勤竝慎
征賦斂財公亦平

编户方田勤并慎
征赋敛财公亦平

这是县衙户房的一副楹联。户房，掌民政、财政、赋税，凡户婚、田土、灾荒赈济等具体事物。主事称“经承”或“户书”。

编户：编入户籍的平民。

方田：“方田均税法”的简称。北宋清丈土地、规定赋额、均平负担、增加税收的措施。

慎：谨慎、当心。

征赋：征收赋税。

敛财：征收钱财、财务。

“编户方田勤并慎”意为对百姓的土地丈量、规定的赋额多少应均平负担，努力做到谨慎从事。

“征赋敛财公亦平”意为向百姓征收赋税、收缴财务时，要公平、公正。

倡禮興學崇孔孟

制章定典尚蕭曹

倡礼兴学崇孔孟
制章定典尚萧曹

这是县衙礼房的一副楹联。礼房，掌管教育、学校、县试、礼仪、祭祀、教化、旌表、节庆、县官出巡仪卫、鼓乐等事。主事称“经承”或“礼书”。

倡：首倡、带头。

礼：泛指奴隶社会或封建社会贵族等级制的社会规范和道德规范。

孔孟：春秋战国时期的孔子、孟子。

制章：制定制度、条款。

定典：制度、法则。

萧曹：指西汉初期的丞相萧何与曹参。

“倡礼兴学崇孔孟”意为兴办学校要按照社会道德规范和孔孟之道。

“制章定典尚萧曹”意为制订典章制度要像汉代的萧何和曹参那样。

厲兵秣馬備不懈

枕戈待旦防未然

厉兵秣马备不懈
枕戈待旦防未然

这是县衙兵房的一副楹联。兵房，主管全县征集兵丁、马匹、训练民壮、考武，凡驿站、捕兵、城防、剿匪等事。其领事称“经承”或“兵书”。

厉兵秣马：磨快兵器，喂饱马匹，谓准备作战。

备不懈：防备懈怠、松弛。

枕戈待旦：枕着兵器以待天明，谓杀敌报国之心切，一刻不懈。

防未然：防范突发变故。

“兵秣马备不懈”意为要磨快兵器，喂饱马匹，准备作战，防备松弛。

“枕戈待旦防未然”意为枕着兵器以待天明，为国杀敌，一刻不懈，防范突发事变。

执律量刑凭至理
依法论罪摒私情

按律量刑昭天理
依法治罪摒私情

这是县衙刑房的一副楹联。刑房,其职责是协助知县受理案件,破案侦缉,堂事笔录,拟定案牍,管理刑狱等事宜。主事称“经承”或“刑书”。

按律:按照律例处治。

量刑:法院对犯罪分子确定刑罚的种类和轻重。

昭:彰明、显物。

天理:自然的法则。

法:法律,是国家按照统治阶级的利益与意志制定或认可的。封建社会的法,其基本特征是维护剥削阶级的利益,统治压迫劳动人民。

治罪:惩治犯罪。

摒:除去,排除,如摒之门外。

“按律量刑昭天理”意为按照律例,根据犯罪情节之轻重,彰显出天理法则。

“依法治罪摒私情”意为,依靠法律,惩治犯罪,将私情摒之门外。

鳩工庀材精營造

通路開渠細耕耘

鸠工庀材精营造
通路开渠细耕耘

这是县衙工房的一副楹联。工房,掌管工程营造。凡城池、衙署、仓库、桥梁、祠庙等工程建设与维修,皆由其承担。主事称“经承”或“工书”。

鸠工:聚集从事各种手工技艺的劳动者。

庀:具备。

营造:建设、经营管理。

通:贯通,由此端至彼端,中无阻隔。

开渠:挖掘打通渠道。

耕耘:翻土和除草,泛指田间劳动。

“鸠工庀材精营造”意为聚集好的工匠,选择好的材料,精心营造出好的工程。

“通路开渠细耕耘”意为修通好的道路,挖掘打通渠道,要像耕耘土地一样精耕细作。

治賦有常經勿施小恩忘大體

馭官無製法但存公道去私情

治赋有常经勿施小恩忘大体
驭官无制法但存公道去私情

这是县衙宅门的一副楹联。宅门，位于大堂后，进入宅门就相当于进入了县令的内宅，两旁设有“门子房”，相当于现在的传达室、保卫科。

赋：兵。

“治赋有常径勿施小恩忘大体”意为带兵有带兵的一般规律。不要因为小恩小惠而忘了大战略。

“驭官无制法但存公道去私情”意为做官没有别的办法，只能存公道摒去私情。

此联形式上前五后七，并因巧用语词、嵌用反义词而显得活泼。犹如晨钟暮鼓，发人深省。分清公与私、法与情，坚持原则，不徇私情，县太爷“八小时之外”也不忘敲打自己。

日临大地呈三鉴
月掛中空記四知

日临大地思三鉴
月挂中空记四知

这是县衙二堂的一副楹联。二堂主要审理一些不宜公开的案件和隐私案件。二堂的堂号为“三鉴堂”,为康熙二十三年(1684 年)密县知县衷鲲化所题。

三鉴:即鉴于古,鉴于人,鉴于镜。源自汉荀悦《申鉴》,“君子有三鉴:鉴于古,鉴于人,鉴于镜。”

四知:即“天知,神知,我知,子知。”出于《后汉书 · 杨震传》,王密为昌邑令,谒见。至夜,怀金十斤以遗震。震曰:故人知君,君不知故人,何也? 密曰:暮夜无知者。震曰:天知,神知,我知,子知,何谓无知? 密愧而出。

此联用两个典故,巧妙地把“三鉴”和“四知”融入一副联中,警示官员做官办事要有敬畏之心,时常自省反思,知兴替、明得失、正衣冠。可谓偶对佳成,意义深远。从艺术性来讲,联中的“临”“挂”鲜活、灵动,给人以美的享受。日和月,一阳一阴,一盈一亏,黑白分明,中空和大地,一上一下,一圆一方,对比强烈。警示官员无论何时何地,都要反省自律,知荣辱,知廉耻,做一个万民称颂,后人敬仰的好官。

竹影横斜清音汩汩深心上

暗香浮動雅韻悠悠入梦中

竹影横斜清音汩汩流心上
暗香浮动雅韵悠悠入梦中

这是县衙东花厅北屋的一副楹联。

竹影:竹子的倒影。

汩汩:水流动的声音或样子。

暗香:梅花的品质。

“竹影横斜清音汩汩流心上,暗香浮动雅韵悠悠入梦中。”寓意为官者要勤政爱民,廉洁自律,坚守情操,始终保持高尚的品质和气节,就像飘动的梅花一样幽香怡人,流芳百世。

竹影横斜、暗香浮动,蕴含两个典故。五代十国时期,南唐诗人江为曾写过一首诗,只留下一残句:“竹影横斜水清浅,桂香浮动月黄昏。”是描写竹子和桂花的,却没有把竹子、桂花的神韵描绘出来。北宋诗人林逋写了一首描写“梅花”的诗《山园小梅》,诗中引用了江为的残句:“竹影横斜水清浅,桂香浮动月黄昏”,并将“竹”改成“疏”,“桂”改成“暗”,成了“疏影横斜水清浅,暗香浮动月黄昏”。由于这两句诗极佳地捕捉并传达出梅花之魂,将梅花的神清骨秀、高洁端庄、清幽香逸的气质风韵描写得超凡脱俗、俏丽可人,提升了梅的品格、作品的境界,读来口齿噙香,令人赞叹,成为历代诗人咏梅诗中脍炙人口的佳句,被誉为千古咏梅的绝唱。

此联文笔流畅、意境优美,借物言志,含义深刻。尤其是引用了两个典故,增添了楹联的文化内涵。暗喻为官者要为政修德,勤勉廉洁,做一个为民、务实、清廉的好官,这样才能百姓爱戴,万民敬仰。

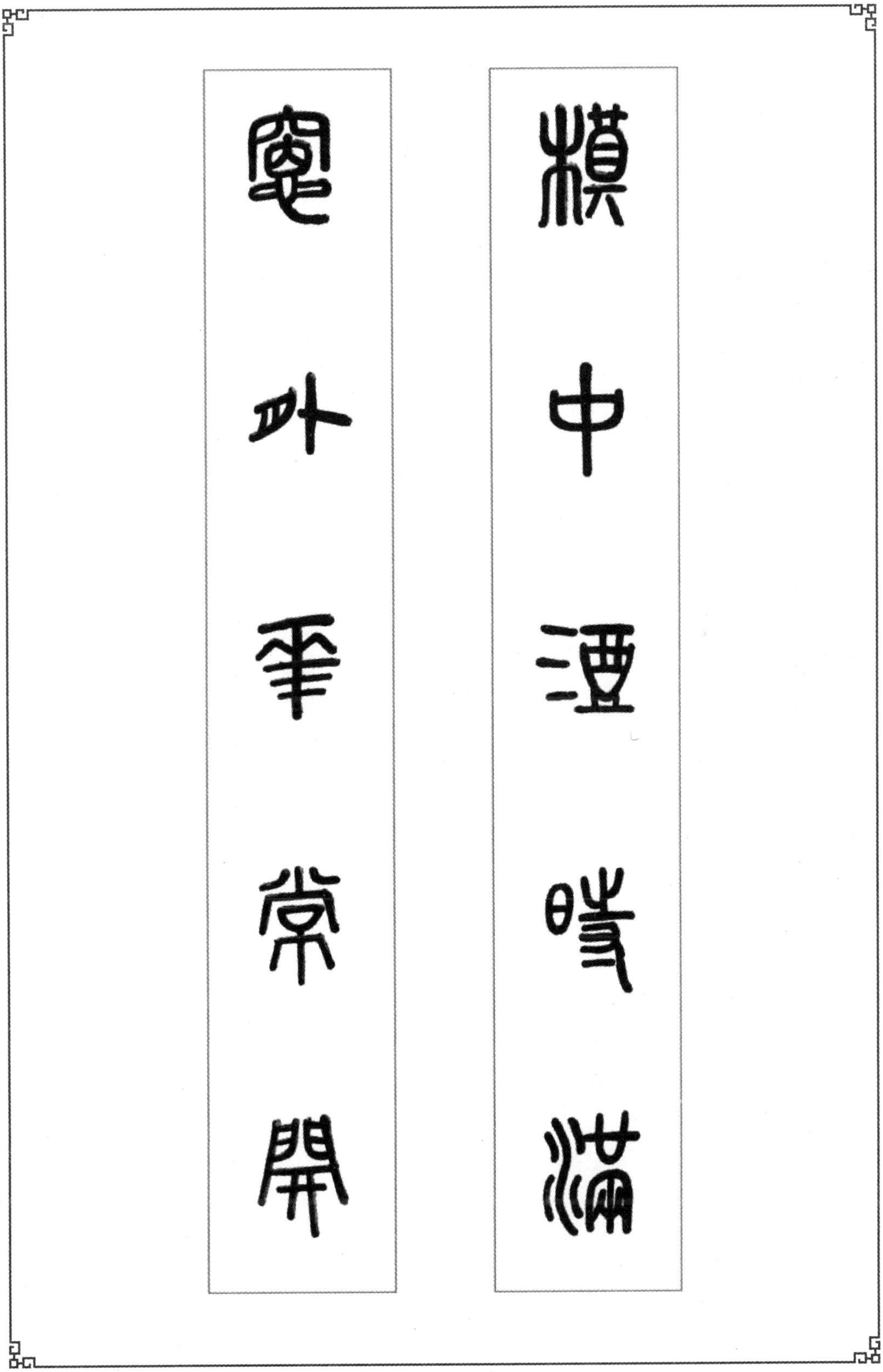

樽中酒时满
窗外花常开

这是县衙西花厅北屋的一副楹联。西花厅是县令会客的地方，通常接待县内名士乡绅、地方族长、秀才生员等。

樽：古代的盛酒器具。

“樽中酒时满”，意指县官的同学好友，地方乡绅，达官显贵，经常聚在一起，饮酒赋诗，谈书论道，品茗作画。屋内推杯换盏，欢歌笑语。

“窗外花常开”，意指窗外的花儿竞相开放，争奇斗艳。

此联描写知县公务之外在西花厅接待朋友、宴请宾客的生动场景，此时，庭内高朋满座，把盏举杯，开怀畅饮；窗外鲜花绽放，绚丽多彩。这一内一外，一动一静，既形成鲜明对比，又相互衬托。寓意县令礼贤下士，热情好客。此联语言朴实，借物言情，寓意深远，既显示出县令平易近人、豪爽大度的性格，又衬托出县令的品性修养和文化内涵。

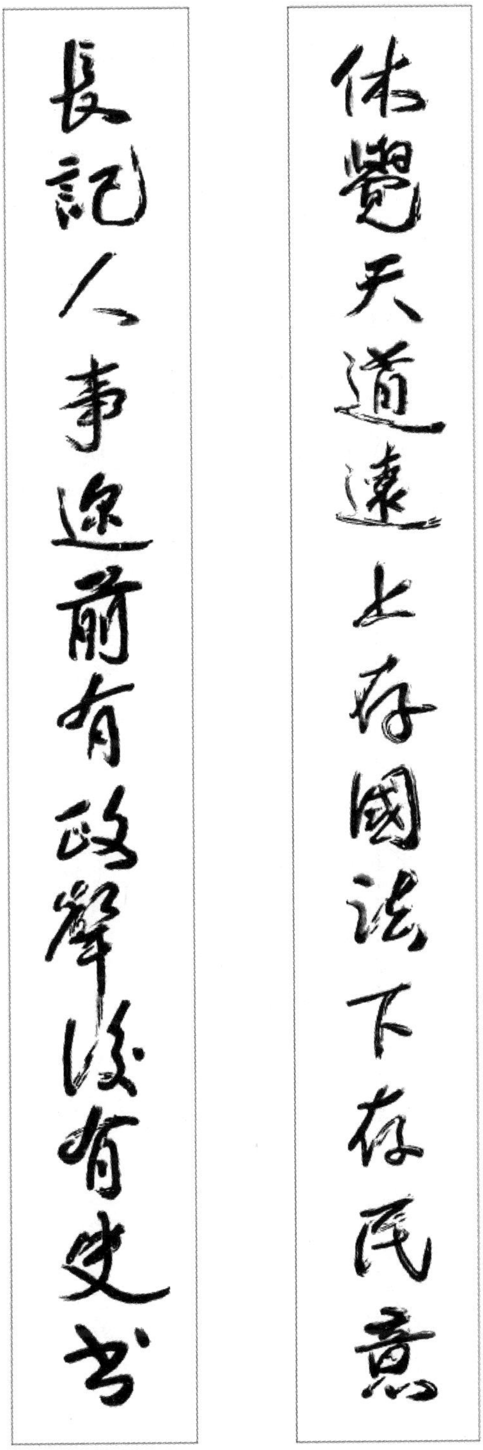
依覺天道遠上存國法下存民意
長記人事途前有政聲後有史书

休觉天道远上存国法下存民意
长记人事迩前有政声后有史书

这是县衙三堂的一副楹联。三堂是知县接待上级官员和审案时小憩的地方。

天道：天的运行规律，亦即自然界一切事物运动变化的规律。在封建社会，常把天理解为代表真理、正义、有人的意志之所在。

迩：近，当前，眼下。

“休觉天道远上存国法下存民意”，意为不要总以为“天道”离我们很远。其实，国法、民意就在我们身边，时时处处规范着我们的言行。违背天道，就是违背了国法民意，就要受到天道的惩罚。劝诫官员们要遵纪守法，取信于民。

“长记人事迩前有政声后有史书”，就是长记当下所做的事，一言一行要对照古人，经得起后人的评判，以流芳千古。警示为官者在任上尽职尽责，处事公道，在百姓中留下好口碑，其事迹优劣将被载入史册。

除暴安良依大法

衡情酌理秉公心

除暴安良依大法
衡情酌理秉公心

这是县衙三堂东厢房的一副楹联。三堂厢房是师爷办公的地方。师爷是为幕主出谋划策、起草文稿、处理案卷、联络官场等的幕僚。衙役、仆从尊主官为“老爷”,其宾友为“师爷”。

大法:国法。

公心:公正之心。

此联准确地指出师爷应该具备的基本要求,就是要依大法。师爷的主要职责是出谋划策。在某种程度上,县官决策的主要途径是来自师爷,所以师爷素质的高低、品性的好坏至关重要。只有按照朝廷的纲纪、国家法规,秉持公平、公正的原则,提出的意见和建议才会被县官采纳。

益友良师运筹帷幄琴心好

锦囊妙计决策乾坤剑胆雄

益友良师运筹帷幄琴心好
锦囊妙计决策乾坤剑胆雄

这是县衙三堂西厢房的一副楹联。

益友良师:指县令与师爷的关系。师爷既是县令的老师,又是他的朋友。

琴心:内心丰富、善良、敏感。

锦囊:旧时封藏机密文件或诗稿的织锦口袋。把对付敌方的计策写在纸条上,放在锦囊里,以便当事人在紧急时拆阅。比喻有准备的巧妙办法。锦囊妙计说明了师爷的职责,即出谋划策。

剑胆:指的是态度凌厉、果决。琴心剑胆是一成语,比喻既有情致,又有胆识。通常用来形容一个人的内外修为已经到了一个相当高的程度。出自元代吴莱《寄董与几》诗:"小榻琴心展,长缨剑胆舒。"

"益友良师运筹帷幄琴心好",指师爷是县令的良师益友,应该心地善良、处事周全,具有较强驾驭全局工作的能力。

"锦囊妙计决策乾坤剑胆雄",指师爷为县令处理重大事情出谋划策,应该是学识渊博、见识广,有较强的决断力。

在封建社会,县令对师爷是非常尊重的,中秋节或春节等重要节日,县令都要带领衙役向师爷行礼,可见师爷的地位重要。县衙的师爷不止一个,主要有钱粮师爷和刑名师爷,钱粮师爷负责制定赋税政策、管理财务。刑名师爷负责为县令提供法律服务。

此联把师爷的职责、师爷与县令的关系以及师爷应该具备的基本要求表述得清清楚楚,非常贴切,不仅主题突出,而且文辞华丽,用词准确,细细品读,着实耐人寻味。

鳥囀花容艷

桂開月色香

鸟啭花容艳
桂开月色香

这是县衙西内书房的一副楹联。西内书房是县令的书房，也是县令公务之后在此居留时间最长，生活气息、文化氛围浓郁的地方。

鸟啭：鸟委婉地鸣叫。

花容艳：华容艳丽，娇艳。

桂：桂花。

月色：月光，亦指月亮。

香：气味好闻，这里指桂花的芳香、清香。

“鸟啭花容艳”，鸟儿委婉的鸣叫促使院里的花朵竞相开放，绚丽多姿。同时，五彩缤纷的花儿又吸引鸟儿的叫声更加悦耳动听。这是一种拟人化的表现手法，把鸟的鸣叫和花的艳丽有机的呼应关系绘声绘色地表现出来，勾画出鸟与花相互吸引，鸟语花香的生动场景。

“桂开月色香”，描绘了深秋时节，丹桂飘香，夜幕降临，月挂中空的怡人场景。桂花的芳香好像使月光也满含香气，明媚的月光又引得花儿更艳，香味更浓。

这副楹联虽然只有短短的十个字，但内容丰富，文采华丽，韵味悠长。鸟啭、花容、桂花、月色、艳丽、清香，灵动活现，跃然纸上，尽情地向人们展示出一幅鸟语花香、花容月貌、月照书房、秉烛夜读、书卷飘香、其乐融融的生活场景，令人身临其境，心旷神怡。尤其是下联的“月色香”三字，把桂花的香拓展到一个更加广阔的空间，实乃神来之笔，可谓诗中有画，画中有诗，令人赏心悦目。从中，我们也可以领略到作者厚重的文化底蕴和超凡的艺术修养。

半缕半丝不忘黎民皆父母
一粥一饭常思俸禄是膏脂

半缕半丝不忘黎民皆父母
一粥一饭常思俸禄是膏脂

这是县衙厨房院的一副楹联。厨房院，位于三堂东，上房三间，东厢房三间，为知县和家眷专用厨房和餐厅。

半缕半丝：即半根丝，半缕线。形容数量少，价值极其微小的东西。典故出自清朝朱柏庐《治家格言》："一粥一饭，当思来处不易；半丝半缕，恒念物力维艰。"缕：线，泛指线状物。

俸禄：古代皇朝政府按规定给予各级官吏的报酬。

膏脂：油脂。犹言民脂民膏。清朝黄燮清《秋日田家杂咏》："君看穫稻时，粒粒膏脂香。"清朝孙枝蔚《徐州独无戒石不知废自何时》诗："不顾膏脂尽，肯念俸禄厚。"

此联平实，贴近生活，言简意赅，通俗易懂。告诫为官者，要养成艰苦奋斗、勤俭节约的生活习惯，一粥一饭都是老百姓的劳动，要珍惜；半丝半缕都是老百姓的创造，要爱护；一分一毫都是老百姓的血汗，要节约。

心誠方有靈僊佑
德厚自招好運來

心诚方有灵仙佑
德厚自招好运来

这是县衙大仙楼的一副楹联。大仙楼是藏放重要案卷、保存县令印玺、储存钱粮的地方。

心诚:虔诚之心。

灵仙:狐仙。

佑:庇护。

德厚:一个具有较高操守和修养的人。德:一个人的品行和修养。

“心诚方有灵仙佑”,只要内心虔诚,有敬畏之心,就会得到灵仙的保佑和庇护。

“德厚自招好运来”,只有具备较高道德修养的人才能招来好运。

大仙楼供奉狐仙是民间信仰。蒲松龄的《聊斋志异》记载了许多鬼、狐狸的故事。据说,狐狸经过千年修炼也可成仙。而且,狐仙聪明,疾恶如仇。如果你对它好,它就会保佑你。如果你得罪它,它就会给你制造麻烦,甚至把你的印玺偷走。在封建社会,许多县令都是从民间走出来的,他们对这些传说非常熟悉,宁可信其有,不可信其无。所以,为了保佑印玺、钱粮安全,就在县衙敬奉狐仙。

此联教育人们要着重加强道德修养,要有敬畏之心。在封建社会,这对规范人们的行为、维护社会稳定起到了重要作用。此联简单明了,寓意深刻。不但与大仙楼的功能非常贴近,而且弘扬了民间文化,对人们加强道德品行修养具有较强的针对性。

大德宗师福佑一方厚土
小楼藏卷纵览千古往事

大仙守印福佑一方厚土
小楼藏卷纵览千古往事

这是县衙大仙楼的第二副楹联。

大仙:即守印大仙,旧时供奉在县衙后院。

守:守护、护佑。

印:即县衙官印,也指存放的一些重要的典籍案牍。

福佑一方厚土:保佑县衙及密县域内的百姓岁岁平安。

小楼:即大仙楼。

藏卷:大仙楼二楼旧时为存放重要典籍、案牍、印信的地方,相当于现在机要、档案及史志的一个场所。

纵览千古往事:指在这里可以阅读到你想要的任何典籍,博览群书,尽情遨游,增长学问。

此联工整对仗,点明了大仙楼的设置及用途。无论何时何地,心存善意,自招福运。每时每刻,不忘学习,多读书,读好书,会成为一生受之不尽的宝贵财富。

讷言静思今夕功过
敏行度势明日宽严

这是县衙退思堂的一副楹联。退思堂,是知县退思静养之所,主房三楹。“退思”出自《左传·宣公十二年》:“林父之事君也,进思尽忠,退思补过,社稷之卫也,若之何杀之?”在朝廷做官,就忠心耿耿报效君主;辞官隐退时,就反省自己,以弥补过失。意思是知县每审理案件或做重大决策,都要反复思量,看是否公允。

讷言:说话谨慎。出自《论语·里仁》:“君子欲讷于言而敏于行。”在此处指说话谨慎,办事敏捷。

静思:沉静地思考、省察。《荀子·解蔽》:“闢耳目之欲,而远蚊蝱之声,闲居静思则通。”汉贾谊《新书·修政语上》:“静思而独居,譬其若火。”宋梅尧臣《送李载之殿丞赴海州榷务》诗:“世事静思同转轂,物华催老剧飞梭。”

敏行:勉力修身。同样出自《论语·里仁》。

度势:观察分析时势,估计情况的变化。度:估计。势:发展趋势。

“讷言静思今夕功过”意为在审理、调解百姓纠纷时,要站在对立双方的位置,多思考几个为什么,下结论的时候要严谨,有说服力。待一天的工作结束,回忆总结一下,今天干了哪些有益于百姓的事,哪些工作还有改进的地方。

“敏行度势明日宽严”意为要勤勉修身,预估事态的发展趋势,对明天即将发生的事情要做到心中有数。

正己修身,率先垂范,治国理政,夙夜在公,勤政为民,不忘初心,不负期望,心怀天下,不求一时之利,但谋天下之计。

职司土府神明远
位列中宫德泽长

职司土府神明远
位列中宫德泽长

这是县衙土地祠的一副楹联。

职司:职务,职责。

神:这里指土地神,他是一方的保护神,俗称土地爷。掌管人间善恶,行为道德,并能守护一方百姓岁岁平安、年年丰黏。

位列:职位。

中宫:也称中垣,古代划分星空的区域称为宫。司马迁在《史记・天官书》把全天分成“五宫”,“中宫”是指北极周围的天区,象征以天帝为代表的中央朝廷,而东、南、西、北四宫,是以二分二至所在星官为中心建立起来,与四季相对应,象征天帝巡行天下的四季行宫。表示土地爷在旧时的位置和职责很重要。

这副对联的意思是说,土地神作为土府的主宰,位列金、木、水、火、土五行之中,土据中央,土能生万物,能够洞察人间善恶,应恪守本职,广施德泽,造福一方黎民。也反映了黎民百姓乞求“救世主”降临的善良愿望。

香酒新茶待賓以禮
吟望鼓琴迎客唯誠

老酒新茶待宾以礼
吹笙鼓瑟迎客唯诚

这是县衙寅宾馆东房的一副楹联。寅宾馆,用以接待拜访长官的随从,相当于现在的招待所、接待室。凡是来拜访长官的客人都要被守门的皂隶引到寅宾馆落脚休息,再由皂隶拿来客的名片、手本到内衙去请示。

礼:在中国古代是社会的典章制度和道德规范。作为典章制度,它是社会政治制度的体现,是维护上层建筑以及与之相适应的人与人交往中的礼节仪式。

吹笙鼓瑟:吹笙弹琴奏乐调,出自《诗经》,述说了宫殿里面正在进行的活动,后引申为歌舞升平。笙:管乐器名,一般用十三根长短不同的竹管制成。瑟:古代拨弦乐器。形似古琴,每弦一柱,但无徽位。

诚:诚实讲信用,不搞阴谋诡计。《礼记 · 中庸》:“诚者天之道也,诚之者人之道也。”认为“诚”是天的根本属性,努力求诚以达到合乎诚的境界则是为人之道。

“老酒新茶待宾以礼”,就是用好酒新茶接待朋友,以表示对客人的尊重,这就是“礼”。

“吹笙鼓瑟迎客唯诚”,就是接待客人要真诚。

中国是礼仪之邦,所以,古人非常讲究“礼”。孔子说:“人而不仁,如礼何?”孟子把仁、义、礼、智作为基本的道德规范,在长期的历史发展中,礼作为中国社会的道德规范和生活准则,是中华民族精神素质的重要组成部分。诚实守信是做人的一种品德,人与人之间相处交往要“诚”,这也是社会主义核心价值观的重要内容。新密是华夏文明的发源地,受传统文化的影响,新密人民历来注重“礼”,并且在从事社会活动中以礼待人,以诚对人。老酒新茶,待宾以礼;吹笙鼓瑟,迎客唯诚,就是最好的诠释。

此联独辟新境,不落俗套,言辞优美,内涵丰富,意境较高。仔细品赏,别有一番韵味。

三面好山恰客意

一梧淡茗喻交情

三面好山怡客意
一杯淡茗喻交情

这是县衙寅宾馆西房的一副楹联。

三面好山:指密县县衙的坐落位置,北面有青屏山,西面有嵩山,南面有大隗山、岵伯山。

“三面好山怡客意”,意为密县县衙三面环山,是风水宝地。

“一杯淡茗喻交情”,说明新密钟灵毓秀,人杰地灵,人民勤劳聪慧,善良淳朴,彬彬有礼。

新密是半丘陵地区,是连接华北平原与山西高原的重要枢纽,交通便利,地理位置重要,历来是兵家必争之地。据传,密县县衙从大隗迁到此处时,刘邦曾令大臣在此勘验风水。

此联用白描的手法把新密的地理位置和热情好客的性格紧密结合在一起,组成了一副朴实无华,生动感人的楹联,看似平淡无奇,实则曲径通幽,讴歌了新密的大好河山和明礼守信的人民。

策馬追賢日月近

安邦崇德乾坤新

策马追贤日月近
安邦崇德乾坤新

这是县衙萧曹祠的一副楹联。萧曹祠也叫“衙神庙”，里面供奉汉代名相萧何、曹参。萧何是西汉开国丞相，辅佐刘邦建立了大汉王朝，后任相国，制定各种律令典章，史称“萧何定律”，对巩固西汉政权起到关键性作用。萧何死后，曹参继任相国，一切均从旧例，即“萧规曹随”。此后，萧、曹二人为古代地方官署衙门掌管文书的官员、胥吏所崇拜，被供奉为衙神。县衙均供奉萧、曹二神，一方面是学习他们忠君爱国，恪尽职守的工作精神；另一方面也是想求得他们的保佑，使自己官运亨通。

策马追贤：指萧何月下追韩信。

此联颂扬了萧何“策马追贤”的历史典故。人称韩信“生死一知己，存亡两妇人”。一知己，即指萧何，“生死一知己”，可见萧何对韩信一生的影响之大。两妇人，一个是指给韩信送饭，使韩信不至于饿死的漂母，一个是指杀死韩信的吕后。无怪乎韩信临终还发出“成也萧何，败也萧何”的感慨。

对联引用了“萧何月下追韩信”的著名典故，赞扬了汉代名相萧何为辅佐刘邦振兴汉室，而求贤任能的感人举动，歌颂了萧何忠君爱国，建树大德，使汉朝江山气象一新的丰功伟绩。

韶樂悠揚玉振金聲歌大呂
風婉轉典儀周禮祀天神

韶乐悠扬玉振金声歌大吕
郐风婉转典仪周礼祀天神

这是县衙萧曹祠乐楼的一副楹联。乐楼,是旧时为衙神演戏的舞台。

韶乐:上古舜帝之乐,是一种集诗、乐、舞为一体的综合古典艺术。夏、商、周三代帝王均把《韶》作为国家大典用乐,韶乐因而被誉为“中华第一乐章”。

金声玉振:同“玉振金声”。表示奏乐的全过程,以击钟(金声)开始,以击磬(玉振)告终。典出《孟子·万章下》:“集大成也者,金声而玉振之也。金声也者,始条理也;玉振之也者,终条理也。”也比喻人的知识渊博,才学精到。

大吕:古代钟名、乐律名。典故出自《周礼·春官·大司乐》:“乃奏黄钟,歌大吕,舞云门,以祀天神”。古时把音乐分为十二律,从低到高依次为:黄钟、大吕、太簇、夹钟、姑洗、仲吕、蕤宾、林钟、夷则、南吕、无射、应钟。其中,黄钟、太簇、姑洗、蕤宾、夷则、无射称“六阳律”或“律”;大吕、夹钟、仲吕、林钟、南吕、应钟称“六阴吕”或“吕”。大吕形容音乐或言辞庄严、正大、高妙、和谐。

郐风:新密古时候溱洧流域的地方小调,出自《诗经》,是诗经最华丽的篇章之一。郐:新密古时称郐国。周宣王迁都洛阳市顺便被郑庄公所灭。

“韶乐悠扬玉振金声歌大吕”,是描写祭祀衙神的过程,在祭祀过程中,韶乐悠扬,郐风委婉,显示了国乐宏大肃穆、慷慨激昂的气势,表达人们对萧何、曹参的敬仰之情。

“郐风婉转典仪周礼祀天神”,指在祭祀衙神的过程中,不仅有演奏国家大典的韶乐,而且有浓郁的民间音乐郐风,充分体现出地方曲调委婉悠扬、朗朗上口的情调;既符合古代祭祀的礼制,显示了对衙神的尊重,又充实了民间文化。

此联借用萧何、曹参的故事,构思了一副祭祀衙神的佳联。不仅生动地反映了古代祭祀衙神隆重、庄严的场景,而且表达了人们对萧何、曹参的敬仰之情。

敬以安民懼聞堂鼓

勤於理政憙沐徽音

敬以安民惧闻堂鼓
勤于理政喜沐徽音

这是县衙典史宅一进院的一副楹联。典史宅,是县衙县丞、主簿等辅佐于县令处理政务的人员办公的地方。

敬:敬业。

堂鼓:县衙供百姓喊冤告状而安放的鼓,即喊冤鼓。

徽音:优美的乐声,多指琴声。这里指美誉、佳音。徽:美也。

“敬以安民惧闻堂鼓”,即兢兢业业地工作,使老百姓安居乐业,生怕听到百姓喊冤击鼓。

“勤于理政喜沐徽音”,即勤勤恳恳地办事,把群众的事情处理好,希望社会稳定,百姓生活安康。

此联明白易懂,朗朗上口,掷地有声。表达了封建官吏敬业爱民的深厚情怀。尤其是联中的“惧闻”“喜沐”两词,用词细腻,表达准确,凸显出封建官吏丰富的思想感情和作者的文学修养。

奇書古畫原無價
紅樹青山合有詩

奇书古画原无价
红树青山合有诗

这是县衙典史宅二进院的一副楹联。

奇书:世间稀少的经典书籍。多指清初之《历算全书》《读史方舆纪要》及《南北史合抄》,亦指《水浒传》《西游记》《金瓶梅词话》三部长篇章回小说。

古画:前人留下的有一定影响和较高价值的画。

“奇书古画原无价”,出自宋代文学家欧阳修的《于刘功曹家见杨直讲女奴弹琵琶戏作呈圣俞》:“奇书古画不论价,盛以锦囊装玉轴。”

“红树青山合有诗”,出自宋代诗人陆游的《望江道中》:“晚来又入淮南路,红树青山合有诗。”

此联是一副集引联。奇书古画原本就是无价之宝,可遇而不可求,而眼前的红树青山,构成了一幅风景秀丽的魅力画卷。这种境况与陆放翁当年在江船上所见的望江风景非常相似。时光荏苒,人逝物非,这红树青山的风景,今天在新密似乎依稀可见,令人遐想,妙不可言。

此联把欧阳修和陆游的诗巧妙地结合在一起,组成了一副楹联,可谓别出心裁、匠心独具,构成了一幅绚丽的画卷,其广阔的空间和美丽的画卷给人以穿越时空的感觉,真是妙笔生花,令人无限遐思。

易陳萬物書備百事
禮修五典樂奏六歌

易成万物书备百事
礼修五典乐奏六歌

这是县衙典史宅三进院的一副楹联。

易:即周易,为五经之首。五经是《周易》《尚书》《诗经》《礼记》《春秋》的合称。

书:指四书,是《论语》《孟子》《大学》《中庸》的合称。

礼:中国古代社会典章制度和道德规范。

五典:指少昊、颛顼、高辛、唐、虞之书。泛指古代文集。

乐:音乐。

六歌:宋代诗人文天祥所作诗词之一。

“易成万物书备百事”,意为周易揭示了世间一切事物发展变化的规律。

“礼修五典乐奏六歌”,意为继承古代的先进文化和思想,发扬明礼守信的光荣传统,做一个像文天祥那样忧国爱民、受人传颂的人。

四书五经是儒家的经典之作,蕴含了儒家思想的核心内容,是古人智慧的集中体现,学好“四书五经”可以帮助我们解决和处理许多问题。

此联短小精悍,内容博大精深,蕴含丰富的哲理,给人以启发,警示人们要热爱传统文化,使中华民族优秀传统文化这一瑰宝光照千秋,福祉后人。

庶無長物豐家室

幸有書香妝婦高

廉无长物丰家室
幸有书香妆妇容

这是县衙东内书房北屋东间的一副楹联。

廉:即廉洁。

长物:原指多余的东西,后来也指像样、贵重的东西。出自南朝·宋·刘义庆《世说新语·德行》,王大见其坐六尺簟,因语恭:“卿东来,故应有此物,可以一领及我。”恭无言。大去后,即举所坐者送之。既无余席,便坐荐上。后大闻之,甚惊曰:“吾本谓卿多,故求耳。”对曰:“丈人不悉恭,恭作人无长物”。白居易《销暑》诗:“眼前无长物,窗下有清风。”

书香:原指书中的清香之气,古人为了防止虫子咬食书籍,将一种有清香之气的芸香草置于书中,这种草有一种清香之气,夹有这种草的书籍打开之后清香袭人,故而称为“书香”。亦指书中文字的内容,而不仅仅是图书纸张、油墨及装帧中掺进的有形成分;后引申有读书先辈的人家,书香人家、世代书香,读书风气、读书习尚等。

“廉无长物丰家室”意为,为官清廉,没有多余或像样的东西可以充填家室。

“幸有书香妆妇容”意为,值得庆幸的是,我们是书香门第可以传承传统文化,陶冶眷属的情操。

此联告诫官员要为政清廉,一心为民,注重加强道德品行,不能只追求物质上的享受,而应不断提高文化修养。同时,管好自己的家属、子女,做好贤内助。此联用词准确、恰切,含义深刻,如涓涓细流,沁人心扉,潜移默化。既有警示之意,又有怡情雅趣之风。

硃墨研香臨絳帖
生綃著色見青山

醉墨研香临绛帖
生绡著色见青山

这是县衙东内书房北屋西间的一副楹联。

醉墨:指醉后所作的书画,引申为痴迷于书画。

研香:指研墨时散发的香味,引申为在书画方面造诣较深。

绛帖:为北宋潘师旦摹刻,因刻于绛州,故名。《绛帖》是与《淳化阁帖》齐名的三大名帖之一,为书法瑰宝。

生绡:未漂煮过的丝织品。古时多用以作画,因亦以指画卷。

青山:引申为画卷的面貌。

"醉墨研香临绛帖",意为要想在书画方面有所成就,就必须下苦功夫,临摹名帖。

"生绡著色见青山",原意是只有在未漂煮过的丝织品上才能绘画出美好的图画,亦指不管从事任何工作,都不能思想僵化,故步自封,而应与时俱进,不断创新。

此联借用书法和绘画这一传统文化的学习和创作,教育人们要严格要求,认真钻研,与时俱进,不断创新。只有这样,才能有所作为,取得成效。同时,亦指为官者要严于律己,修身养性,做一名为人称颂的好官。元代王冕写的"我家洗砚池头树,朵朵花开淡墨痕,不要人夸颜色好,只留青气满乾坤"就是这个道理。

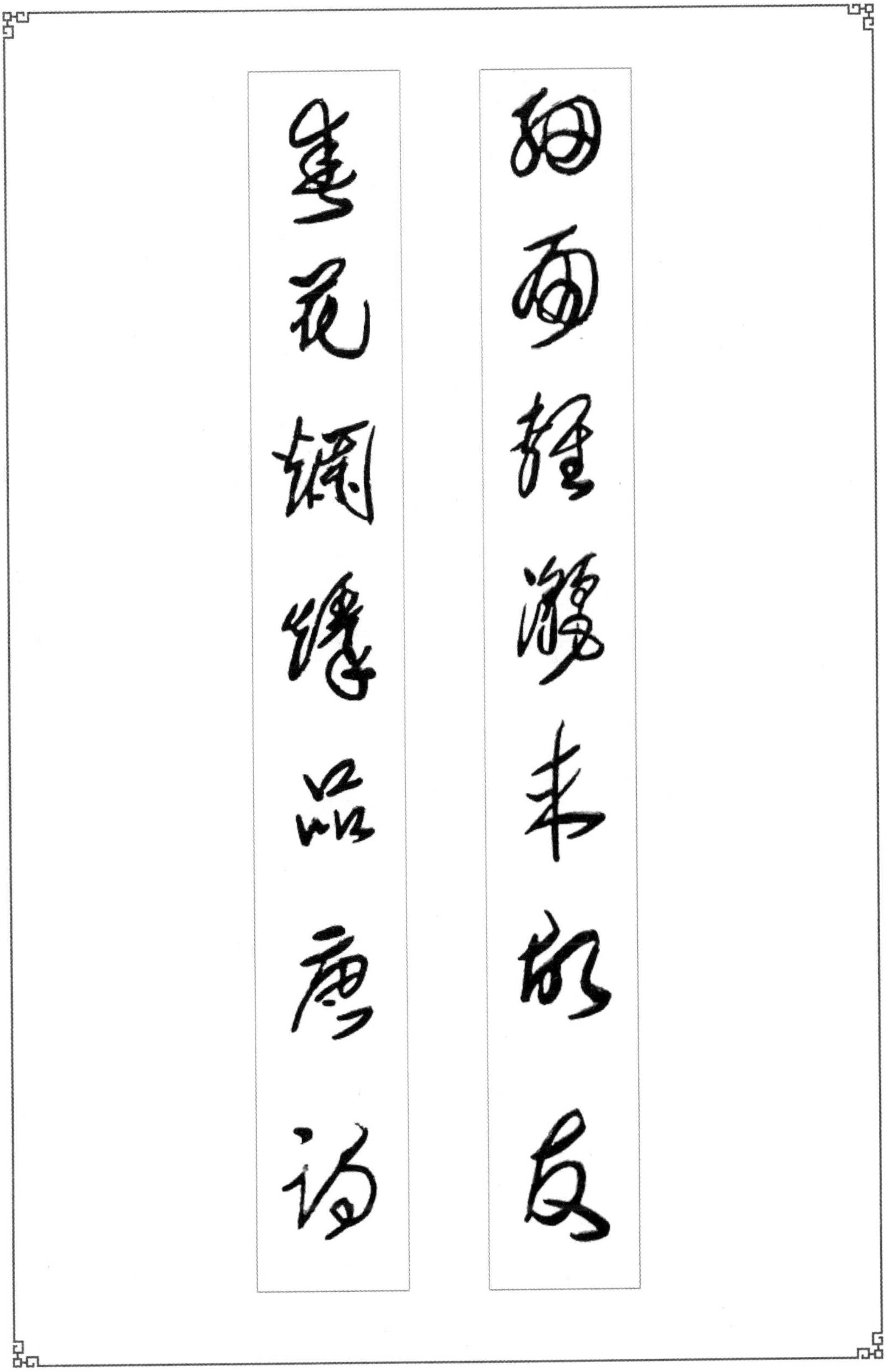

细雨轻洒来故友
春花烂漫品唐诗

这是县衙东内书房东厢房的一副楹联。东内书房是县令眷属居住的地方，有时县令也在这里接待客人。

“细雨轻洒来故友”，意指知县的故友踏着蒙蒙细雨来访，凸显了主客相见时高兴、欢快的心情。此时，细雨绵绵，空气清新，万物滋润，听到故友来访的消息，心情非常愉快，赶紧出门迎接；当故友迈着轻盈的脚步来到面前时，早已抑制不住内心的激动，快步上前热情相拥。平时的压抑、烦恼、忧愁都被抛到九霄云外，大获人生快事，正是“恨不天早雨，幸得友已来”，其高兴、喜悦、欢快、兴奋的心情溢于言表，跃然纸上。

“春花烂漫品唐诗”，描绘了在春花烂漫时节，县令和文友一起品茗聊天、饮酒品诗的欢乐场面。阳春三月，春光明媚，万物复苏，百花吐蕊。此时，县令和文友欢聚一堂，喜笑颜开，谈古论今。席间，大家把盏举杯，酣畅淋漓。兴起，抚琴作画，品书赋诗。此情此景，大家悠闲自得，其乐融融，诗情画意尽在其中。真乃“诗在景中，人在诗中”，颇具生活气息和文化色彩。

此联把县令平时的两个生活场景放在一起，组成一副楹联，可谓别出心裁，构思巧妙。从中可以看出，作者不仅文采飞扬、功力深厚，而且生活阅历丰富，匠心独具，使楹联的意境符合县令作为旧时文人的怡情雅趣和生活习惯。

屋上鳥聲催花綻
庭前月色伴琴鳴

屋上鸟声催花绽
庭前月色伴琴鸣

这是县衙东内书房西厢房的一副楹联。

绽:衣服裂开。这里指花果饱满开裂,花蕊开放,描写了院内鸟语花香、月伴琴鸣的一种场景。

“屋上鸟声催花绽”,意指春暖花开时节,院内桂花飘香,引得鸟儿驻足欢唱,鸟声委婉的叫声,又催得桂花尽情绽放。

“庭前月色伴琴鸣”,描写月夜在庭院里抚琴赏月的动人画面。

联中鸟、花、月、琴,词汇丰富,鲜活明快。屋檐上,鸟声啾啾;庭院里,花蕾吐蕊;夜幕下,月洒银辉;庭前,琴瑟和鸣。构成了一幅鲜活、立体的图画,表达出和谐、安详、欢快、美好的场景。此联立意高远,意境优美,回味无穷,别有一番情趣。

雷厲風行手段
春風化雨襟懷

雷厉风行手段
春风化雨襟怀

这是县衙勤政园的一副楹联。勤政园,旧时为吏舍,杂役办公及居住的地方。

厉:猛烈,像雷那样猛烈,像风那样快。比喻执行政策法令严厉迅速。也形容办事声势猛烈,行动迅速。

手段:释义为本领,技巧。

化:化生和养育,指适宜于草木生长的风雨。比喻良好的熏陶和教育。

“雷厉风行手段”,即做事要果断坚决、及时。

“春风化雨襟怀”,即待人和蔼可亲,如春风化雨,循循善诱。

警示官员既要决断有力,敏捷高效,又要襟怀宽阔,宽厚待人,爱民如子。此联爽朗明快,刚柔相济,平淡之中见功夫,于无声处响惊雷。

為政以德追尋卓君撫鄗邑

視民如寶效法楊公濟蒼生

为政以德追寻卓君抚郐邑
视民如宝效法杨公济苍生

这是县衙杨炳堃展览馆的一副楹联。

卓君：即卓茂。史料记载，卓茂曾在密县当过县令，也是密县县衙史料记载最早、级别最高的的县令。卓茂，字子廉，汉宛人。东汉光武帝即位，以茂为太傅，封褒德侯，两千年来卓茂褒誉于史册，享祀于民间。《后汉书》记载：茂到密上任后，励精图治，勤政为民，数年后道不拾遗，教化大行，升迁时，民涕泣送行，甚至有蝗不入境之说。如今，大隗、城关卓君庙遗址仍在。

郐：指新密，古时为郐国。

邑：即城，指密县。

杨公：即杨炳堃，清代曾在密县做过县令，是密令中政绩最突出的县令之一。他重视教育，兴办义学，创办的遥课制度，开启了我国函授教育的先河。他兴修水利，引植水稻，结束了新密无种植水稻的历史。他关心工人，整顿煤矿，使工人的安全得到保障，制定的《谕窑户工头简明条例》，为我国首份煤矿安全生产法规。杨公在密七年，勤政为民，廉洁奉公，后被选入名宦祠，被人们称为"民生县令"。

"为政以德追寻卓君抚郐邑"，即要重视道德修养，像卓茂那样治理好所辖地方。古人非常重视德的修养，君子可以无才，但不可无德，德行天下，厚德载物，是中华民族的传统美德。

"视民如宝效法杨公济苍生"，即要效法民生县令杨炳堃为民办事。

此联以德高望重的卓茂和政绩突出的杨炳堃这两个县令为题，可谓慧眼识珠，别出心裁。警示后任者要效仿卓茂、杨炳堃养身修德，仁爱施政，敬业守责，视民如宝，做一个为人称颂的好官。

人前人後一身正氣

任滿位中两袖清風

人前人后一身正气
任满任中两袖清风

这是县衙清风园的一副楹联。

人前人后:指官员当面、背后要言行一致,不能当面一套,背后一套,突出“慎独”。这不仅要求官员要慎言、慎行,更要“慎独”,这也是儒家文化中对士人的最高要求。“人前”是“群处”,有人监督,“人后”是“独处”,缺乏监督。缺乏监督的权利是最容易产生腐败的,这就要求“官员”要真正做到群处守口,独处守心。许多官员腐化堕落都是从“人后”打开缺口的。

一身正气:比喻人光明磊落,刚正不阿的气概。

两袖清风:比喻为官清廉、不贪赃枉法,严于律己。

任满任中:指官员无论是在职还是离职,自始至终都要保持清廉的品质。“任满任中”强调“自律”。如果在职时有他律即“法律法规”约束的话,那么离职后主要靠“自律”了,有些官员往往是在职时做得比较好,快到离职时,“自律”意识就淡薄了,放松了对自己的约束,由小到大,由少到多,逐渐蜕变为腐败分子。

这副联看似简单,但小中见大,语言铿锵有力,不失为一副廉政文化气息浓郁的佳联,无论过去还是现在,对官员来讲都是一种警示。

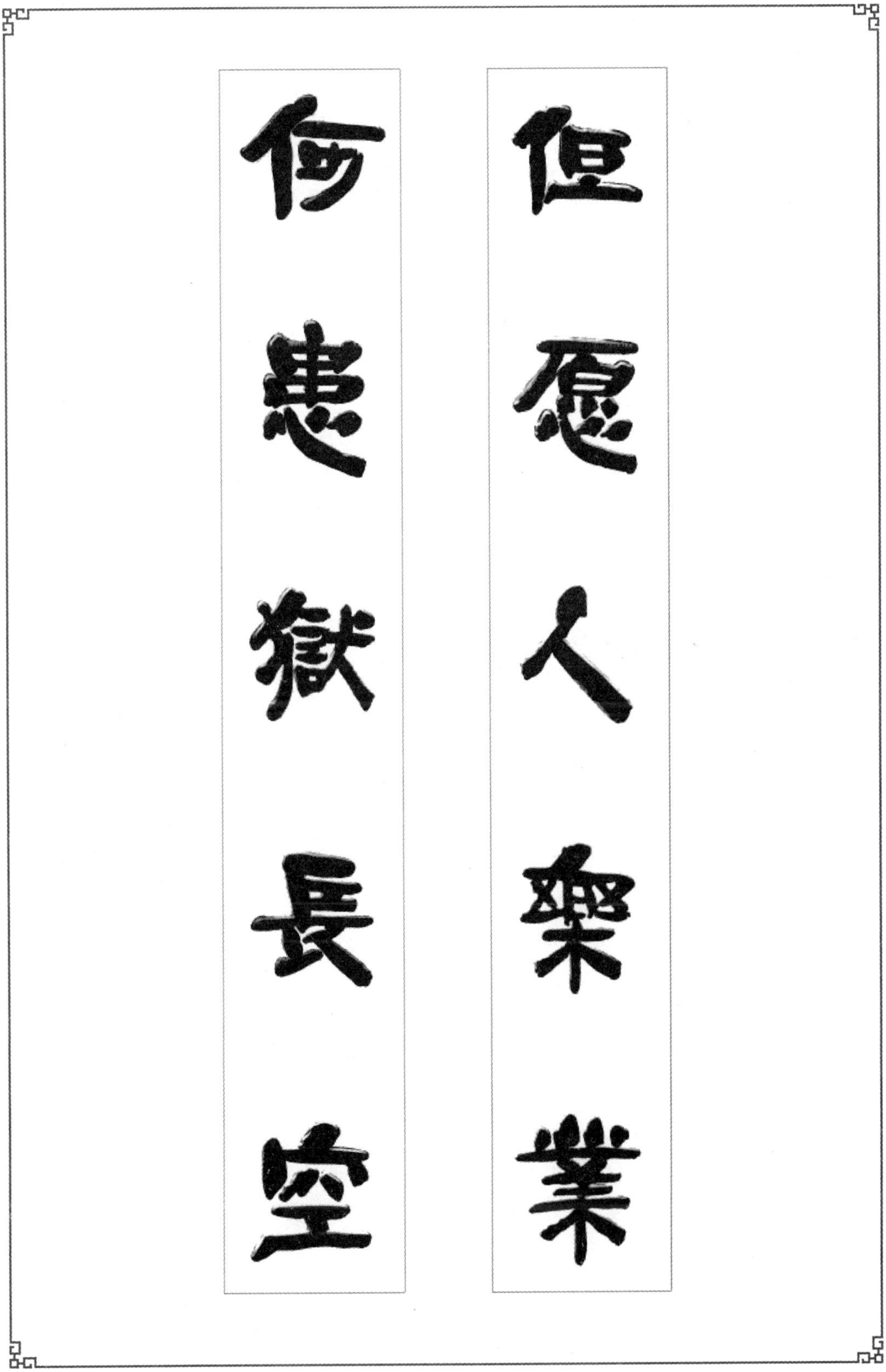
但愿人樂業
何患獄長空

但愿人乐业
何患狱长空

这是县衙监狱大门的一副楹联。监狱是国家机器的重要组成部分,是惩处罪犯的重要工具,是囚禁犯人执行刑罚的重要场所。县衙监狱分男监、女监两部分,从隋朝一直使用到2003年,连续使用时间之长,国内少有。监狱因位置在县衙西南角,俗称南监。

此联的意思是,只要社会稳定和谐,经济繁荣发展,人民安居乐业,哪怕监狱空无一人也无所谓。这是一个具有高尚人生境界的仕宦的人生自白,也是历代统治者对官员的期待。

此联言简意赅,寓意深刻,构思细致缜密,文辞朴实无华。

爾違條犯律罪有應得

吾發奸擿伏歧途指返

尔违条犯律罪有应得
吾发奸擿伏歧途指返

这是县衙狱神庙的一副楹联。有关狱神庙的最早记载，出现在《后汉书·范滂传》里。汉代名臣范滂被捕入狱后，狱吏下令说："凡坐系皆祭皋陶。"范滂回答说："皋陶贤者，古之直臣，知滂无罪，将理之于帝，如其有罪，祭之何益！"狱吏只好作罢。

狱吏原本想行教化之责，拿狱神皋陶来震慑范滂，让范滂认罪服软，哪知范滂根本不承认有罪，并不想求狱神保佑；他甚至说，假如真有罪，祭神又有什么用呢？

如范滂所说："皋陶贤者，古之直臣。"作为舜时代的法官，据说皋陶善辨是非，赏罚分明。史籍载："皋陶造狱，法律存也……决狱明白，察于人情。"

皋陶任大法官时，"天下无虐刑"，实属难得。一方面，他长得并不慈眉善目，甚至有青面凶煞之相，因而他还被称为"青面圣者"；另一方面，在他那个时代，民风还算淳朴，皋陶对于罪犯往往只需要"画地为牢"：在地上用树枝画一个圆圈，把罪人画入其中，在规定的时间内，不许其越出圆圈。皋陶在旁边一坐，对罪犯进行说教。而罪犯往往也真的遵照规定，不敢越雷池半步。

"尔违条犯律罪有应得，吾发奸擿伏歧途指返"，意为你违反了法律，囚禁你罪有应得。我揭露邪恶，使其无处躲藏，正是给你歧途指路，让你重新做人。

房駟騰輝周風駕

騂騮獻瑞驥空羣

房驷腾辉周风驾
骅骝献瑞骥空群

这是县衙马厩院的一副楹联。马厩院由马王殿（又称“马神庙”）、马厩、凉棚组成。马神庙祭祀的是马祖，即马王爷。马王爷是谁？大致有三种说法：一说是殷纣王之子殷郊；二说是汉武帝时候的大臣、匈奴王子金日磾；三说是天上的天驷星，即房宿，是二十八星宿之一。

“房驷腾辉”：有万马奔腾之意。房驷：良马，是二十八宿之一，即“天驷”。

周风驾：暗用穆天子传的典故。

骅骝献瑞：宝马吉祥。骅骝：古代名马。

冀空群：即所有名马都来献瑞，使冀方马群中再无良马。

民间称道的马王爷是灵官马元帅，是道教诸神中非常厉害的神将之一。灵官马元帅又叫“三眼灵光”“三眼灵耀”“华光天王”“华光大帝”“花酒马灵官”等。

人间对马王爷极为虔敬，传说他有“妻财禄之祝，百叩百应”。民间求男生男，求女生女，买卖一本万利，读书金榜题名，“感显应难、永受祭章”。民间又把马王爷视为“火神”。《北游记》中说，华光就是“火星”，玉帝曾封他火部“兵马大元帅”，他又有法宝“金砖”“龙凤降火龙”和“火丹”，只有真武帝用“北方壬之水”才能将其制服。

王良之辭存骨氣

晏嬰之御見精神

王良之辞存骨气
晏婴之御见精神

这是县衙轿夫房的一副楹联。轿夫房是存放官轿及设施和轿夫临时休息的场所，专门为知县及官员提供交通工具。轿夫，县衙的杂役。

王良之辞：出自《孟子·滕文公下》。昔者赵简子使王良与嬖奚乘，终日而不获一禽。嬖奚反命曰："天下之贱工也。"或以告王良。良曰："请复之。"强而后可。一朝而获十禽。嬖奚反命曰："天下之良工也。"简子曰："我使掌与女乘。"谓王良，良不可，曰："吾为之范我驰驱，终日不获一；为之诡遇，一朝而获十。《诗》云：不失其驰，舍矢如破。我不贯与小人乘，请辞！"嬖奚，受宠信的小臣。王良：赵简子的马夫，善于驾车。赵简子，即赵鞅，春秋末年晋国的卿。

晏婴之御：出自《晏子春秋·内篇杂上》。晏子为齐相，出。其御者之妻从门间而窥。其夫为相御，拥大盖，策驷马，意气扬扬，甚自得也。既而归，其妻请去。夫问其故。妻曰："晏子长不满六尺，身相齐国，名显诸侯。今者妾观其出，志念深矣，常有以自下者。今子长八尺，乃为人仆御。然子之意，自以为足。妾是以求去也。"其后夫自抑损。晏子怪而问之，御以实对。晏子荐以为大夫。晏婴：春秋后期政治家、思想家、外交家。历任齐国三朝卿相，辅政长达60余年。内辅国政，屡谏齐君，能言善辩，善于辞令，出使楚国，舌战楚王，捍卫国威。

"王良之辞存骨气"，即王良不愿为奸人嬖奚驾车服务的正直骨气。

"晏婴之御见精神"，即晏婴勤勤恳恳，一心一意为齐国效力的精神。

此联引用了"王良之辞""晏婴之御"两个典故。主题突出，观点鲜明。告诫人们，要像王良那样遵守规制，坚守大节，敬业、有骨气。像晏婴那样，兢兢业业，尽职尽责，为民办事，为国分忧。

参考文献

[1]郭建.帝国缩影:中国历史上的衙门[M].上海:学林出版社,1999.
[2]刘鹏九.内乡县衙与衙门文化[M].郑州:中州古籍出版社,2009.
[3]杨建敏,郑国顺.比美卓君[M].郑州:河南人民出版社,2014.

后　记

在新密市委市政府的大力支持下，新密市古城县衙保护中心组织专业人员精心编写了《密县县署文化概览》，经过近两年的工作，今天，该书终于和大家见面了。

在编写过程中，编著人员多次奔赴外地，先后到河北、山西、江西等地进行考察、收集资料，同时，到河南省、郑州市图书馆查阅了大量史志、典籍，尤其是借古城保护之际，深入采访挖掘了散落在民间的衙署文化史料，成书后又多次增删修校，几易其稿，付出了艰辛的劳动。该书由高永森同志总统筹，第一编由王献涛、郑俊杰负责，第二编由马洪涛、凌耀亮负责，第三编由刘金法负责。在大家的共同努力下，该书得以顺利完成。

在成书过程中，河南省文史馆馆员李铁城亲自校看本书并为之写序，提出了许多宝贵意见。著名古建专家杨焕成、张家泰也对该书出版高度关注并给予指导。新密市文史专家郑观州、王衍村、杨建敏等对本书的修改编纂也提出了较好的建议。此外，也有一些热心人士或提供资料，或绘图拍照，提供了有益的帮助，丰富了该书内容。在此，一并表示衷心的感谢。

我们相信，《密县县署文化概览》的出版，对讲好县衙故事、宣传新密古城、传播衙署文化、提升新密形象，一定会起到很好的促进作用。

由于时间仓促，资料有限，编写中难免有错误之处。希望大家多批评指正，提出宝贵意见。

《密县县署文化概览》编委会

2020 年 10 月